U0896065

内容提要

本书立足于中国现代化的大趋势，将大国村庄的进路置放在乡村振兴战略这一背景之下，以城镇化进程中的村庄发展多重演变之现实图景为逻辑起点，以构建促进城乡良性互动与共同繁荣的城乡融合发展体制机制为目标，从“城镇—乡村”的互动关系中研判村庄演进对中国农业农村现代化的影响，回应大国村庄演进的原因、动力、走向等理论问题；从村庄社会、村庄治理、村庄文化三个维度审视城镇化进程中村庄演进的三重形态，剖析村庄演进的各种社会风险，回应大国村庄进路的趋势与挑战等现实问题；从“国家—社会”层面观察城镇化快速推进中大国村庄演进的基本规律、未来走势，探索大国村庄演进的路径选择，回应村庄可持续发展的制度建构问题，以此形成在城镇化进程中实现村庄现代转型与乡村振兴的理论框架、实践路径与制度安排。

国家社科基金项目“城镇化进程中的村庄社会变迁研究”（编号：15BSH076）研究成果

大国村庄的进路

陈文胜　著

湖南师范大学出版社

图书在版编目（CIP）数据

大国村庄的进路/陈文胜著.—长沙：湖南师范大学出版社，2020.10
ISBN 978-7-5648-4002-0

Ⅰ.①大… Ⅱ.①陈… Ⅲ.①农村—城市化—研究—中国 Ⅳ.①F299.21

中国版本图书馆CIP数据核字（2020）第204660号

DAGUO CUNZHUANG DE JINLU
大国村庄的进路

陈文胜　著

责任编辑｜廖小刚　周基东
责任校对｜吕超颖　牛盼盼

出版发行｜湖南师范大学出版社
地址：长沙市岳麓山　邮编：410081
电话：0731-88853867　88872751
传真：0731-88872636
网址：http：//press.hunnu.edu.cn/
经　　销｜湖南省新华书店
印　　刷｜湖南雅嘉彩色印刷有限公司

开　　本｜710 mm×1000 mm　1/16
印　　张｜14.25
字　　数｜258千字
版　　次｜2020年10月第1版
印　　次｜2020年10月第1次印刷
书　　号｜ISBN 978-7-5648-4002-0

定　　价｜48.00元

序 言

在史无前例的城镇化、工业化进程中，“乡村中国”正在以前所未有的速度朝着“城市中国”[1]狂飙突进,中国村庄在这滚滚而来的时代大潮冲击中发生着史无前例的历史变迁。民政部的统计数据显示，2002 年至 2012 年，中国自然村由 360 万个锐减至 270 万个,10 年间减少了 90 万个[2],这无疑会给中国的未来发展带来难以预料的历史性影响。如何保护村庄与建设村庄，如何把握村庄的发展方向，是迫切需要整个社会全方位予以应对的时代课题。[3]

一

正如冯骥才大声呼吁的那样，传统村庄是农耕文明留给人类的最大遗产，中华文明最遥远绵长的根就在村庄，大量重要的历史人物和历史事件都跟村庄紧密相连。[4]因此，传统村庄作为中华民族优秀传统文化的重要载体和象征，其价值绝不亚于万里长城。同时，在全球化背景下，国家和地区之间竞争的本质就是以文化为核心的软实力竞争。与美国、英国等发达国家相比，中国的工业文明、城市文明并无多大的差别。我们之所以是中国人，而不是美国人或英国人，其本质是因为植根于乡村文化的民族传统生活方式和价值观念

[1] 叶一剑，来芙萍. 从“乡村中国”到“城市中国”[N]. 21 世纪经济报道，2012-10-29（017）.

[2]10 年减少 90 万个自然村　中国传统村落“正在拨打 120”[N]. 人民日报，2013-06-05（012）.

[3] 陈文胜. 论城镇化进程中的村庄发展 [J]. 中国农村观察，2014（03）: 52 - 56.

[4] 冯骥才. 古村落抢救已到最紧急关头 [N]. 新华日报，2012-06-08（B03）.

的不同，尤其是每个人成长过程中受到熏陶的区域文化和地方文化的不同。如果说只有民族的文化才是世界的文化，那么，也可以说，只有建立在村庄文化基础上的区域文化、地方文化才是民族的文化。而建立在村庄文化基础上的地方文化之间的差异性，恰恰是各个地方独具竞争力的自身特色和天然优势。

城镇化的大趋势不可阻挡，但中国是个农业大国，绝大部分国土在村庄，很大一部分人口无法生活在城市而必然生存于村庄。中国乡村不仅要承担人口大国粮食安全的战略任务，还要在资源和环境的双重约束下为中国城镇化的快速发展提供战略空间。在相当长的时期内，中国工业化和城镇化不断需要的劳动力资源、土地资源、生态资源、市场购买力等都必须要有乡村的持续供应保障，尤其是全社会的农产品供给要依赖于乡村的有力保障。随着现代化和城镇化水平的不断提高，从长远来看，乡村必然会成为现代社会具有最美好人居环境的地方。回归乡村、回归自然是人类的天然本性，是人类社会发展的必然趋势。因此，乡村的发展是城市持续繁荣的前途和希望，是中国未来发展不可缺少的宝贵资源。[1]

二

回顾中国城镇化的实践，不少地方通过大规模的旧村整体拆迁以推进所谓的“城镇化”，提出了诸如“农村变城市”“农民变市民”“村庄变社区”等口号[2]，认为“城镇化的过程就是农村生活方式向城市生活方式转变、农民向市民转变的过程”。[3]这些实践做法和理论观点已成为社会争论的热点话题，对此，不能简单地给出定论，而要根据处于不同区位的不同村庄的实际情况进行分析。

处于发达地区城郊和工商业及旅游发达地区的村庄，周边的城市发展竞争激烈，很多生产要素急于寻找发展机会和发展空间；而村庄很多资源有待进行开发，发展活力迫切需要激发出来。因此，发达地区的村庄在工业化、城镇化进程中的机遇大于挑战。这些地区村庄的发展是所在区域中心城市发展的组成部分，是所在区域城乡一体化发展的重要内容。但在村庄城镇化进程中，乡村文化流失严重，特别是江苏省、浙江省的一些村庄。以笔者参观的常熟市支塘镇蒋巷村为例[4]，该村已成为一个实现

[1] 陈文胜. 论城镇化进程中的村庄发展 [J]. 中国农村观察，2014（03）: 52–56.
[2] 杨萍，朱建芬. 村庄变社区农村变城镇的有益探索——对常熟市开展农村居民集中居住区建设的调查 [J]. 小城镇建设，2004（06）: 10–12.
[3] 邓建华. “三农”视阈下我国城乡一体化新格局的路径选择 [J]. 财经问题研究，2011(06) : 91–95.
[4] 注: 2013 年 12 月 2 日，笔者作为湖南省委党校第 45 期中青班学员，到常熟市蒋巷村进行实地调研活动。

了工业化、城镇化的社区，而不再是一个乡村社会。在大拆大建之后，乡村的传统文化和村庄风貌只能在商业化的陈列馆里和景区复制的建筑物上看得到了，村民的房屋建筑和生活方式基本上与城市没有差别。这可能是中国城镇化的方向，但绝不是中国村庄的发展方向。2013 年中央城镇化工作会议明确指出，新型城镇化要“记得住乡愁”。因为,“记得住乡愁”的乡村记忆是中国传统文化的最后防线,没有“乡愁”，就没有民族的精神家园。[1] 在现实中，浙江省、江苏省等发达地区过去将古老的村庄拆掉，建成像城市一样的所谓“新农村”，后来又花费数亿元来复制一个个所谓的“古村落”，希望恢复村庄原来的风貌与独一无二的特色。就在最近，山东省启动了“乡村记忆工程”，明确要在城镇化中抢救“乡愁”。[2] 这些做法，值得反思和总结。

处于中西部地区城郊的大多数村庄，资源要素无论是劳动力还是资金，特别是作为稀缺资源的土地，迫切需要为所在区域工业化和城镇化的原始资本积累“输血”。而不断消灭村庄、消灭乡村 [3]，其实质就是在传统的城乡二元体制惯性下继续牺牲农村、牺牲农业、牺牲农民。所以，村庄的资源要素都是流出的多、流入的少，而城市的资源要素都是流出的少、流入的多。因此，处于中西部地区城郊的大多数村庄在工业化和城镇化进程中的挑战大于机遇。在市场经济条件下，城镇化最重要的稀缺资源就是农村的土地，农村土地在城镇化中的核心问题是其溢价的分配。而农村的资源配置是由政府主导的，市场和农民均缺乏话语权，这造成大部分土地溢价归政府所有。虽然取消农业税改变了地方政府财政对农业税赋的依赖，但目前的情况仍然是以农养政，只是在形式上由农业税赋养政转变为农村土地养政。这无疑激化了社会矛盾，使农村社会问题的焦点由农民负担转变为征地拆迁。这样的所谓“城镇化”，在农民看来，就是由政府统一开发房地产。其实质是城镇化大跃进，是缺乏现实需求的造城运动。笔者在对河南省新农村建设的调研中了解到，新乡市由县乡政府财政统一向当地的农业发展银行贷款，再集中大规模建房，其中辉县的这一贷款额在 2.7 亿元以上，农民不愿搬高楼就采用免水电费政策（“超国民待遇”——财政部官员当时说）。[4] 这明显是地方政府在借新农村建设之名，快速推进房地产式的城镇化运动。由于没有根据不同地方的自然禀赋、历史文化所体现的区域差异性和形态多样性来设计，对村庄进行简单的“推倒重来”以复制城镇，使农村没有了“历

[1] 怎样的城镇化才能让人“记得住乡愁”[N]. 新华日报，2013-12-19（B07）.

[2] 山东保护“乡村记忆”加速跑 [N]. 山东商报，2014-03-20（B02）.

[3] 仇保兴 . 不要企图“消灭”农民、农村［J］. 城市规划通讯，2013(06)：11-12.

[4] 注：2013 年 3 月 1 日至 4 日，笔者应国务院农村综合改革工作小组办公室的邀请，参加国务院农村综合改革调研组在河南省信阳市、新乡市等地的基层调查，数据来源于辉县提供的汇报材料。

史记忆、文化脉络、地域风貌、民族特点”[1]，结果是“走过一城又一城，城城像农村；走过一村又一村，村村像城市”[2]，城市不像城市、农村不像农村；造成“千城一面”“万镇一面”，甚至是“万村一面”的中国城镇化发展怪现状。[3]因此，像河南省这些作为民族历史文化源头的地方，必须尽快摒弃拆房迁坟的发展模式，因为这些旧建筑、旧坟墓是过去时代的记忆，有记忆才会有历史，才会有民族的魂。[4]

处于远离城镇、远离工商业发达地区的传统农业地区的村庄，除少数地区已初步发展旅游业外，绝大多数地区仍以从事传统农业生产为主，是城镇化、工业化辐射力和影响力难以达到的地区或很弱的地区，是城镇化、工业化的空白地带。在这些地区，劳动力是一个快速流出村庄的变量，而土地资源是一个稳定的、无法升值的常量。农村土地资源的城乡二元配置导致了要素市场的扭曲，使这些地区的土地成为廉价的资源，在市场经济条件下无法成为村庄发展最具活力的要素。这样一来，人力资源和科技、资金等资源均缺乏流入村庄的积极性，土地抛荒与村庄空心化成为这些地区一个日益严重的现象，多数村庄基本上处于自生自灭的状态。但这些村庄并非没有生机和活力。以笔者实地调研的湖南省怀化市溆浦县思蒙乡虾溪村为例[5]，这里除了让人感受到特别贫困、感觉到劳动力在不断流出外，良好的生态环境、优美的自然景色、特色的民族风情、古色古香的民居、鲜美的绿色食品同样让人感受至深，其最典型的特征是传统、生态，其最大优势就是青山绿水。在资源环境约束日趋强化的背景下，未被污染的生态资源是最宝贵的稀缺资源。工业化、城镇化不断加快的过程，也是这些村庄不断增值的过程。因此，处于自然发展阶段的这些村庄，在工业化、城镇化中的挑战与机遇交织。发展严重不足是这些村庄面临的现实挑战，未受商业文化侵袭的原生态自然环境和乡土文化是这些村庄未来发展的重要资本。从某种意义上来说，这些村庄不发展就是发展。像湖南省的凤凰古城，如果大拆迁，建设成上海那样的现代化建筑群，就什么特色都没有了，肯定也不会有今天这样的繁荣。不过，在城镇化的进程中，这些村庄能守身如玉、守得住贫穷与寂寞吗？[6]

[1] 赵畅. 留住“乡愁”，不能千城一面 [N]. 人民日报，2014-03-20（005）.
[2] 王敏. 楼市发展提升人居幸福指数 [N]. 东莞日报，2011-06-01（TD07）.
[3] 刘效仁. 村落留不住　何处觅乡愁 [N]. 皖北晨刊，2014-03-20（13）.
[4] 陈文胜. 论城镇化进程中的村庄发展 [J]. 中国农村观察，2014(03)：52-56.
[5] 注：2013年10月28日至11月1日，笔者作为湖南省委党校第45期中青班学员在溆浦县思蒙乡虾溪村开展“驻村入户”调研活动。
[6] 陈文胜. 论城镇化进程中的村庄发展 [J]. 中国农村观察，2014(03)：52-56.

三

传统村庄是自然发展和演化过来的，在自然演化过程中形成了一系列纯自然的特色（亚文化）。现代人类活动已不容许这种自然发展和演化，所以有了规划。因此，只有超越自然发展和演化，规避自然发展和演化的不足，规划才有意义，这也更是村庄规划的本质。

村庄规划是立体规划而非平面规划。现在很多村庄规划明显已经落后于时代的要求，只有经济发展规划、建筑发展规划，没有生态发展规划、环境系统设计规划，严重制约了村庄的可持续发展。因此，村庄规划要立足于城乡一体化的时代背景，特别是城镇化、工业化、信息化、全球化的大背景。很多人向往乡村的自然环境，却不愿意去村庄居住。其原因是什么？除了村庄的交通、教育、医疗卫生、文化娱乐等公共设施落后外，网络信息化服务、现代物流等现代服务业滞后也是其中的一个重要原因。村庄公共设施建设必须建立在城镇公共设施向乡村延伸的基础上，如果将村庄与城镇的交通等公共设施、信息化服务等现代服务体系对接起来，唤醒村庄，将会产生十分深远的影响。村庄经济发展必须建立在城乡产业对接的基础上，全能的村庄是不存在的。例如村庄不可能形成完整的产业体系，产业链条也不可能全部在村庄建立。村庄生产的产品可以在县城加工、在省城包装、在京城乃至国外销售。村庄的空间布局要以生命为核心，以人为中心，着眼于人与自然的和谐，体现四季的变化和村庄自身的文化特色。每个村庄都有自己的不同历史，每个村庄的四季变化也绝不相同。因此，村庄规划不仅是空间上的规划，还应从多层面进行设计，例如土壤的结构，山、水、人等人与自然的关系，而且要考虑到村庄独特的历史与文化因素，在从过去到现在的发展脉络中，把握村庄未来的发展趋势。规划的关键不是为了完美，而是可行。规划应以村庄的可持续发展为目标和中心，而不应杀鸡取卵地以从村庄攫取资源为目的。现实中,很多村庄的建设规划仅仅是追求设计的完美，而没有论证其可行性，从而导致其无法得到实施。而有些村庄的规划设计与建设实践是脱钩的，不少村庄设计规划出来不是为了实施，而是为了对外招商引资的宣传和争取政府财政资金。[1]

每个村庄都要准确把握其功能定位。在城镇化进程中，村庄的发展途径是什么？是文化旅游，是生态闲居，还是特色农业？陈锡文认为，在中国这样一个具有几千

[1] 陈文胜．论城镇化进程中的村庄发展 [J]．中国农村观察，2014(03)：52-56.

年文明史的传统农业国家，农业发展历史悠久，人多地少，“形成了一种非常独特的社会现象:集村庄而群居，一个村庄几十户、几百户农民在一起，相互守望，相互帮助，用这样一种村庄的方式进行农业生产”。因此，中国村庄的功能远不只限于经济方面，还具有社会、政治、文化、生态等多重功能。在南、北美洲和大洋洲，由于开发时间短（不过三四百年时间），又人少地多，其家庭农场规模很大，因而，农户与农户之间相距遥远，难以形成村庄。在家庭的力量之外，农业生产活动主要依赖于企业化服务。不难看出，那里的乡村更多地具有经济发展功能。[1] 相比之下，中国的村庄发展不应采取南、北美洲或大洋洲农村发展的资本运作模式，特别不能由外来的资本控制。非外来力量的村庄共同体应在村庄发展中占主体地位，实现村庄共同体共建、共享。村庄共同体应建立在村庄共同的文化基础上，有长期形成的自我治理社会结构，有共同认同的发展方向。[2]

什么是村庄的特色与优势呢？村庄的个性特征与生俱来，独具特色的禀赋与优势，是村庄的规划立足点和发展定位。从形态规划与形象设计上来看，村庄的普遍特点是蓝天碧水，青山绿地，主色调是绿色，主旋律是生态。不过，每个村庄有不同的颜色，有四季变化的不同景致。与现代化的都市相比，村庄如果没有了美好的生态环境，如果没有了青山、绿水、蓝天，还能有什么优势？村庄之间的差异不仅体现在自然环境方面，更体现在文化方面。在中国历史上，人们习惯以宗族血缘关系为纽带聚族而居，由此形成了稳定的村落。村庄里的族谱、祠堂、牌坊、民居、祖坟等与风俗、土地、村民成为村庄历史和生命的重要载体，建立在家园、家庭、家人基础上的乡土情结成为村庄的共同文化纽带。因此，村庄是有灵魂的，每个村庄都有自己独特的文化，每个村庄的过去、现在以及未来也是不同的。而族谱、祠堂、祖坟、古树、牌坊、石碑、石桥、村道等元素形成了村庄独有的历史记忆，承载着一代又一代留下的文化遗产，它们一旦被毁掉，就无法逆转，村庄就成了没有记忆和没有灵魂的村庄。因此，村庄的文化特色与自然环境优势一样，是稀缺资源，哪些应该加以发展，哪些应该得到保护，都必须进行严格区分，必须处理好保护与发展的关系，切不可为了眼前利益杀鸡取卵。每个村庄都有自己独一无二的标志，有地理标志、物理标志、建筑标志等，这些标志或是一座山、或是一座祠堂、或是一条小溪、或是一棵古树等，每个村庄的标志都不尽相同。例如，处于突出地理位置

[1] 注:资料来源于陈锡文在中国农业大学“2012 年中国农业发展论坛”题为“中国解决粮食问题要有全球视野”的讲话。
[2] 陈文胜．论城镇化进程中的村庄发展 [J]．中国农村观察，2014(03)：52-56.

的一棵古树也许就是某个村庄的特别标志,找到了这一棵树就找到了这个村庄。在《一棵树的村庄》一文中,作者描写了自己家乡——它是位于广东省佛山市的一个叫西杨家村的村庄:"村子没什么名气,即使本乡的人,稍微远点的,未必就能一下子咬准位置,外乡人就更难得知道名字了。但是,说起大枫树下的那个村子,周边方圆几十里的人,几乎没有不清楚的,因为村子背后山坡上,站着一棵得两个大人才能合抱的大枫树,大枫树就成了西杨家的标志了。"[1] 因此,在规划村庄发展时,要尊重村庄的风土人情,保护乡土村落的基本元素和传统形态,使村庄的发展呈现鲜明的特点与个性。如果村庄与城镇一个样,南方村庄与北方村庄一个样,中国村庄与外国村庄一个样,那就不仅是村庄自我价值的迷失,更是村庄生命的消逝。[2]

四

尽管村庄的很多资源要素例如科技、资金等的严重短缺制约了村庄的发展,但也有很多资源要素例如土地资源、生态资源、特色文化资源等未能发挥作用而处于闲置状态,同样制约了村庄的发展。而高度集中于工业和城市的不少资源要素例如技术、资本等,急需与村庄处于闲置状态的稀缺资源进行组合。因此,要优化村庄的资源配置,就需推进城乡一体化发展,加快城乡资源要素流动。而其中的关键是要破除城乡二元体制障碍,促进城乡资源要素逐步向乡村配置,不断加快村庄的发展步伐。党的十八届三中全会明确提出,经济体制改革的核心是处理好政府和市场的关系,使市场在资源配置中起决定性作用。[3] 这意味着,村庄的各种资源要素都要进入市场,通过市场机制优化配置以实现应有的价值。在新一轮改革中,村庄的发展必须破解阻碍城乡资源要素有效流动的行政管理体制,建立逐步摆脱城乡二元体制的资源配置新模式,以土地资源、生态资源、特色文化资源等城市和工业领域的稀缺资源为杠杆,推动村庄内的资源要素与国内国外、省内省外、县内县外的资源要素以及城市和工业领域的资源要素进行重组,促进人才、资本、技术、信息等现代要素与村庄传统要素进行优化配置。

在"中央—省—市—县—乡—村"这样一个传统的行政架构下,农村的行政体制的计划管理色彩非常浓厚,阻碍了城乡资源要素的有效流动。纵观天下名村,这些

[1] 杨河源. 一棵树的村庄 [J]. 看世界,2013(10).

[2] 陈文胜. 论城镇化进程中的村庄发展 [J]. 中国农村观察,2014(03):52-56.

[3] 中国共产党第十八届中央委员会第三次全体会议公报 [M]. 北京:人民出版社,2013.

村庄之所以能够成功，就是破解了资源要素在这样一个行政架构内进行配置的困局，从而化解了村庄因处于行政最底层而使资源得不到有效配置的困境，实现了村庄的资源要素与大市场的直接对接,从而全面提升了村庄的发展活力。用经济学术语来说，就是资源要素的流动半径得到了延伸。资源要素的流动半径有多大，乡村发展的活力和潜力就有多大，发展的水平就有多高。只有突破现有的行政框架，才能从根本上激发村庄的活力，开发村庄的潜力。这就需要深化改革，简政放权，以适应全球化、信息化背景下国内外大市场的需要。[1]

[1] 陈文胜．论城镇化进程中的村庄发展 [J]．中国农村观察，2014（03）：52–56.

目 录

第一章　绪论

中国的改革开放创造了人类史上前所未有的城镇化奇迹，作为一个有十多亿人口的传统农业大国，在四十年之间把超过美国人口规模的 3 亿多农民变成了市民，从 2011 年开始中国的城镇居住人口就超过了乡村人口，到 2016 年城镇化率已接近 60%，从 2017 年开始有相当于美国人口规模的近 3 亿农民工在城镇就业。[1] 按照中国全面现代化的战略规划，到 2050 年城镇化率将达到 70% 左右，标志着“乡村中国”全面进入“城镇中国”的历史新方位。因此，城镇化大趋势难以逆转，人口不断向城镇聚集这个大趋势也难以逆转，不仅给村庄发展带来前所未有的冲击，又反过来给中国城镇化带来难以预测的挑战。[2] 如何在加快推进城镇化的同时推进乡村振兴，使传统的“乡村中国”与现代的“城镇中国”能够共生共荣、各美其美而融合发展，迫切需要准确定位和正确把握大国村庄的进路。

---

[1] 陈文胜．乡村振兴的资本、土地与制度逻辑 [J]．华中师范大学学报（人文社会科学版），2019，58(01)：8–11.

[2] 陈文胜．合乡并村改革切忌大跃进 [N]．光明日报，2015–12–27(007).

第一节　问题提出

改革开放以来，随着城镇化的加快推进，乡村、农民与国家的关系发生了全新的变化，中国乡村社会处于前所未有之变局。一是社会治理之变，农业税取消之后的乡村、国家、农民之间出现断裂，村民自治为以经济精英为主的社区精英分子的产生提供了一个制度性的条件，农村社会治理理念和方式随之发生了深刻变化。二是社会结构之变，村庄逐渐演化为经济多元、利益多元、阶层多元的多元化社会，村庄社区的独立性与组织能力亦逐渐地得以培育与发展起来，社区中的各种社会力量与民间性的组织也不断地产生与增加，使家庭结构、代际关系等村庄社会基础性结构发生了前所未有的变化。三是社会价值之变，追求个人价值实现个人理想、发家致富等思想观念逐渐兴起，家庭、家族、宗族以及传统习惯成为主流，这是改革开放前后村庄的价值观念和意义系统的根本性变化，也是最为深刻的变化。[1]村庄社会的此种巨变，与中国城市化、现代化和工业化的整体推进相同步，其本质是一种外力推动下的巨变。如何看待和评价中国村庄百年以来的巨变？如何认识和评判诸如“城市像欧洲，农村像非洲”的情绪化表达？如何“留住”或“拯救”为国人所热衷和倡导的“乡愁”？这是正确评判、理解和阐释中国村庄巨变绕不开的话题，也是为“乡土中国向何处去”而把脉问诊所无法回避的问题。[2]

---

[1] 贺雪峰. 村治模式：若干案例研究 [M]. 济南：山东人民出版社，2009：1–6.

[2] 陈文胜. 城镇化进程中的乡村变局与评判 [J]. 武汉大学学报（人文科学版），2017(01)：11–13.

一、百年史上的乡村巨变

曾几何时，“农民真苦，农业真穷，农村真危险”的“三农”问题话语主导了大多数国人对中国乡村的常识性认知。李昌平的“三农箴言”，对理解当代的中国农民、农业与农村，无疑有着十分重要的价值。只是李昌平三农语境下的中国农民、农业和农村，是20世纪90年代的中国乡村，有特定的时代背景，那就是：农业税费的客观存在。自古以来，缴纳皇粮国税是中国乡土社会中的传统。农民对此似乎没有太多质疑，只有在交多少、怎么交等问题上的争议。在农业税时代，由于包括教育等在内的各种附加费太多，再加上收缴中出现的各种冲突和矛盾，使得不少人将“三农危机”的根源直指农业税，大多数人认为是农业税造成了“三农”问题的客观存在和三农危机的最终产生。

正是这样，取消农业税的呼声和呐喊不断抬头，甚至成为农业税时代中国农村研究的“主流”。本着有效治理农村客观存在的各种矛盾、问题与危机，2006年，中央政府宣布全面取消农业税。中国农民破天荒地不再需要缴纳任何税费，反而可以获得种粮、农机等各种补贴。按常理，不用再交税费还可以获得补贴，“三农”问题理当会自然化解。而事实并非如此，一个突出的现象是，农田大面积抛荒的存在。在农业税时代，因为要缴纳各种税费，农产品价格低廉，在比较收益考量下，多数农民选择外出务工。农业税费取消后，农民种田不需缴纳任何税费，并可以从政府那里获得不同程度的补贴。按说，农民对农田应该更加重视，但事与愿违。笔者调研所看到的是，即使不再需要缴纳税费，甚至每亩农田可以获得一定额度的补贴，却因农产品价格一直徘徊不前，种田在农民看来仍然是不经济的，务农于农民而言仍然是非理性的选择，抛荒仍然在不同程度上存在，“谁来种田”“谁来养活中国”日渐成为一种焦虑亚文化不断蔓延。[1]

即便是这样，改革开放以来，中国乡村发展的成绩仍然不可低估，应当说是历史上最好的时期。一方面，农业农村发展势头整体向好的趋势没有改变并将继续维持。尽管农民不愿意在家种田，务农者女性化、老龄化现象较为突出。但多年以来，在党的农村政策的正确指引和强力作用下，不仅实现了粮食生产的“十二连增”，广大农民的整体收入水平也有了大幅度提高，农村生产生活条件和人居环境有了大幅度改善，城乡居民收入差距整体上不断缩小，村庄如今成为不少人的

[1] 陈文胜．城镇化进程中的乡村变局与评判 [J]．武汉大学学报（人文科学版），2017(01)：11-13.

理想去处。也就是说，改革开放尤其是全面取消农业税以来，中国农民的改革获得、中国农业的改革发展和中国农村的改革进步是主旋律。

另一方面，就单个村庄而言，农民对发展的共享感、获得感和幸福感也正在提升。以笔者长期观察的湘南偏远的某山村为例，村民普遍感受到改革开放以来所发生的深刻变化。一是农民居住条件有了根本性改观。全村 90% 以上的农民住上了红砖房，土砖房已成为“过去时”。二是家庭生活条件日渐现代化。走访发现，大部分农户家庭有了彩电、冰箱、洗衣机等现代化的家用电器，手机、电话、电脑更是进入千家万户。三是享受型消费品正在走入寻常百姓家。随着消费主义的兴起，乡村消费社会日渐走近，不少农民家庭购买了小汽车，空调也成为部分农家的必备生活品，一些条件较好的家庭甚至还在县城购买了商品房。四是农村基础设施持续改善。村级道路硬化基本到达每家每户，自来水成为“标配”，液化气取代煤、柴火成为新时尚。五是农村环境卫生受到重视。村庄清洁亮化工程得以推行，村庄垃圾集中处理逐渐成为常态，村民环境保护意识正在提升，村庄人居环境得到大大改观。[1]

总之，无论是宏观层面还是微观个案均显示，中国乡村发展取得的成就是十分卓越的。改革开放之初，农民基本上告别了食品短缺的饥饿时代。后来，国家不断推进各种惠农政策，从取消农业税、粮食补贴、农机补贴，到医保、低保、乡村公路建设、农电改造、危房改造、农村信息化等，使得中国农民、农业和农村发展处于百年来最好的时期。如农村公路建设的大力推进和农村信息化的快速发展，使农村缩短了与城市的距离，大多数农村交通方便、通讯便捷，城乡隔绝状态前所未有地被打破，农民的视野和文明程度前所未有地不断提高，这些成就难道可以视而不见、全盘否定吗?

二、城镇化背景下的返乡观察

如何评价乡村，本来是“鞋子合不合脚，只有自己穿着才知道”，可随着“乡土人”的不断城镇化，随着“城镇中国”对“乡土中国”的不断扩张，“乡愁”成为了居住在城市里的人的“时尚”，实质上是有话语权的“城里人”在主导和点评乡村与“乡下人”。所以，一到年前节后，“指点”乡村就成为了具有优越感的城里“还乡

[1] 陈文胜．城镇化进程中的乡村变局与评判 [J]．武汉大学学报（人文科学版），2017(01)：11–13.

团”们的热门话题，或为了抢眼球，或为了造舆论，每每都会“拿乡村说事”“拿农民开心”。在自媒体时代，这种倾向更是有所扩大化，甚至演变为某种程度上的“乡村关注运动”。这种“运动”，以各种“返乡体”的流行与传播最为典型。国内主要出现了三种形式的“返乡体”。第一种是由长期从事农村调查与研究工作的学者所主导的村庄经验调研。他们抱着观察农村、了解农村和理解农村的学术研究目的，纷纷到全国各地农村开展实地调研，形成了一篇篇或感性、或理性的返乡记。这些经验调研，大部分由于使用了较为专业化的调研方式和方法，为正确地认识和理解转型期中国村庄巨变提供了丰富养料，是阅读和理解当下中国村庄所难得的经验材料。另一种则是由一些从事文学、新闻研究或相关爱好者所主导的乡村现象观察。主要是受发生于村庄中的某一特定事件所启发，或被村庄中所出现的悖论性现象所刺激，进而发挥着巨大的“文学或社会学想象力”，将与中国乡村相关或不相关的现象和事件组合在一起，进行一种带有强烈感性的分析、阅读和理解。此类现象观察，由于抓住的是某一特定现象或事件，这些现象或事件往往社会关注度高，具有极强的新闻价值，因而容易引起社会共鸣并迅速传播开来，有的甚至压倒了学者们的村庄经验调研，成为唱衰农村的主角。还有部分“作品”，不知出于何种目的，或故意夸大事实，甚至“捏造事实”，将农村中的某一特定问题无限扩大化，对所看到的“极端事件”进行粗暴解读和理解。[1]

当下乡村之所以如此受关注，乡村“唱衰论”之所以如此流行，原因是多方面的。其根本原因，还在于唱衰论者对中国乡村问题的无限扩大。从客观上说，相比于中国城市化的快速推进与发展，甚至是相比于西方发达国家的农村发展来说，历经几千年小农经济发展积淀的乡村中国，在向现代化整体迈进的过程中，仍然存在不少需要引起关注的问题。譬如，农业粗放型发展方式向集约型发展方式转型压力大，农业生产中的环境污染大、能源消耗高、人力资本投入高的问题较为突出；相比城市而言，农村公共服务与公共产品供给不足，基本公共服务全覆盖压力较大；农民收入结构虽发生了重大变化，外出务工收入在农民总收入中占有较大比重，但农民增收渠道有限、增收乏力的问题依然突出；农村劳动力大量外流，在增加农民收入、加快城市发展的同时，广大农村也出现了空心化、空壳化等问题，农村发展后劲不足、机制缺失等问题已不能不引起高度关注。

众所周知，中国农村幅员广阔，区域差异较大，不仅南北差异、东西差距较

[1] 陈文胜．城镇化进程中的乡村变局与评判 [J]．武汉大学学报（人文科学版），2017(01)：11–13.

大，即使是同一区域内的不同村落，也因资源禀赋、区域位置、治理水平等的不同而存在较大差异，发展程度参差不齐。阅读、分析和理解中国乡村，没有区域比较的视角往往难以做出科学评判。也正是从这种意义上来说，对于中国农村社会发展变化与变迁的理解，单凭哪一个村庄难以定论，单凭农村社会中的单一现象难以定论。对于中国乡村社会的判断和理解，决不能仅凭单个村庄的社会事实，也不能仅凭村庄中的单一现象或事件，而是要运用历史的视野、发展的眼光、辩证的思维，理性地看待中国乡村的巨变。[1]

三、乡村变局的评判

在经典现代化理论看来，城市化、工业化和现代化是社会发展的根本方向。在这个过程中，农村不可避免地被改变。法国社会学家孟德拉斯指出："20亿农民站在工业文明的入口处，这就是在20世纪下半叶当今世界向社会科学提出的主要问题。"[2]以改革开放为时间节点，改革开放之前的中国村庄很大程度上可以说是传统中国村庄。在传统中国村庄，社会生产力相对落后，社会流动性小，社会结构单一，社会治理相对简单。改革开放之后的中国村庄，很大程度上可以称之为现代中国村庄。与传统中国村庄相比，改革开放之后的中国村庄发生了翻天覆地的变化。这些变化，不仅有器物层面的变化，还有观念层面的变化。

然而，乡村唱衰论者对乡村社会器物层面的变化置之不理，对农业农村发展的伟大成就视而不见。正是这样，他们看到的常常是村庄社会道德低下、伦理丧失、治理无序和环境破坏。村庄社会中那种温情脉脉、孝道伦理和邻里互助，全然不入他们的法眼。的确，在现代化浪潮的席卷之下，中国村庄社会的价值观念发生了深刻变化，笑贫不笑娼、金钱崇拜、崇尚暴力等现象正在蔓延。但是，唱衰论者不管器物层面的进步，只论观念层面的变化，甚至是有意无意地扩大观念层面的变化，除了有"故意博得眼球"之嫌疑，更是因为用城市文明的眼光看农耕文明的村庄，把现代化的城市与传统的村庄进行对比；用自己的价值观和理念判断乡村，或者把理想中的村庄和西方先进国家的乡村与中国当前的村庄简单作对比，用自己的价值判断认为村庄应该怎么样，特别是在现代化的城市中未能实现的梦

[1] 陈文胜．城镇化进程中的乡村变局与评判 [J]．武汉大学学报（人文科学版），2017(01)：11–13.
[2][法] 孟德拉斯．农民的终结 [M]．李培林，译．北京：社会科学文献出版社，2005：1.

想，却希冀在社会生产力相对落后的村庄来实现。[1]

毫无疑问，中国乡村发展还存在各种问题。但是，这些问题虽然出现在村庄，其根子却在城市和工业。从某种程度上而言，以空心化、空壳化、灰色化等为表征的“乡村病”，是城市病和工业病在村庄的蔓延。比如农村的环境污染，源头就来自城市和工业。还有，唱衰论者所揭露的农民赌博泛滥、唯利是图、搞性开放、卫生意识差等，这些问题绝非为村庄所独有。可以说，中国乡村社会发展中所出现的诸种问题，很大程度上可以从国家的发展战略，从城市化与工业化一枝独大的发展现实中找到可能的解释和答案。[2]

具有绝对资源优势的城市都没有做好的事情，某些城里的“还乡团”们戴着有色眼镜、定势思维和刻板印象，将中国乡村简单地与传统村庄、现代城市甚至是西方样本进行对比与想象。其实，不少人不只是对西方乡村具有某种想象成分，即便是对传统中国村庄，很大程度上也是想象或理想主导。

所以，在他们看来，改变中国乡村社会的命运，就是要化解城乡二元社会结构，改革过时的户籍管理制度，赋予农民权力。这些，当然是村庄发展的必然要求，也是农民发展的客观要求。但是，不能忽视的事实还有这么一面，那就是如今绝大多数农民也不是想天天吃肉，转而多吃水果和蔬菜；过去拼命走向城市、挤入城市，对“土气”“乡巴佬”等标签十分厌恶，如今却感觉越土越吃香，不仅农村户口“一票难求”，各种带“土”的商品如土特产也越来越受欢迎。长远来看，村庄人居环境是最令现代人向往的理想目标，珍视村庄甚至回归乡村也定当是现代社会发展的必然趋势。[3]

总之，中国村庄的重大变迁，预示着中国社会又一次转型的开始。如何预测中国社会发展的不确定性及其风险，研判村庄演进的趋势与进路，构建促进城乡良性互动与共同繁荣的城乡融合发展体制机制，使传统的“乡土中国”与现代的“城镇中国”有机对接，迫切需要准确把握乡村社会发展的方向。[4] 唯此，才可能得出合理的判断，提出精准的应对之策。

---

[1] 陈文胜. 城镇化进程中的乡村变局与评判 [J]. 武汉大学学报（人文科学版），2017(01)：11–13.

[2] 陈文胜，陆福兴，王文强. 城乡一体化进程中的社会管理创新研究 [J]. 政治学研究，2013(02)：50–59.

[3] 陈文胜. 城镇化进程中的乡村变局与评判 [J]. 武汉大学学报（人文科学版），2017(01)：11–13.

[4] 陈文胜. 论城镇化进程中的村庄发展 [J]. 中国农村观察，2014(03)：52–56.

四、研究的现实意义

在世界城市化进程中有一个普遍现象，就是都出现了乡村衰退问题，而在城镇化率达到 70% 以后就进入了城乡融合发展阶段，乡村发展问题逐步得到解决。而世界上实现现代化的国家大多是中小国家，工业化、城镇化基本可以同步。中国作为特大型国家，不仅世界上任何一个现代化国家的人口规模无法与之相比较，而且区域极为复杂，资源禀赋和文化差异使不同的地区处于不同的发展阶段，形成了中国所独具的工业化与城镇化不同步、工业与农业不同步、城乡发展不同步、区域发展不同步的现代化进程，带来了非常突出的城乡发展不平衡和乡村发展不充分的重大社会问题。因此，城镇化进程中大国村庄的进路，无疑是一个重大的时代命题。

第二节　研究框架

本书将村庄进路置放在乡村振兴战略这一背景之下，立足国内外已有研究，研判城镇化快速推进中村庄演进的现实困境、基本规律及发展趋势，力求突破将村庄问题的研究作为一个实证性问题而从实地经验出发的惯性思维，跳出单一现代城市文明或传统乡土文化主导思维，探讨大国村庄的进路。就理论价值而言，通过对村庄的社会、治理、文化演变与发展的考察与分析，可以进一步丰富村庄变迁及乡村振兴理论。就实践价值而言，通过对城镇化快速推进中村庄演进的现实困境、基本规律、对乡村治理现代化的影响以及未来走势的考察和分析，为推进乡村振兴探索现实途径。

一、基本问题

以城镇化进程中的村庄发展多重演变之现实图景为本书的逻辑起点，从村庄演进的理论、现状与困境、实现良性发展的基本途径等三个层面，探求中国城镇化大背景下村庄社会演进的系列问题，以此把握城镇化推进中村庄演进的走向，进而为实施乡村振兴战略研判路径选择。

为此，具体研究如下问题：研究城镇化进程中村庄演进的三重形态，即村庄的社会演变与发展、村庄治理的演变与发展、村庄文化及其价值观念的演变与发展等；研究村庄演进的动因和困境以及这种演进对乡村治理现代化的影响；研究城镇化快速推进中村庄演进的基本规律、未来走势，并提出大国村庄进路的路径选择。

二、主要内容

按照“基础理论阐述—现实问题分析—基本途径探讨”的研究框架展开。一是研判城镇化进程中的村庄功能定位和发展方向，分析城镇化与村庄演进的互动关系，回答中国村庄演进的原因、动力、走向等理论问题。二是从社会、治理、文化三个维度审视城镇化进程中的村庄演进的现实状况，剖析村庄演进的各种社会风险，回答大国村庄进路的趋势与挑战等基本问题。三是以建立健全城乡融合发展的体制机制为根本，探索促进传统村庄文化与现代的城市文明、工业文明有机对接，实现村庄多元发展和现代化转型的基本途径，回答村庄可持续发展的保障机制问题，为乡村振兴提供一种理论上的新视角和实践上的政策操作体系，为新型城镇化与农业农村现代化的高质量推进提供理论上的新思路和实践上的新对策。总体框架如下：

1.城镇化与村庄演进的基础理论及关系互动研究

基于社会变迁理论，研究村庄演进的相关理论问题；在此基础上，探讨在中国城镇化快速推进的宏观背景下，城镇化与村庄演进的互动关系；最后，以城乡发展一体化为战略背景，探寻中国村庄演进的原因、动力、规律及走向，分析村庄在城镇化进程中的经济、政治、社会、文化、生态等多重功能及其拓展与协同，研判城镇化进程中的村庄功能定位和发展方向。

2.城镇化进程中村庄社会的进路研究

基于社会结构与社会转型理论，研究城镇化快速推进中的村庄人口流动加速、人口结构变化与村庄组织结构变迁；研究城镇化中村庄地域边界变化、村庄熟人社会解体与村庄组织结构变迁；研究村庄社会阶层结构变化、村庄市场变革下的村庄共同体利益连接机制变化与村庄组织结构变迁；研究村庄社区新兴社会组织发展与村庄组织结构变迁等问题。

3.城镇化进程中村庄治理的进路研究

基于社会治理理论，研究城镇化推进中村民自治制度下村庄的治理结构转型：研究村庄从宗族治理到民主自治的演进；研究村庄从传统礼治到现代法治的演进；研究村庄从传统“旧乡贤”治理向现代“新乡贤”治理的演进。

4.城镇化进程中村庄文化的进路研究

基于符号互动理论，研究村庄传统民俗、民情、民风和乡土文化的历史演进；研究村庄族谱、祠堂、祖坟、古树、牌坊、石碑、石桥、村道等村庄文化符号的历史演进;研究基于家园、家庭、家人的乡土情结及其村庄文化共同体的历史变迁。在此基础上，研究作为村庄文化内核的乡村社会价值观念变迁:基于社会冲突理论，分析在现代城市文明和工业文明冲击下，村庄的传统小农经济观念向现代市场经济观念的演进，传统宗族和封建秩序观念向现代法治观念的演进，传统道德价值观念向现代文明价值观念演进等相关问题，研究如何通过村庄文化“记得住乡愁”，构建中国传统文化的最后防线，守护民族的精神家园。

5.城市化进程中村庄演进的困境及风险研究

结合中国城乡二元结构的体制机制问题，研究村庄演进的现实困境与可能存在的社会风险问题，及其对村庄与城市带来的双重挑战。一是研究村庄演进中的困境。城镇化不断扩张对村庄带来在地理空间上的“空壳化”困境，在居住人口上的“空心化”困境，在村庄秩序结构上的“灰色化”困境。二是研究村庄演进中的风险。城镇化不断扩张与村庄的不断消减所引发的传统文化风险以及自然环境破坏的生态环境风险，城乡不平等发展关系所引发的社会公平风险，村庄“空心化”后大量人口进入城镇所引发的城镇发展风险与社会管理风险。

6.乡村振兴战略下村庄演进的路径选择

在乡村振兴战略目标下，按照“农业强、农村美、农民富”的远景规划，研究如何破除城乡二元体制障碍、破除阻碍城乡资源要素有效流动的行政管理体制，建立逐步摆脱城乡二元体制的资源配置新模式，推动农业全面升级、农村全面进步、农民全面发展，让农业成为有奔头的产业，让农民成为有吸引力的职业，让农村成为安居乐业的美丽家园。主要研究深化农业供给侧结构性改革实现农业强、补齐村庄人居环境短板推动农村美、加快农村土地改革确保农民富、发挥小农户作为乡村振兴的最大主体作用、实现农民主体地位推进乡村治理现代化等问题，回答理论和实践上需要解决的乡村振兴要振兴什么、谁来振兴、怎样振兴这三大关键问题，以此研判大国村庄的路径选择。

三、基本思路

在实施乡村振兴战略的目标下，以解决城乡发展不平衡、乡村发展不充分的矛盾为主线，以农业农村优先发展为总方针，立足于中国城镇化进程加快的大趋势，在社会、治理、文化三个维度下审视城镇化进程中的村庄演进的现实状况，在“城镇—村庄”层面上观察村庄演进的发展趋势，在新型城镇化进程中剖析村庄演进的各种社会风险，在全面现代化战略目标下探索城乡融合发展的多元途径，形成在城镇化进程中实现乡村振兴的理论框架、实践路径与制度安排。

1.以城镇化与村庄演进互动为研究主线

把村庄演进放在新型城镇化的大视野中剖析，探寻村庄演进的原因、动力、规律及走向，剖析了城镇化进程中村庄的社会、治理、文化及其价值观念的演变与发展等现实图景，探讨村庄演进的现实困境与可能存在的社会风险问题及其应对途径。

2.以实现村庄多元发展和现代转型为研究目标

以构建促进城乡良性互动与共同繁荣的城乡融合发展的体制机制作为村庄演进的路径选择，探讨引导村庄文化与现代文明进行有机对接，既留住传统村庄文化中的“乡愁”，又树立现代的社会价值观念；既尊重传统的风俗习惯与乡规民约，又形成良好的法治观念；构建新的村庄共同体，实现村庄社会结构与治理结构及其治理体系的现代转型，促进村庄的多元发展的基本路径。

3.以“国家—社会”为分析框架

在城镇化大趋势中考察村庄演进的现状、动因、风险，把村庄演进与城镇化进程构成一个有机的整体，并将村庄演进作为新型工业化、新型城镇化、信息化、农业现代化以及城乡融合发展、国家治理现代化的整个复杂系统中的重要变量来考察，为构建促进城乡良性互动与共同繁荣的城乡融合发展体制机制探索新突破，为研判大国村庄的进路趋势与方向构建有现实解释力的分析框架。

四、研究重点

在进入全面小康社会的新时期，以预测社会发展的不确定性及其风险为出发点，研判村庄进路的趋势与方向，研究构建促进城乡良性互动与共同繁荣的城乡融合发展的体制机制，为人口大国在城镇化进程中推进乡村振兴探寻路径与对策。

1.探讨城镇化进程中村庄的社会、治理、文化三重演变，把握村庄演进的趋势与方向

在人类史上前所未有的大规模城镇化进程中，中国村庄正经历数千年来从未有过的大变局，从社会、治理、文化三个维度，研究村庄的历史演进，准确把握村庄演进与发展的基本规律与战略方向。

2.研判城镇化进程中的村庄演进给乡村与城市发展带来的双重挑战，建立促进城乡良性互动与共同繁荣的城乡融合发展体制机制

城镇化不可阻挡并且不可逆转，无疑给村庄发展带来前所未有的挑战，又反过来给城镇化的可承载力带来难以预测的挑战。研究村庄进路的现实困境与可能存在的社会风险问题，以期在城镇化进程中，建立有利于村庄可持续发展的城乡融合发展体制机制，实现城乡良性互动与共同繁荣。

3.研究如何促进传统的村庄文化与现代的城市文明、工业文明有机对接，实现村庄多元发展与现代转型

村庄是中国农耕文化的载体，也是中国几千年农耕文明的发源地，是中华文明的核心。在现代城市文明和工业文明冲击下，引导村庄文化与现代文明进行有机对接，既留住传统村庄文化中的“乡愁”，又树立现代的社会价值观念；既尊重传统的风俗习惯与乡规民约，又形成良好的法治观念；构建新的村庄共同体，实现村庄社会结构与治理结构及其治理体系的现代转型，促进村庄的多元发展。

第二章　城镇化与村庄演进：基础理论及关系互动

从社会结构演进方向而言，城镇化的出现及其扩散是社会变迁的结果，也是推进社会演进的重要动力。在城镇化推进过程中，作为社会组织存在形态较早的村庄，已发生了前所未有之变化。这种变化，既有村落的消失，也有村落的演变。其中，城市就是村落演变的“后果”之一。“在很大程度上，城市的发展是衡量现代化的尺度。城市成为新型经济活动、新兴阶级、新式文化和教育的场所，这一切使城市和锁在传统桎梏里的乡村有本质的区别。”[1] 正是这样，城镇化成为各国推进现代化建设、实现现代化目标的重要抓手。受城镇化变量的影响，中国村庄社会发生了千年未有之大变局。这种变局，至少体现在以下三个方面：“第一个层面是治理之变。取消农业税后的国家与农民关系，较之于税费收取所形成的国家与农民关系发生了深刻变化。第二个层面是村庄基础结构之变。宗族、门子等超家庭的地缘与血缘共同体解体，依托于超家庭结构的村庄内生秩序机制及地方性规范随之解体。第三个层面是价值之变。农民的生育观念，传宗接代传统等支撑意义世界的基础正在发生深刻变化。”[2] 研究中国村庄的演进，不能脱离中国村庄变迁这一社会事实，不能脱离城镇化这一影响村庄演进的最大变量，不能脱离社会变迁这一基础理论。

[1][美]塞缪尔·P·亨廷顿．变化社会中的政治秩序[M]．王冠华，译．北京：生活·读书·新知三联书店，1989：66.

[2] 贺雪峰．回乡记——我们所看到的乡土中国[M]．北京：东方出版社，2014：1–3.

第一节　社会变迁与村庄演进：意涵及其关系

社会学对人类社会的观察和分析，既有从静态的角度进行的考察，并在此基础上展开理论分析，典型如社会结构理论；也有从动态的角度进行的考察，并在此基础上展开理论探讨，比如社会变迁理论。如果说静态的社会学分析，如社会结构、社会角色等的研究可以更好地认识社会的现状及其整体特征，那么，动态的社会学分析，亦即社会变迁研究则显然有助于更好地认识和揭示社会发展变化的基本规律，预测社会变迁的基本方向。

一、社会变迁及相关理论

社会学作为一门独立学科自从创立之日起，就将社会变迁作为重要研究主题。在社会学创始者孔德的社会“二元”分类，即社会静力学和社会动力学分殊中，社会动力学主要探讨和研究的是社会变迁问题。对于何谓社会变迁，社会学学者们作出了不同的定义和界定。比如美国著名社会学家罗伯逊把社会变迁定义为文化、社会结构和社会行为的模式中无时无刻不在发生着的变化。[1] 总的来看，所谓社会变迁，泛指一切社会现象的变化，又特指社会结构的重大变化；既指社会变化的过程，又指社会变化的结果。[2]

依循不同的分类标准，可以将社会变迁作出不同的分类。比如依据社会变迁的规模，有整体性变迁与局部性变迁之分；依据社会变迁的方向，有正向社会变迁与负向社会变迁之别；依据社会变迁的方式，有渐进式社会变迁与

---

[1][美]伊恩·罗伯逊．社会学[M]．黄育馥，译．北京：商务印书馆，1981：793.
[2]郑杭生．社会学概论新修[M]．北京：中国人民大学出版社，2002：321.

激进式社会变迁之类；依据社会变迁中人的作用，又可以将社会变迁分为自发性社会变迁和有计划的社会变迁。社会变迁的不同分类标准，可以为正确地分析和理解社会变迁提供重要视角，是分析和研究社会变迁的重要依据。影响社会变迁的因素多种多样，既有环境的因素，也有制度的因素，还有人的因素。受人的因素影响，有规划的社会变迁作为社会变迁的重要类型，这是现代化大背景下社会变迁的主要模式。城镇化，从某种程度上来说，就是一种受人的因素所影响和主导的社会变迁类型，是有规划的社会变迁的重要体现。

社会变迁的重要方向即社会发展，社会发展是正向社会变迁的结果，也是积极社会变迁的重要表现。社会发展的一个重要体现，就是社会现代化。自 20 世纪中叶以来，社会现代化的问题成为社会科学研究中的重要主题。美国著名学者布莱克认为，社会现代化是人类诞生、文明出现之后的人类历史上第三次最伟大的社会变革。从基本性质来看，社会现代化既有革命性的一面，也有全球性、整体性和长期性的一面。

从本质上来说，社会现代化是一种特殊的社会变迁，指的是社会从传统的农业社会向现代化的工业社会和后工业社会转型的社会变迁过程，在这个过程中伴随着一系列深刻的社会变革与制度变革。所有变革的基础，是经济基础以及建立在其上各种经济制度的变化。正如恩格斯曾经指出：“因而每一时代的社会经济结构形成现实基础，每一个历史时期由法律设施和政治设施以及宗教的、哲学的和其他的观点所构成的全部上层建筑，归根到底都是应由这个基础来说明的。”[1] 这也就是说，经济现代化是社会现代化的重要基础。但是，社会现代化除了经济现代化之外，还有政治现代化、文化现代化、社会结构现代化、生活方式现代化、人的现代化和城市化等。城市化作为社会现代化的重要内容，基本的演进趋向是城市社会。城市社会是社会现代化的重要形式，也是工业化和现代化发展的重要方向。

城市，是相较于乡村而言的。因此，考察城镇化进程中的村庄演进，毫无疑问要弄清楚社会变迁与城镇化之间的关系问题。从前面的阐述中可以看出，城镇化是社会变迁的一种积极形式，是工业化生产方式的重要形式，也是人类社会结构形态变迁的一种理想类型，是传统农业社会发展的更高阶形态。从这个意义上来说，分析和研究城镇化进程中的村庄演进，不能将村庄演进与城镇化对立起来、割裂开来。相反，必须明确和明白：城镇化是社会变迁的重要类型之一，城镇化与

[1][德]马克思，恩格斯．马克思恩格斯全集（第 20 卷）[M]．北京：人民出版社，1971：701.

村庄演进具有某种一致性和重合性，尽管城镇化的推进过程中可能也会导致村庄演进出现某些“意外后果”，但这些不是城镇化的必然而只是城镇化的“意外”。

二、村庄社会演进及其研究

人类社会美好生活的实现，往往离不开一定的物理环境。这种地域环境，为人类社会美好生活的可能准备了物质基础，也形成了特定意义上的社区。社区形态较早出现于工业化早期国家。而社区概念的形成,最早源自著名社会学家滕尼斯。1887 年,滕尼斯出版了《共同体与社会》一书,对共同体与社会的概念进行了界定。滕尼斯的“共同体”,从某种意义上来说,就是现在所言的“社区”。在滕尼斯看来,“共同体的类型主要是建立在自然的基础之上的群体（家庭、宗族）里实现的，此外，它也可能在小的、历史形成的联合体（村庄、城市）以及在思想的联合体（友谊、师徒关系等）里实现，共同体是建立在有关人员的本能的中意或者习惯制约的适应或者与思想有关的共同体的记忆之上的”。[1]

随着社会变迁演进的持续和社区研究工作的推进，越来越多的学者发现滕尼斯的“共同体”概念无法准确地涵盖社区的全部，其所指的社区的内涵和外延并不能充分说明工业化和城市化进程中的社区形态。因此，学者们沿着滕尼斯的社区理论，做了进一步的丰富和发展。比如，芝加哥学派的代表性人物帕克就认为：“对一个社区所能做的最简单扼要的说明是：占据在一块被或多或少明确地限定了的地域上的人群的汇集。但是,一个社区还不止这些。一个社区不仅仅是人的汇集,也是组织制度的汇集。”[2]

社区对于国内学界而言，是一个舶来品。20 世纪初期，中国社会学在引进西方社会学理论时，对社区这一概念进行了“拿来”。尽管随着国内社区研究的不断深入，人们对社区的概念依旧有着各种争议，但是均认可社区的“地域性”这一共同特征。并按照社区中人口的密度、人们生产方式的不同以及社会组织活动的性质进行分类，将社区划分为城市社区与农村社区。

社区研究是社会学研究的深化和细化。村庄社区研究，是中国社区研究的重要传统。中国的社区研究，起始于 20 世纪 30 年代的“社会学中国化”。中国农村

[1][德] 滕尼斯. 共同体与社会 [M]. 北京：北京大学出版社，2010.
[2] 帕克，伯吉斯，麦肯齐. 城市社会学 [M]. 宋俊岭，吴建华，王登斌，译. 北京：华夏出版社，1987：110.

社区研究，不仅催生了中国农村社会学研究，更是将中国社会学研究推向一个更高更深的层次。早在1930年代，著名中国社会学者吴文藻先生提出了“社区”的系统化学说，力主通过以“社区”作为个案研究的基本单位，来推进对中国社会的观察、分析和研究。应当说，这是国内学者最早提出并践行社区研究方法的。

中国农村社区研究，大部分是将村庄、村落作为基本的观察和分析单位。之所以这样，费孝通曾经指出：“无论出于什么原因，中国乡土社区的单位是村落，从三家村起可以到几千户的大村。”[1] 在国外学者和吴文藻先生的推动之下，中国早期社会学者开始了对社区研究的尝试。比如，林耀华通过在老家的调查，写了《金翼》一书，述说了两个家庭面对新的商业社会的经济模式，如何调整需求发展而却不适应并不断衰落的中国农村经济社会变迁的丰富经验。[2] 蒋旨昂的《战时的乡村社区政治》一书则调查了重庆的两个乡，把村庄作为一个社区，集中考察了村庄的社会与政治，尤其是各种制度的功能及其演变问题。[3]

费孝通的《江村经济》一书，通过描述中国农民的消费、生产、分配和交易等各个环节和体系，对村庄社会中的经济体系与特定的地理环境以及社区社会结构的关系进行了考察，展示了演进中的中国村庄缩影。在该书中，作者还专门提出了“有计划的社会变迁”的重要概念，尽管没有对这一概念进行更为深入的探索和分析，但为理解中国村庄演进提供了非常重要的理论视角，是分析和理解城镇化进程中的村庄演进的重要分析性概念。应当说，这是到目前为止，在中国村庄演进研究中影响力最大的作品之一。

后来，由于众所周知的原因，中国农村社区研究处于停滞阶段，农村社区研究大部分作品均出自海外研究者之手。比如这一时期的满铁调查笔记，就成为后来很多中国农村研究者的重要资料来源。尽管学者们已经无法对彼时的农村社区进行在场的田野观察与调查研究，但是针对集体化时期的中国农民社会生活问题，一些社会史学家和历史社会学学者对其展开了研究。具体体现为：以山西大学行龙教授为代表的社会学史学者，为观察此时期的村庄演进提供了重要素材。

好在，1980年代以来尤其是1990年代以来，中国农村社区研究重又开始了一个全新的时期，有关村庄演进研究的作品也如雨后春笋般涌现。较早开启此项研究的，是一些政治学学者。“历史的发展充满变数，中国政治学在九十年代便从

[1] 费孝通. 乡土中国[M]. 北京：北京大学出版社，1998：9.
[2] 林耀华. 金翼——中国家族制度的社会学研究[M]. 北京：生活·读书·新知三联书店. 2008.
[3] 蒋旨昂. 战时的乡村社区政治[M]. 北京：商务印书馆，1944.

充满启蒙理想的半空中回落到现实的地面。”[1] 正是因为政治学研究无法去探究殿堂之谜，便将重心下沉，关心起农民的政治社会生活，使得学术界开启了一场关于乡村政治研究的公共学术运动。有学者认为：“‘乡村政治研究’发端于政治学与乡村问题的不期‘遭遇’，同时成长、演化于改革开放三十年尤其是 1990 年代以来的中国特定社会、政治时空场域中，并在时局变迁中走向日益紧密的互构与融合，最终成为一块可供学者在其中施展拳脚的研究领域。对中国政治学而言，这一‘相遇’并‘联姻’的过程，充满着从‘高昂’到‘沉潜’的震荡甚至创伤，经历了艰难曲折的转型，也收获了未曾预料的成果。”[2]

以乡村政治研究为典型代表的村庄演进研究，在此一时期取得了尤为重要的学术成果。这些成果，为观察此时期中国村庄演进提供了不可多得的素材。徐勇的《非均衡的中国政治：城市与乡村比较》一书，通过比较中国城市与乡村的政治社会状况及其历史变迁，对中国基层社会的基本特征进行了较为深入的描述与分析。作者认为：“世界上没有哪一个国家内部的政治非均衡性有中国这样突出。国家整体层次的一元性、一致性与国家统辖下的政治社会的非等同性、非一致性的结合，‘大一统’与非均衡的结合，才是中国政治社会的完整状况和典型特点。”[3]

吴毅的《村治变迁中的权威与秩序》一书，则以村庄作为表述对象，以 20 世纪的百年变迁为历史背景，对四川东部地区一个村庄——双村的政治社会在 20 世纪的变迁作了详细的考察和分析。在作者看来，影响 20 世纪双村村庄权威与秩序的基本变量是现代性、国家和村庄地方性知识，而进一步决定这三种变量互动关系和结构的背景因素则是 20 世纪的中国革命。[4] 这种关系，作者归结为“现代化背景下从国家、现代性依托革命对村庄社会的改造到超越革命后的国家、现代性与村庄地方性知识这三种历史逻辑共同重塑新村治格局”的过程。[5] 于建嵘的《岳村政治：转型期中国乡村政治结构的变迁》一书，本着“试图通过对近一百年来中国乡村政治的发展状况和特征的描述，为创建中国‘乡村政治学’提供经验性事实和理论思考”而努力，在深入调查的基础上，对岳村这一中国典型村庄的政治结构变迁进行了深入研究。[6]

---

[1] 吴毅. 农村政治研究：缘自何方，前路何在 [J]. 开放时代，2005(02)：16–20.
[2] 李德瑞. “乡村政治研究”何以成为可能——当政治学“遭遇”乡村问题及之后 [J]. 甘肃行政学院学报，2011(02)：4–19+118.
[3] 徐勇. 非均衡的中国政治：城市与乡村的比较 [M]. 北京：中国广播电视出版社，1992.
[4] 李善峰. 20 世纪的中国村落研究——一个以著作为线索的讨论 [J]. 民俗研究，2004(03)：25–39.
[5] 吴毅. 村治变迁中的权威与秩序 [M]. 北京：中国社会科学出版社，2002.
[6] 于建嵘. 岳村政治：转型期中国乡村政治结构的变迁 [M]. 北京：商务印书馆，2001.

应当说，乡村政治变迁的研究为理解村庄演进提供了重要理论、视角与方法，是分析和理解20世纪中国农村社会变迁研究的重要学术贡献。与关注乡村政治变迁相一致，一些由社会学学者主持和完成的作品，则为更确切地观察、分析和研究中国村庄演进提供了理论指引和启发。

这方面的代表性著作，比如：李培林的《村落的终结》一书，通过对中国社会变迁中的城中村的考察，认为农民的终结并不意味着村落的终结，村落的终结意味着产权的重新界定和社会关系的重组。只是，随着工业化的深入，农民的“终结”成为历史的必然，加速了中国村落社会的终结。以致村落越来越少，全国每天消失的自然村平均达到80多个。又比如：蓝宇蕴的《都市里的村庄》一书，通过对珠江村社会变迁的考察，对工业化与后工业化背景下的村庄演进进行分析和研究，提出了“都市村社共同体”的概念，推进了村落共同体的研究。这些成果，为分析和研究城镇化进程中的村庄演进提供了重要的学术灵感和理论基础，是本书主要的理论来源。

从以上对中国村庄演进研究作品的梳理中，可以对村庄演进作出这样的描述性界定：村庄演进，就是指村庄发展演变过程中所出现的村庄社会结构变迁、村庄社会治理变迁、村庄乡土文化变迁等变革与发展，是关于村庄发展的一系列或基础性、或观念性、或结构性的变革与改变。

第二节　城镇化与村庄演进：关系及其互动

中华民族的5000多年文明史、中国人民的180多年的斗争史、中国共产党人的90多年奋斗史、中华人民共和国的70多年发展史以及改革开放的40多年探索史，本质上是中国社会变迁史。社会变迁是社会发展的永恒主题。村庄演进，则是中国社会变迁的主体。在中国整体性社会变迁中，中国村庄发生了革命性演进。

中国村庄演进，以改革开放以来的探索和实践所引发的变迁最为典型。针对改革开放40多年来的中国社会巨变，李培林从社会结构变迁与社会治理体制创新、新社会群体的崛起与社会治理体制创新、社会心态变化与社会治理体制创新、社会政策体系改革与社会治理体制创新等角度进行了独特的分析和阐发。[1]改革开放40多年来的探索史中所呈现出来的社会变迁尤其村庄演进，可以用“千年未有之巨变”来形容。这种巨变，不仅体现为经济体制市场化探索的前行，经济体制改革中国道路的成功实践，同样体现为中国人民尤其是中国农民思想道德观念和行为方式的变迁。考察40多年来中国村庄演进，要从经济改革的探索开始。毕竟，中国经济体制的深刻变化使得整个社会发生了深刻改变。而社会作为一个整体，经济体制变化了，其他部分不可能不发生改变。也就是说，中国社会的变迁，是一种整体性变迁。作为中国社会变迁重要类型的村庄演进，同样如此。中国村庄演进的轨迹与逻辑，基本依循中国社会变迁的轨迹与逻辑，二者同行同向。

因此，考察和研究村庄的进路，就不能局限于哪一个方面，哪一个向度，而是要有整体感、全局感。要从村庄

[1] 李培林. 中国社会巨变和治理[M]. 北京：中国社会科学出版社，2014.

场域中经济条件的变化起步，比如村庄社会中农民的生计生活研究，务工与乡村社会经济发展研究，乡镇企业与村庄演进研究，打工经济研究等。在此基础之上，展开对于中国村庄演进中的社会结构变迁、治理模式变迁与乡土文化变迁及其困境与风险等的研究，以此来呈现村庄演进的整体图景与演进逻辑，进而读懂弄通中国村庄演进逻辑，为中国村庄演进做好研判与预警工作。对于社会变迁的整体性变革的研究，无论是结构的变化、政策的变化，都是整体性的变化，全局性的变化。其中，城乡社区区域的变化与变迁，同样如此。

正是秉持整体主义的分析与研究进路，考察中国村庄的演进规律及其基本逻辑，需要考虑城镇化这一尤为重要的变量。换句话说，在考察和研究中国村庄进路时，要一直把城镇化的影响和作用考虑在内，注重分析和研究城镇化与村庄演进的内在关系及其互动问题。之所以这样，是因为：尽管城镇化看似与村庄演进同步，但是城镇化与村庄演进之间有着复杂的纠合关系。这也就是为何本研究将主题侧重在探讨城镇化推进过程中的村庄进路问题。

一方面，城镇化是中国村庄演进的重要背景。从社会形态的变迁来说，村庄演进要先于城镇化，城镇化是村庄演进的产物和“后果”，甚或是村庄演进的重要方向和更高阶形式。尽管村庄的存在先于城镇，但在村庄演进过程中，城镇化依旧占据着强势地位，有着“后发优势”。最为明显的体现就是，各地以追求城镇化率作为村庄演变与发展的重要考量变量，以城镇化作为人类社会向更高级社会形态转变的重要因子。在城市文明与文化面前，农耕文明与乡土文化显得尤为弱势，这从很大程度上影响了村庄的进路。在现代化的整体性压力之下，城镇化成为各国各地区的不二选择。分析和研究村庄演进，尤其是当下中国村庄的进路，就不能不考虑到城镇化这一整体背景。毕竟，国家的城镇化战略，并不只是作用于城市，同样会给村庄的演进以巨大作用和影响。

另一方面，城镇化是中国村庄演进的影响变量。以村落为基本形态的中国村庄，已存续了好几千年了。影响中国村庄演进的变量很多，比如经济发展、政治体制、社会政策等。作为村庄演进“后果”的城镇化，是影响村庄演进的变量中最为重要的变量。这是因为，国家关于城镇化的每一次决策、每一项战略，都会给村庄带来巨大影响。城镇化作为影响村庄演进的变量，是通过多种方式实现的。比如，在城镇化推进过程中，因为大规模人口的流动和迁移，城镇人口越来越多，农业转移人口尤其是青壮年劳动力成为城镇化尤其是城市建设的主角，极大地推动了国家城镇化，却又不可避免地带来了村庄人口的空心化，导致村庄发展后劲严重不足。

村庄演进虽然受到城镇化的影响，并以城镇化作为重要的演进方向，与此同时，村庄演进也会给城镇化以反作用。一个典型的表现就是，如果村庄发展严重滞后于城镇化速度，中国城乡发展就会出现失衡，城镇化本身也不可持续。此外，村庄演进中所出现的不和谐音符，同样会影响到城镇化的进展。比如，近些年来的乡村混混进城，就给城市基层治理带来了一定的影响。又比如，乡村经济文化的落后，同样会影响城市发展的速度和进度。

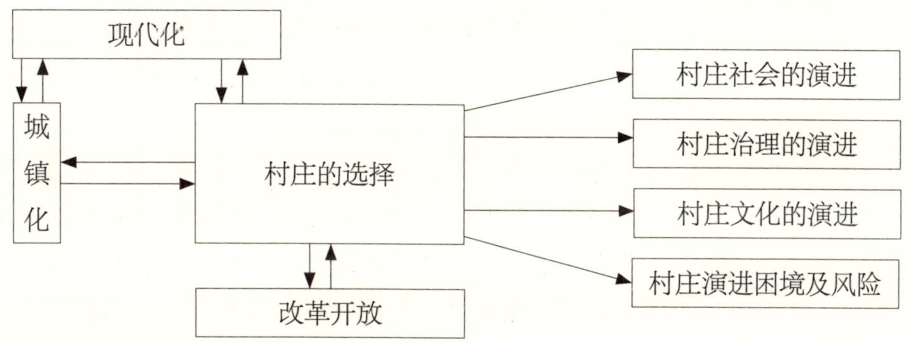

▲图 2-1　村庄演进关系图

小　结　村庄发展进路：一个未竟的话题

1960 年代，法国著名社会学家孟德拉斯曾经指出："20 亿农民站在工业文明的入口处，这就是在 20 世纪下半叶当今世界向社会科学提出的主要问题。"[1] 晚清以来，中国社会或主动、或被动地被转入了现代化征程之中，尽管这个过程有曲折有壮观。但是，经过近百年现代化演进，中国社会已然发生了巨变。这种巨变，尤为突出的表现就是城市化的重要突破。"新中国成立初期的 1949 年，中国城镇人口只有 5700 万，城镇化水平为 10.6%，比 1900 年世界平均水平还低 3 个百分点，是一个典型的农民大国。1949—1978 年，城镇化水平逐步提高，1978 年达到 19.7%，但长期低于 20%。改革开放以后，中国工业化发展迅速，大大加快城市化进程。"[2]《2012 年中国城市竞争力蓝皮书：中国城市竞争力报告》显示，中国城市化率已超过 50%，中国社会已经由乡村中国正式进入城市中国，城市社会取代农村社会成为中国社会的主体形态。随着城镇化的不断推进，城市规模不断增加，城镇化率不断提高。国家统计局的数据显示，从城乡人口结构看，2015 年城镇常住人口 77 116 万人，比上年末增加 2 200 万人，乡村常住人口 60 346 万人，减少 1 520 万人，城镇人口占总人口比重为 56.1%。也因此，如果传统中国可以用乡村中国来代称的话，当今中国用城镇中国来指称一点都不为过。

在此背景之下，中国农民以及中国村落的命运问题成为社会各界尤其是学术界关注的焦点问题。这些问题的核心就是，村落甚或农民是否必然走向终结？学者们围绕这

[1][法] 孟德拉斯. 农民的终结 [M]. 李培林，译. 北京：社会科学文献出版社，2005：1.

[2] 李培林. 中国社会 [M]. 北京：社会科学文献出版社，2011：10.

些问题，进行了独具特色的研究。比如有学者提出村落共同体的重建问题，毛丹认为，“去社会学化、去社会理论化的村庄研究忽略了以下四个问题：（1）在批判社会学的视野里，村庄面临市场力量的持续冲击，后者要求土地和劳动力全部从共同体中分离，纳入作为价格形成体系的市场。故村庄转型的核心问题就是听任市场力量，还是保留村落共同体。（2）在专业社会学的视野里，如果承认现代社会还需要小型、地方性共同体的存在，以满足非市场经济性质的互助与交换，并发挥情感和社会认知方面的功能，就意味着要承认村落共同体的农业经济支撑条件在现代可能松动剥离，但它作为社区共同体仍然是正常的现代社会的基本资源；它能否在空前复杂的推压力量下采取恰当的‘过海策略’，实现与社会的联结，首先取决于国家和社会把何种社会视为正常。（3）在公共社会学的视野里，地方性共同体是否被视为公民社会的敌人，首先取决于公民社会被视为应基于方法论个人主义之上还是方法论社群主义之上。从后一立场看，恰当的村落共同体不是公民社会的敌人。（4）在政策社会学的视野里，国家应该在允许农村劳动力向城市转移的同时，积极发展村庄社区，并且在解决城乡社区的经济社会不平等问题的基础上发展城乡社区衔接，避免加快城市化与建设新农村两大国家战略之间出现断裂”[1],强调村落共同体重建中的政府责任。林聚任等则认为:“20世纪80年代以来，中国乡村社会带有鲜明的‘共同体’特性，或为道义共同体，或为行政共同体，尽管两者的依托基础不同，却都使乡村社会秩序井然。而这之后由于市场和社会结构转型这两只看不见的手的作用，乡村社会失去了原有的秩序源泉，乡村共同体解体了，乡村秩序面临严重的危机。要重建乡村社会秩序，就需要培育公民美德，使乡村居民从‘臣民化、政治化、社会化的小农’转化为真正的公民，构建出新型的‘公民共同体’，才能为乡村社会的未来发展带来希望的曙光。”[2]

构建村落共同体是村庄秩序重建的重要路径，除此之外学者们也还提出了去社区化、农民再组织化等命题与主张。不管怎样，学者们关心的都是中国村庄或中国农民的命运问题，也就是中国村庄向何处去的问题。

村落是自人类文明诞生以来就存在的社会形态，是与城市相对应的组织单位概念，一直以来是中国社会最为基本的组织和行动单位。不管是屯、村、垸子、丘等概念，还是村庄或村落本身，都是个体农民为满足基本的生产生活需求所自

[1] 毛丹．村落共同体的当代命运：四个观察维度 [J]．社会学研究，2010，25(01)：1–33+243.

[2] 林聚任，刘翠霞．论乡村社会秩序的重建——“共同体”之路 [G]// 华中农业大学社会学系，华中农业大学农村社会建设与管理研究中心．中国农村社会学研究（第 1 辑）．苏州：苏州大学出版社，2011.

然而然地形成的社会组织形态。历经几百年的社会发展与变迁，中国村落的命运多舛。在中国村庄的演进中，国家、市场是尤为重要的外在力量，也是影响村落演进走向与命运的重要变量。国家权力对村庄的渗透，一直以来都是现代国家政权建设的主题。在国家以及市场力量的作用下，中国村落的自主性是否保存完好，中国村庄演进呈现出哪些面貌和图景，这些仍然是新时期中国农村研究尤其是社会变迁研究中的重要主题。研究村庄的演进，需要抓住几个关键的变量或者说时间节点。比方说，改革开放的启动这一节点。“中国改革是从农村起步的，正是农村改革开启了中国改革的序幕；其次，中国农村改革奠定了中国市场经济改革的基本思路。改革促进了农村经济的高速发展，这为全国的改革奠定了基础。”[1]“改革以后，农村家庭的小型化，年轻人的出走，以留守老人、妇女、儿童为特征的农村社会，流动人口不稳定的婚姻关系等，又是对于传统家庭伦理本位社会的巨大冲击。”[2]又比如，城镇化的大规模推进。城市化或者说城镇化是乡村文明向城市文明转型的过程，“不仅是农业人口转化为非农业人口并向城市（镇）集中的聚集过程，而且是城市（镇）在空间上数量增多、区域规模上的扩大、职能和设施上的完善以及城市（镇）的经济关系、居民的生活方式以及人类的社会文明广泛向农村社会渗透的过程。”[3]本书就是依循既往研究传统，对城镇化进程中的村庄演进问题展开跟踪性研究，希冀在把脉中国村庄演进的同时，以期回应中国村庄进路等重大理论与现实问题。

[1] 李强．中国社会变迁 30 年 [M]．北京：社会科学文献出版社，2008：57.

[2] 李强．中国社会变迁 30 年 [M]．北京：社会科学文献出版社，2008：5.

[3] 李培林．中国社会 [M]．北京：社会科学文献出版社，2011：179.

第三章　城镇化进程中村庄社会的进路

作为古老的农业大国，中国的传统社会是费孝通在《乡土中国》中所描述的一个典型的“乡土社会”[1]，是建立在农业生产与传统秩序之上的村庄社会结构。快速推进的城镇化是一场结构性的变革，把农民从世代困守的土地上解放出来，从世代相传的传统农业生产中解放出来，导致农民由农业向非农职业的不断分化，进而导致农民结构的变迁和农业生产方式的变革。改革开放前后乡村的价值观念和意义系统的根本性变化，就是追求个人价值、实现个人理想、发家致富等思想观念逐渐兴起，也是最为深刻的变化，引发了中国村庄社会结构的全面转型，逐渐演化为经济多元、利益多元、阶层多元的多元化社会，村庄社会的独立性与组织能力亦逐渐地得以培育与发展起来，各种社会力量与民间性的组织也不断地产生与增加，使村庄社会基础性结构发生了前所未有的变迁。[2]

[1] 费孝通．乡土中国 [M]．上海：上海人民出版社，2006：5.

[2] 陈文胜．城镇化进程中的乡村变局与评判 [J]．武汉大学学报（人文科学版），2017(01)：11–13.

第一节　人口流动与村庄社会的演进

人口是村庄发展的主体因素，也是村庄演进的重要载体。人类发展从维持自身生存的简单农业社会开始经历了上万年的漫长演化，村庄出现是人类农耕文明发展的结晶。根据历史来看，村庄只是人类发展进程中的一种初级形式，也是中国最重要的生产单位和基层组织。改革开放以来，村庄在城镇化、工业化的冲击和推动下，自身也经过了从集中经营到承包责任、分散经营的转变，但村庄的社会结构仍然是农业为主、农民主体的乡村小社会。城镇化与工业化造成了中国一个特殊的群体——农民工。农民工是乡村人口流入城镇从事非农产业的人口，到 2015 年，全国农民工总量就高达 27 747 万人，其中外出农民工 16 884 万。一部分农民长期外出打工，相当一部分人在东部沿海地区发达城镇的企业打工多年，甚至在打工地定居，实际上已经不是原住地的村民，但仍然是原住地集体经济组织的成员。[1] 农民工往返于城乡之间，引发了中国村庄社会百年未有之变局。

一、村庄主体结构的演进

改革从农村开始，改革使农民生产方式和经营方式不断改变，农村的主体结构也由先前的一元化向多元化转变。联产承包责任制的普遍推行，农村经营制度从大一统的集体模式中突围，向农民家庭经营的特色化和分化转变。一方面，乡村劳动效率不断提高，劳动力相对剩余的矛盾不断加重，许多农民相对于村庄农业资源来说成了“剩余”

[1] 张晓山．农村基层治理结构：现状、问题与展望 [J]．求索，2016(07)：4–11.

劳动力；另一方面，工业化和城镇化的加速推进，使大量的资本和资源向城镇集聚，需要大量的产业工人和服务人员，在城镇创造了众多的就业岗位，在村庄资源相对于村庄劳动力短缺的情况下，村庄“剩余”的劳动力为寻求发展空间，不断涌入城市成为“农民工”，参与城市建设成为城市化统计上的“市民”，村庄的主体农民不再是传统意义上的农民，农民的职业分化带来了农民身份和农民社会地位的分化，村庄主体结构也随之复杂化。

1.常住人口急剧减少

城镇化导致人口从农村向城市流动，从农业向制造业流动，再从制造业向服务业流动。这个现代经济发展的结构变迁过程是技术创新的过程、产业升级的过程，也是人口城镇化的过程。[1] 随着大量农民流入城镇成为农民工，村庄的常住人口数量就不断减少。据 2017 年国家国民经济和社会发展统计公报统计，当年城镇常住人口 81 347 万，农村常住人口 57 661 万，仅占总人口的 41.48%。[2] 村庄调研时发现，大部分村庄由于农民外出打工，常住人口是减少的，有的甚至减少三分之二，很多村庄在农闲时几乎看不到年轻人。中国村庄人口流动的一个显著特点是村庄的户籍人口变动不大，大多数村民外出打工甚至常年外出打工，但是过年过节是要回村庄的，农民的户口还在村庄，所以，2017 年中国的户籍人口城镇化率只有 42.35%，也就是说，中国户口在乡村的人口还有 80 138 万，也就是说中国还有 8 亿多农民。村庄人口减少是村庄人力资源优化配置的结果，是农民收入多元化的前提，但对农业现代化发展带来了不小的冲击，这种“缺人”的村庄人气明显不旺，引发了所谓的“谁来种田”“空心村”等令人担忧的问题。

2.人口整体素质不断提升

人口素质是一个复杂和抽象的概念，对这一概念的确定和具体衡量标准，理论界至今还没有从根本突破。[3] 人口素质包括诸多方面的因素，比如文化水平、技术能力、道德水准等，此外还包括视野、文明程度等。尽管留在村庄的人口是“386199 部队”，降低了村庄常住人口的平均素质，但是，村庄外出的城镇务工人员参与现代化的工业劳动，与现代技术和管理相融合的职业能力大大提升，就业范围大大

[1] 林毅夫．从新结构经济学角度看人口流动及社会融合 [J]．河南社会科学，2016，24(09)：5-6.

[2] 国家统计局．中华人民共和国 2017 年国民经济和社会发展统计公报 [N]．人民日报，2018-03-01（11）.

[3] 穆光宗．人口素质论 [J]．人口研究，1989（13）.

拓展，就业行业突破了农业产业，有许多村民脱离了农业，从事商业、建筑业、制造业甚至模具产业等高新技术产业，不仅学习了农业以外的技术知识提高了非农生存能力，而且增强了交往处世能力。由于农民流动到各个城镇特别是大城市，与外界的交往增多，大多农民增长了见多，拓展了视野，自身的社会知识增多，有的农民还学会了普通话甚至所在打工城市的地方方言。农民工不再是以前的"土农民"，其言谈举止、生活习惯和处世方式等都发生了很大的变化，农民工的素质提高带动了村庄人口整体素质的提升。

3.人口结构日益非均衡化

根据经济学的"收益递减规律"，相对于工业而言，农业的收益是递减，而工业的收益是递增，农业的劳动生产率低于工业，以农业为主的乡村与以工业为主的城市的市场竞争结果就不难想象了，人力资源市场优化配置的结果就是乡村优质劳动力不断流向城市，主要是青壮年劳动力。一般来说，年轻力壮的人口是城市招收农民工的首位选择，使青壮年劳动力外出成为普遍现象，村庄留下来的人以妇女、儿童、老人居多，造成了村庄的人口性别结构与年龄结构非均衡化，对农业农村现代化发展带来了不小的冲击。

从社会主体结构来看，无论从南到北还是从东到西，留守村庄的绝大多数都是由妇女、儿童、老人构成的"386199"部队。根据有关研究，2006—2010 年中国乡村的常住人口减少 8 295.5 万人，其中青壮年减少数占乡村总人口减少数的 75.93%。[1] 有专家发现，在 2013 年的农业从业人员中，50 岁以上的已超过 40%，到 2016 年这一比例就达到了 50%。[2] 如果一个国家或地区 60 岁以上人口达到 10% 或者 65 岁人口达到 7% 时，就达到了联合国规定的老龄化的标准。第六次全国人口普查数据表明，农村 60 岁以上人口比重为 14.98%，65 岁以上人口比重为 10.06%，这说明农村已经超过了国际老龄化的临界线 50%，达到了 14.98%。[3] 一方面，村庄年轻的劳动力长年流入城镇，另一方面，第一代农民工因年龄增大而逐渐回乡养老，加速村庄常住人口老年化的比重。尽管村庄外出打工的大部分人口在过年过节会流回到村庄，缓解"386199"的比重，但村庄这种年轻人流出老

[1] 姜德波，彭程. 城市化进程中的乡村衰落现象：成因及治理——"乡村振兴战略"实施视角的分析 [J]. 南京审计大学学报，2018，15(01)：16–24.

[2] 高长武. "农村绝不能成为荒芜的农村、留守的农村、记忆中的故园"——从习近平同志对农村的担忧和期望说开去 [J]. 党的文献，2014(03)：124–127.

[3] 皮晓雯，魏君英. 农村人口老龄化对乡村振兴战略的影响 [J]. 合作经济与科技，2018(22)：11–13.

年人倒流的人口流动对村庄人口结构的正常发展具有较大的负面影响，已成为了中国城镇化进程中突出的社会问题。

4.代际人口从业逐渐非农化

村庄第一代外出务工的农民已经到了“退休”年龄，不再适合在城市务工，因此如果没有在城市买房安家，就必须回到村庄居住。但是，第一代农民工的子女成为了第二代农民工或者叫“新生代农民工”后，特别是一些农民工子女随父母生长在城镇的，尽管其身份还是农民，但是其生活环境与生活习性都已经被城镇化了，这一代农民工不仅身份尴尬，而且职业能力不强，既不会种田，又难以融入城镇就业，其非农化的职业特征难以回到农业产业，城镇化的生活习惯与农民的身份矛盾难以消除。第二代农民工的产生，是人口流动中体制僵化的二元户籍制度固化的结果，使得第二代农民工成为村庄和城镇的边缘人，成为一个流离于乡村与城市的特殊群体，这一群体的存在导致了农业产业传承危机和城镇治安危机，其边缘的城乡社会身份与村庄社会结构正在影响村庄结构的变化。

二、村庄经济结构的演进

许多农民常年在外务工，除了一小部分进入城镇买房落户并定居外，大部分都是在短期离开后又返回原居住地，每到逢年过节就回到村庄，因此农民外出务工是最主要的人口流动。农民外出打工的人口流动是一种周期流动，也就是有规律的人口流动。人口流动不仅使村庄的人口结构变动，而且人口的变动也引起村庄资源的变动，进而引起村庄经济结构变迁。

1.村庄人力资源：从“剩余”到短缺

人口流动意味着人力、资金、技术及需求等资源的再配置，随着农业效益不断下降带来农业收入不断减少，大规模的人口流动使村庄最紧迫需求的资金和人才等资源大量向城市集中，乡村劳动力从质量到数量都在不断下降，以致造成村庄发展的“资源匮乏”。[1] 根据调查样本，某粮食产区长期在外打工的人数占总劳动力人数的 70.4%，其中大专以上文化在外打工的占总数 83%，高中文化在外打

[1] 徐勇. 挣脱土地束缚之后的乡村困境及应对——农村人口流动与乡村治理的一项相关性分析 [J]. 华中师范大学学报(人文社会科学版)，2000(02)：5–11.

工的占总数 74%，加剧了乡村公共基础设施建设的困局，还“直接影响了农业科技接受能力，限制了新品种、新技术在粮食生产中的推广应用，延缓了农业产业结构升级。”[1]

村庄本是一个平衡的生产单位，村民在固有的土地资源和自然资源上长年累月劳作生产和生活。随着农民外出打工，村庄年轻力壮的劳动力流出村庄分散到全国各地的城镇,村庄的剩余劳动力不断向外转移,村庄的人力资源便由原来的“剩余”变成相对不足，特别是村庄的优质人力资源流失严重，改变了村庄人力资源与自然资源的匹配结构，导致了村庄人力资源短缺，村庄农业人力资源短缺使农业资源得不到充分利用，导致村庄的发展主体动力不足。如耕地抛荒或改种不需要很多劳力的经济作物等粗放式经营问题。从所调研的一些村庄看，村庄由于青壮年劳动力外出打工，有些村庄连老人去世送上山都难以请到一个“八大班”[2] 的劳动力，可见村庄年轻劳动力的短缺程度。

2.村民收入结构：从农业为主到非农化

农民世代以农为生，但乡村人口大流动后，大多数外出务工的农民不再以从事农业生产为主业，农业生产已经成为了副业，出现了以代际分工为基础的“半工半耕”结构。[3] 农民进入城市后，其主要收入不再是农业生产收入，而是务工工资收入。据有关资料，许多农民收入的 70% 是外出务工的劳务收入，农业收入还不占 30%，表明人口流动使农民的收入结构发生了根本性的改变。[4] 国家统计公报表明，2017 年农民人均可支配收入达到 13 432 元，增速为 7.3%；[5] 农民人均工资性收入 5 498 元，比重超过四成，增收贡献率为 44.5%；农民经营收入增速为 6%；转移收入增速为 11.8%；财产性收入增收贡献率提高 0.8 个百分点。[6]2017 年湖南农民可支配收入为 12 936 元，其中工资性收入为 5 341，占 41.29%。[7] 在某些不发达的村庄，农民收入的 70% 是外出务工的劳务收入，村庄农民其他收入还不到 30%。

随着人口流动，农民的收入结构已经改变，工资性收入成为了农民增加收入

[1] 陈义胜．世界粮食危机下的中国粮食安全机遇与挑战 [J]．贵州社会科学，2010(10)：37–42.

[2] 注：“八大班”是南方许多地方老人过世土葬时八个人抬棺木送上山的人，需要年轻力壮的劳动力。

[3] 杨华．中国农村的“半工半耕”结构 [J]．农业经济问题，2015，36(09)：19–32.

[4] 许经勇．《资本论》视野的农业投资收益递减理论与现实 [J]．农业经济与管理，2015(06)：5–11.

[5] 国家统计局．中华人民共和国 2017 年国民经济和社会发展统计公报 [N]．人民日报，2018–03–01.

[6] 高质量发展成为农业主攻方向 [N]．农民日报，2018–01–31.

[7] 注：根据 2017 年《湖南统计年鉴》计算所得。

的主要来源，在农民收入中的比例不断递增，农业生产的收入在农民收入中的比例不断递减，日益成为非主体部分，财产性收入将成为新的增长点。如果村庄人口流动导致农民收入非农化而引致大量农民放弃农业，农业资源利用效率低下，农业的地位不断下降，国家粮食安全问题就会变得日益严峻。

3.农业生产结构：从小农经济到适度规模经营

生产社会化是马克思、恩格斯对第一次工业革命到第二次工业革命初期资本主义生产力发展的理论概括，马克思在《资本论》中总结资本主义生产方式取代小生产的主要表现在于劳动社会化和生产资料的社会使用，“一旦资本主义生产方式站稳脚跟，劳动的进一步社会化……”[1]改革开放以前的村庄生产生方式是村民组成一个村或小组进行集体劳动，而改革后土地承包经营，农村的土地不再是自家耕种自家的地，很多农民都在流转自家的土地后而外出打工，农业生产方式从分散经营逐渐向集中规模经营转变。

同时，随着劳动力的外出，农业劳动力不足为农业社会化服务业拓展了空间，农村的小农经济还在继续，但是已经有了很大的改变，农业的发展进入了一个集约化经营和产权流动的时期，产权流动深刻影响农业的生产方式和组织形式的变化。过去那种“小农的家庭式农场的生产，主要是为了满足其家庭的消费需要，而不是为了追求最大利润”[2]的方式发生了变迁。在许多村庄，各种农业社会化服务组织应家庭劳动力短缺和规模化经营之需，逐渐兴起并迅速发展，村庄农民许多劳动可以交给社会化的专业组织，如在南方的水稻种植中，耕田、插秧、施肥、杀虫、收割等大量的劳作，都可以交给社会上的专业机构用机器完成，农民自己只要负责管理和经营就可以了。现代农业的发展使个体农户的集聚化和社会化程度不断提高，为小农户与现代农业的对接奠定了基础，进一步推动了村庄农业的现代化进程。

4.社会贫富结构：从长期稳定到不断分化

在城镇化进程中，农业作为薄利产业回报率太低，在国民经济中所占份额不

[1][德]马克思．资本论（第 1 卷）[M]．中共中央马克思恩格斯列宁斯大林著作编译局，译．北京：人民出版社，2004：873.

[2] 黄宗智．华北的小农经济与社会变迁 [M]．北京：中华书局，2009：17.

断下降，“非农产业的高附加值和增长的快速性具有难以抵御的诱惑力”[1]，导致从事非农产业的农民在乡村率先富起来，而不能从事非农产业只能从事农业的农民，收入普遍处于低水平状态。根据对传统农业地区随机的 1 632 户农户调查，打工的农民人均年工资收入 6 291 元，从事养殖的农民人均年收入 1 708 元，从事种粮食的农民人均年收入 432 元。[2] 随着人口流动，村庄的贫富悬殊越来越大，造成了村庄社会家庭贫富不断分化。

特别是务工收入远高于农业收入，导致人口流动较多的村庄和劳动力比较多的家庭收入水平不断提高，不少长期处于贫困状态的农民，正是由于外出务工摆脱贫困走向富裕，而从事农业的家庭以及缺失劳动力的家庭不断陷入贫困。如调研的某村向姓人家，有五个子女，曾经是村里有名的困难户。但是，五个子女逐渐长大后，都外出打工了，每年都要寄回 10 万元左右的打工收入，不几年，房子建起来，有了儿媳妇，她也外出打工，全家就有 10 来人外出打工，成了该村的富裕家庭。此外，一些外出打工的农民，文化程度较高和善于钻研的人，逐渐掌握了城市的技术工作，其收入比普通的体力打工人员要高，也成为村庄的富裕阶层；还有一些经商、承包小店、或者返乡就业、创业的农民致富就更快，加速了村庄贫富结构的梯次分化。

5.农民从业结构：从单一化到多元化

舒尔茨将迁移行为视为经济投资的过程，并认为农户是有限理性小农，追求效用最大化的消费目标和生产目标。只有满足非农就业的边际净收入等于农业劳动时，农户才会决策是否由农业部门向非农部门迁移。[3] 正是农民对从业的理性选择，放弃效益较低的农业产业，选择了收益较高的非农产业而进城务工。据调研得知，完全从事农业的农民已不到乡村人口的五分之一，大部分是“半工半耕”的农民，有些农民完全脱离了农业而从事非农产业，农民的从业非农化倾向日益明显。特别是第一代农民工的子女随父母生长在城镇的，尽管其身份还是村庄农民，但是其职业完全非农化了，对农业的陌生与城里人没有两样，村庄未来的农业不能再依靠他们，如果没有农业劳动力的补充，村庄农业就将后继乏人。

---

[1] 陈文胜．中央一号文件的“三农”政策变迁与未来趋向 [J]．农村经济，2017(08)：7–13.

[2] 陈文胜．“三农”问题的症结在“三难”[J]．同舟共进，2006(04)：12–13.

[3] 西奥多・W・舒尔茨．论农业中的经济学与政治学的冲突 [A]// 杰拉尔德・M・迈耶．发展经济学的先驱理论．昆明：云南人民出版社，1995.

三、村庄人地结构的演进

人类与自然相互作用过程中形成的人地关系发展史，亦是一部人类社会发展史。[1] 农民与土地的关系一直伴随着中国村庄社会的兴衰与农民的命运。农业生产对自然要素的依赖性极强，尤其是对土地资源的依赖，使得传统村庄的人地结构非常紧密。土地是乡土中国的根，是村庄农民的命。土地不仅养育了村庄的人，而且也生长了村庄的文化。不仅一方水土养一方人，而且全中国人的粮食都是村庄土地生产的。因此，土地与农民的关系也决定着乡村与城镇的关系。张晓山认为，在城镇化进程中，“随着农村人口、农村经济生产方式、农村社会阶层、村庄边界的快速变化”[2]，城镇化不仅逐渐把村庄土地变为城镇的空间，而且加速了村庄人口流动，引发了土地与村民关系的变化。

1.人地关系发生历史变动

几千年来，中国村民在村庄土地上“土生土长”，依靠土地的产出维持自己的生活。费孝通先生说：“城里人可以用土气来藐视乡下人，但是乡下，‘土’是他们的命根。”[3] 人与地的关系一直是中国村庄的核心关系，村民生存在土地上，把土地视为自己的命根子，村民世世代代生长在村庄的土地上，依靠土地的产出维持自己的生活，在土地关系上演绎了村庄的各种复杂关系。在传统的村庄社会，没有土地就变得贫苦，村民一生积蓄除了建房就是买田买土，土地是村民最大的固定资产和基本的生产资料。为了土地，许多人世代辛勤劳作，有的甚至为了土地失去了宝贵的生命。村庄村民对土地的感情是基于土地的生存价值而产生的。众所周知，中国革命在农村的根本动力就是土地革命，直到现在中国共产党还把农村土地的所有权作为社会主义的重要特征之一，可见土地在村庄发展中又是何等之重要！人类自身的发展，本质上就是人类关于认识和利用土地能力不断提升的过程。[4]

随着农村联产承包责任制的推行，土地的效率得到了充分的体现，中国十几

[1] 刘毅．论中国人地关系演进的新时代特征——“中国人地关系研究”专辑序言 [J]．地理研究，2018，37(08)：1477-1484.

[2] 张晓山．农村基层治理结构：现状、问题与展望 [J]．求索，2016(07)：4-11.

[3] 费孝通．乡土中国 [M]．南京：江苏文艺出版社，2007：6.

[4] 冯广京．土地科学学科独立性研究——兼论土地科学学科体系研究思路与框架 [J]．中国土地科学，2015，29(01)：20-33.

亿人口因为土地的效率得到充分发挥而实现了温饱，土地的体制创新也为中国的工业化和城镇化打下了坚实的基础，农村土地制度创新至今成为中国制度创新的奇迹。但是，随着改革开放的推进，特别是城镇化进程的加速，农村土地的发展效应逐渐降低，大量乡村土地资源相对于农民来说存在不足的缺陷，因此，很大一部分农民就开始离土离乡外出打工，起初是农闲去城镇打工，农忙回乡经营土地。但后来随着打工效益的增加和土地比较效益的降低，许多农民就不再在农忙回乡了，而是把土地抛荒或粗放耕作，长年累月在外打工挣钱，农民与土地的关系逐渐变得疏远。同时，由于大多数农民的土地所有权被虚化，农民土地权益受损成为常态，导致农民对土地权益的关注度也相应降低。[1] 人地关系疏远是村庄人口流动下产生的新变化，这一方面说明农民可以离开土地生活，凸显了村民财富积累的多元化；另一方面，也是农业现代化发展的需要，是推行土地集约规模经营的前提。

2.土地权益发生历史变革

市场经济改变了农民传统的生产方式、生活方式和思维方式，促使农民在使用土地中作出了更为“理性”的决定，而这种决定所造成的行为在某种程度上可能背离人地关系和谐的要求。[2] 土地作为村庄的核心生产资料和生活财富，可以为农民提供生存的依赖和生活的来源，是巨大的沉睡的财富。但是土地的权益的流动可以更加发挥其效益，“三权分置”的推行为土地权益加速流动创造了契机。土地权益流转使土地集中到能人和专业户手中，土地就不会因为外出打工而荒芜，这是对土地资源的充分利用；同时，土地权益流动加速了土地的集约化规模经营，为现代农业发展提供了制度支持，也提高了农业劳动力的效益。此外，土地权益流动增加了农民的财产性收益，为农民外出打工解除了后患之忧。截至2016年年底，中国土地经营权流转的面积达到 4.7 亿亩，占整个二轮承包面积的 35.1%。[3]

国家对人地权益重组问题非常重视，一方面，国家持续开展土地改革，加大对农民的土地赋权，新一轮土地确权颁证运动，已经为农民的土地长期经营奠定了坚实的基础；另一方面，国家力求土地的所有权、经营权、承包权等加快分离，

[1] 贺汉魂，夏明月．城镇化背景下农民土地权益保障的道义边界研究——基于马克思劳动伦理观视域 [J]．云梦学刊，2016，37(06)：34–42.

[2] 刘双，佟明湛．中国农村人地关系的基本界定——基于马克思主义理论的分析框架 [J]．中国土地科学，2018，32(01)：29–34.

[3] 张恒．土地流转造富之手：全国农村生产关系等待变革 [N]．经济观察报，2016–10–8.

为农民增加财产权、金融权奠定基础，为土地的流转集中经营开辟道路。土地权益流动和分离，为现代农业的融资借款、为农村金融改革开辟了道路。不仅促进了农村金融改革的进一步发展，反过来又促进了土地的权益的分离与流动。

3.土地功能发生历史变迁

土地主要包含生产功能、社会功能和生态功能等三大功能。从现实情况来看，社会功能往往成为了农用地估价中弹性最大也最容易引起争议的环节。[1] 土地社会功能是中国社会主义农村政策的基石，很多学者对土地的功能展开了广泛的研究。以温铁军为代表的认为,土地有可以“产黄金”的经济功能外,还有重要的最低“社会保障功能”[2],土地是村民外出打工和返乡创业的最低保障。农民很大程度上必须依赖于土地提供就业岗位或是收获作物来维持基本的生活，土地是人们维持最低生活水平和抵御社会风险的主要手段。[3] 因此，国家土地政策明确农民进城后，还应该保留农民土地的承包权，这实际上是对土地社会保障功能的确认。

长期以来，农民以土地的收入为生，因此土地的经济功能是主要的，农民没有土地就不能生存和发展。尽管土地的经济功能还存在，但土地的经济功能明显减弱了，土地不再是农民赖以为生的唯一资源。在城镇化进程中，土地的社会保障功能对中国农村的社会稳定发挥着不可替代的作用。对于农民来说，如果城镇打工收入低，或者打工后回到农村，只要有土地，就可以在村庄生存发展。当然，随着农村社会医疗和社会养老保障等的日渐完善，土地的社会功能也在不断减弱，村庄土地这种日益远离村民的趋势，是农民解放的必然趋势，也是中国农业现代化的需要，更是新型城镇化的发展的必然。

---

[1] 刘艳霞，杨威，段建南．土地社会功能分类框架探讨 [J]．国土与自然资源研究，2016(02)：34–37：

[2] 温铁军．农民社会保障与土地制度改革 [J]．学习月刊，2006(19)：20–22.

[3] 叶姗．耕地资源社会价值评估研究 [D]．咸阳：西北农林科技大学，2013.

第二节　社会转型与村庄社会的演进

村庄的每一次变迁都与社会性质的变化有着密切相关的联系，社会性质转变引发社会转型发展，社会转型中村庄必然发生相应的结构变迁。“对传统社会来说，社会整体变迁意义上的进步莫过于城市社会取代农业社会”。[1]随着改革开放的不断推进，中国村庄社会结构正经历着由农业社会的“熟人社会”不断向城市社会的“陌生人社会”演变的进程。随着大量农民进城务工经商，过去习以为常无需语言沟通的相对封闭村庄结构趋于解体，村庄边界日渐模糊，不再是村民一生守护的家园，而是不得已的居所。尽管传统农业对村庄居民的收入还很重要，但工资性收入已经成为大多数村民的主要来源，村庄村民的生活方式和价值取向已不断城市化。

一、家庭婚姻的演进

按照历史唯物主义的观点，婚姻家庭在人类社会中不是自始就存在的，是社会发展到一定阶段的产物，是同一定社会中生产方式和生活方式相适应的血缘联系形式，其中家庭“是以生产为目的的社会结合的最简单的和最初的形式”[2]，是以婚姻、血缘和共同经济为纽带而形成的社会最基本生活单位。恩格斯指出，从“以血缘关系为基础”的原始社会以来[3]，大体上经历了与人类社会发展三个阶段

[1][德]马克思，恩格斯．马克思恩格斯全集（第3卷）[M]．北京：人民出版社，1971：41.

[2][德]马克思，恩格斯．马克思恩格斯全集（第3卷）[M]．北京：人民出版社，1971：136.

[3][德]马克思，恩格斯．马克思恩格斯全集（第4卷）[M]．北京：人民出版社，1995：2.

相适应的群婚制、对偶婚制和个体婚制（即一夫一妻制）这三种主要的婚姻形式，“群婚制是与愚昧时代相适应的，对偶婚制是与野蛮时代相适应的，以通奸和卖淫为补充的一夫一妻制是与文明时代相适应的。在野蛮时代的高级阶段，在对偶婚制和一夫一妻制之间，插入了男子对女奴隶的统治和多妻制。”[1] 在中国社会发展的历史进程中，农村婚姻家庭依次经历了社群模式、泛政治化形态、婚姻革命与核心家庭本位等几个阶段[2]，家庭婚姻结构发生急剧变革。

1.家庭婚姻权利契约化

婚姻在中国传统文化中被认为人伦之始，特别是在村庄社会，家庭是以家族为本位的父系、父权、父治，基本上是夫、父、家长三位一体，婚姻家庭体现着强烈的人身依附关系。从农业社会到现代社会的演进，从根本上说，是农业社会的“身份认同”到工商业社会的“契约认同”的历史转换，是一个“从身份到契约”[3] 的历史演进。随着生产方式的变革和社会的进步，与现代市场经济基础相适应的国家法律制度，使夫妻之间、家庭成员之间的人身依附关系变革为平等关系，并以国家权力为保障，夫妻之间、家庭成员之间平等的权利和义务，以及人身和财产关系上升为国家法律地位。可以说，在当下的中国村庄社会，婚姻在法律上是一种权利与义务的社会契约关系，家庭成员之间关系的变化随着婚姻关系的变化而变化。

城镇化进程加速经济发展和社会变迁，村庄的生产生活活动越来越超出家庭为中心的熟人社会，人际交往圈子失去了封闭性，熟人社会权威的约束力也就失去了效力，父权在家庭中的核心地位被颠覆，导致依附于血缘的“身份认同”婚姻家庭关系在现实中发生急剧变革，由一对夫妇与未婚子女组成的核心家庭逐渐成为主要形式。与传统的婚姻相比，婚姻的自主性越来越高，父母干涉婚姻的事件逐渐减少；联姻距离越来越远，跨省甚至跨国的婚姻越来越多。与此同时，随着婚姻自由的意识强化和外出打工的分离，村民的离婚自由变得更加容易实现，婚姻的约束力正在弱化，导致离婚率居高不下成为了必须认真应对的社会问题。

---

[1][德]恩格斯．家庭、私有制和国家的起源[M]．北京：人民出版社，1999：76.
[2]张莉．当代农村婚姻关系的变革与形态特征[J]．华南农业大学学报（社会科学版），2018，17(03)：134–140.
[3][英]亨利·萨姆奈·梅因．古代法[M]，沈景一，译．北京：商务印书馆，1959：97.

2.家庭婚姻功能社会化

家庭是中国村庄最基本的社会共同体，是维护村庄秩序的重要力量。以父子关系为主轴的传统家庭，婚姻关系中最为核心的是能否传宗接代，决定着家庭财富和社会关系的传承与延续。因此，“不孝有三，无后无大”的家庭婚姻观念在村庄社会根深蒂固。因为在传统文化中，家庭婚姻的功能上升到了社会伦理的高度，孔子在《礼记》中提出，“将合二姓之好，上以事宗庙，而下以继后世也”。费孝通在专门性论著《生育制度》中指出，婚姻的时间事实优先于生育，但逻辑上是生育优先于婚姻。[1] 传宗接代，就成为中国传统村庄家庭婚姻的首位功能。

与传宗接代的家庭婚姻首位功能相联系的，就是村庄农业社会基于生存与发展对劳动力的天然需求，没有婚姻就无法延续家庭物质资料的再生产和人口再生产，与传统的经济基础相联系，由此而产生家庭婚姻的安全、经济、教育、文化和养老等多重功能。随着科技创新和生产力的发展，不仅大幅减轻了农业生产的劳动强度，而且加快了劳动替代，劳动力在农业生产中的数量需求不断降低，传宗接代的家庭婚姻首位功能在村庄的社会效应也随之减弱。随着社会的转型，城镇化不断提供个人发展机会奠定了家庭成员独立的生活能力与经济地位，大部分农民的主要生产和生活活动已不在村庄，而是向外流动来寻求更好的发展机会，村庄家庭成员越来越依赖于家庭之外的社会组织和公共生活。因此，在婚姻由家庭事务变革为社会事务之后，家庭又退化为“共同消费的场所”。[2] 进入互联网时代，已经有不少家庭的消费也开始使用网购等社会化服务了，安全、经济、教育、文化和养老等传统家庭功能转变为社会功能。在养育成本日益提高的背景下，农民的多子多福观念发生了根本性的改变。

3.家庭婚姻结构残缺化

家庭在村庄是最常见的生存依托，也是一个稳定的生产单元和社会单元。村庄社会传统很重视家庭结构，五世同堂被认为是家庭兴旺的最高境界。城镇化进程中的经济发展和社会变迁，导致村庄劳动力的流动加速，村庄人口结构出现年龄结构失衡、性别结构失衡，家庭结构发生着前所未有的变化，不仅传统的主干家庭逐渐向核心家庭演变，而且已经形成了丈夫（妻子）长期在外打工、只逢年

[1] 费孝通．乡土中国 [M]．上海：上海人民出版社，2013：423.

[2][德] 韦伯．经济行动与社会团体 [M]．康乐，简惠美，译．桂林：广西师范大学出版社，2011：401.

过节回家团聚的流动家庭和留守家庭的常规模式。[1] 村庄家庭的男性成员常年在外面打工，不再有过去村庄社会家庭的男耕女织式的长相厮守，而是更加多的夫妻别离，有的甚至一年就过年团圆一次，村庄成为主要由老人、妇女和儿童留守的“空巢社会”[2]，这种三代同堂的家庭的家务重担落在了妇女和老人身上，无男主人家庭的现象在村庄已经非常普遍，不仅家庭生活非正常化，而且家庭情感依托残缺化。

因此，家庭婚姻结构残缺化特征非常明显，是中国城镇化进程中的重大问题。特别是夫妻双方外出打工，留下小孩在家成为留守儿童，不仅严重影响了小孩的健康成长，而且还出现了不少人间悲剧。在频现国内报端的留守儿童极端事件中，2015 年发生在贵州毕节四兄妹自杀事件刺痛了中国社会所有人的神经，国务院总理李克强批示要求悲剧不能一再发生。[3] 正如哈耶克所言：“在我们竭尽全力自觉地根据一些崇高的理想缔造我们的未来时，我们却在实际上不知不觉地创造出与我们一直为之奋斗的东西截然相反的结果。”[4] 中国城镇化进程中首先解放了农民，正是由于“农民工”这个人类史上独一无二的现代化特征，才创造了经济社会发展的世界奇迹，而村庄却为此付出了不断走向衰落的代价。

二、传统家族的演进

众所周知，中国村庄社会是最典型的家族社会，铸就了中华民族独一无二的乡土文化。作为没有宗教基础的国家，为什么在世界文明史上独有中华文明传承五千年而不断？是什么力量将中华民族凝聚在一起？金光耀认为，如果说史书所记载的历史向来都是国家视角下的叙事，那么家族历史则是国家叙事视角下的历史在民间的再现，读懂中国近百年的历史际遇，不妨读懂每个家族的变迁历史。[5] 之所以说中华民族的根在村庄，是因为家族为中国人几千年的安身立命神圣之所，正是村庄家族这个血缘密码，将血缘认同、家族认同与祖源认同、民族认同合为一体，将家庭、家族与国家、民族的命运连在一起，才形成建立在家庭、家族之上的家国情怀，使中华民族有一个共同的心理归属。[6] 因家族功能和作用的变迁，

[1] 国家卫生计生委家庭司．中国家庭发展报告（2015）[M]．北京：中国人口出版社，2015.
[2] 陆益龙．农村劳动力流动及其社会影响——来自皖东 T 村的经验 [J]．中国人民大学学报，2015，29(01)：104-111.
[3] 贵州毕节事件再度折射留守儿童之痛 [N]．杭州日报：2015-06-13.
[4][英] 弗里德利希·冯·哈耶克．通往奴役之路 [M]．北京：中国社会科学出版社，1997：14.
[5] 姜澎．从家族叙事读懂国家和时代变迁 [N]．文汇报：2019-04-05.
[6] 陈文胜．周口平坟运动与更具人性的传统文化 [J]．中国乡村发现，2013(02)：7-10.

村庄传统的家族已经从传统社会的“权利共同体”转变为现代社会的“文化共同体”。[1]

1.传统家族解体的历史必然

作为家族传统浓厚的国家，中国历代王朝借助家庭伦理、家族制度作为维持传统村庄秩序的社会基础力量。在费孝通看来，传统乡土社会是熟人社会，具有独特的“地方性共识”，即乡土逻辑。[2]同一血缘关系或同一姓氏的人集中居住在一个村庄，祖祖辈辈在同一个地方生活，相互之间有同根关系或是血缘姻缘亲戚，不仅是熟人社会而且是亲戚社会，都有一种天生的联系，家庭于是就变成了家族。村庄是家族关系的生存堡垒，姓氏较多的同姓人按辈分和年龄等排列，形成了长幼有序、尊卑有别的一种“地方性共识”。这种公认一致的“社会规矩”主要来自于家庭和家族，家族的每一个成员都受到约束，大部分事情都在家族内部解决，如果一个成员被逐出家门就会受到整个村庄社会的排斥。因此，官府将村庄社会治理权力更多的空间留给了家族内部，甚至赋予了家族对其所属成员的生杀予夺权。如家族人员偷盗、奸淫等严重的违法犯罪和违背道德行为，家族可以按照公认一致的“社会规矩”处死家族成员。

尽管家族这种礼制亲情混合在一起的“乡土逻辑”，获得了中国几千年社会的村庄社会基本稳定，但也存在着明显的局限性。费孝通在《乡土中国》中就对此提出了著名的“差序格局”[3]一说，认为在中国乡土社会，人与人之间是以宗法群体为本位、亲属关系为主轴、以自己为中心而结成远近亲疏的网络关系。相比较于西洋人的“团体格局”，梁漱溟认为，中国人在“公共观念、纪律习惯、组织能力、法治精神”等团体的一面不及西洋人，而超于家族范围的“中国人历来缺乏集团生活”。[4]随着生产力的发展与生产关系的变革，以血缘为纽带的社会解体是人类社会发展的必然规律。

2.传统家族解体的时代变局

新中国成立后全面推进集体化，国家力量以历史上前所未有的深度和广度大

[1] 项继权. 中国家族的历史变迁 [J]. 人民论坛，2010(04)：16–17.
[2] 桂华. 作为“他者”的“乡土中国”——兼论如何对待费孝通先生的学术“遗产”[J]. 人文杂志，2010(05)：155–160.
[3] 费孝通. 乡土中国 [M]. 南京：江苏文艺出版社，2007：25–32.
[4] 梁漱溟. 中国文化要义 [M]. 上海：上海人民出版社，2011：64–69.

举进入村庄社会，乡土农民就被整体性地整合进现代化的政党和国家体系之中，虽然强化了村庄社会对集体的归属感、认同感，但实质上更多的只是体现了农民“对集体经济的依赖和对新的国家秩序的服从”。[1] 在20世纪50年代和60年代，村庄许多知识、信仰、观念、仪式和行为方式的“地方性共识”，“被视为愚昧落后陈旧过时的东西遭到批判和禁止”，“其结果是民间文化传统的大量灭失”。[2] 特别是经过破“四旧”立“四新”的革命[3]，家族组织、村庄社会制度被宣布为封建制度被彻底摧毁，家族村落土崩瓦解。徐勇认为，新中国实现乡土社会整合目标的重要方式和途径之一是“行政下乡”。[4] 国家通过“行政下乡”打破“皇权不下县”的乡土传统，首先表现为国家行政组织体系的下乡，标志着国家公共权力成为村庄正式权力，村庄内部以家族为代表的社会权力从属于非正式权力。

到改革开放前期的20世纪80年代，由于逐渐建立了以家庭经营为基础的农村基本经济制度，农民不仅有了思想自觉性，而且有了决策自觉性和行动自觉性，行使着承包土地的经营自主权，自由流动权和自主创业权[5]，以家族为基础的社会关系在一些村庄很快得到复活，其中以修订族谱为中心的祭祖活动很为流行。一般来说，村庄开放度越大，家族的影响力就越小；村庄越闭塞，家族的势力范围就越大。项继权对此认为，或许是因为剧变的社会造成个人的独立化，加深了人们的孤立与无助，“家族的存在可以通过家族认同、血缘关系给人们以某种心灵上的归宿和寄托”，但是，“传统家族组织的权能已一去不复返了”。[6]

3.传统家族解体的现实趋势

村庄社会的每一次变迁都与社会性质的变化有着密切相关的联系，社会性质转变引发社会转型发展，社会转型中村庄必然发生相应的结构变迁。改革开放以来的城镇化的加速推进，除了生产力获得空前提高外，大规模人口流动以前所未有的力量深刻地改变着村庄传承几千年的家族结构，此种巨变是中国历史上的重

---

[1] 项继权．中国农村社区及共同体的转型与重建 [J]．华中师范大学学报（人文社会科学版），2009，48(03)：2–9.

[2] 王铭铭，王斯福．乡土社会的秩序、公正与权威 [M]．北京：中国政法大学出版社，1997：418–419.

[3]“破四旧”指的是破除旧思想、旧文化、旧风俗、旧习惯。1966年6月1日的人民日报社论《横扫一切牛鬼蛇神》，提出“破除几千年来一切剥削阶级所造成的毒害人民的旧思想、旧文化、旧风俗、旧习惯”的口号；后来“文革”《十六条》又明确规定“破四旧”“立四新”是“文革”的重要目标。1966年8月1日至8月12日召开的中共八届十一中全会，通过了《关于文化大革命的决定》（简称《十六条》），进一步肯定了破“四旧”的提法。

[4] 徐勇．“行政下乡”：动员、任务与命令——现代国家向乡土社会渗透的行政机制 [J]．华中师范大学学报（人文社会科学版），2007(05)：2–9.

[5] 欧阳兵．从社政式治理到社团式治理——乡村公民社会成长的60年 [J]．岭南学刊，2009(05)：92–95+100.

[6] 项继权．中国家族的历史变迁 [J]．人民论坛，2010(04)：16–17.

大事件。随着村庄人口活动空间和生存空间不断扩大，农民的交往半径随之扩大，不断被卷入现代社会体系的同学关系、朋友关系、战友关系、商务关系等各种社会组织关系中，传统的家族关系被现代社会的公共社会关系所替代，家族的作用和影响力在村庄社会逐渐消减，农民逐渐蝶变为法治社会下的独立公民。

尽管家族还在公共事务中起到一定的组织作用和聚集作用，家族还是亲情聚集和家族成员纠纷调解的组织，但对家族成员的人身与财产权利无权进行干涉了。随着家庭功能的日益社会化趋势，家族在村庄社会的非正式权力也日益成为边缘化的趋势，最为明显的是家族关系不断淡化。不难判断，因为对家族成员人身与财产权利的干预权力已经不复存在，家族成员日益人格独立并向自由人方向迈进，家族这个基于血缘关系的中国最古老社会组织，就难以重返其历史的舞台。

即使在城镇化不可逆转的趋势下，村庄到今天仍然在维系着传统的家族关系，也只能说是乡土文化的基因具有顽强的生命力。而不少地方却在移风易俗的名义下禁止农民进行生祭婚丧节庆活动，这在认识上是愚蠢的，在做法上可能是灾难性的。因为中华民族的根在村庄，其中生祭婚丧节庆不仅是农民世世代代传承的民俗习惯，更是传承数千年的传统文化和中华民族的精神家园，需要有最起码的敬畏之心。[1]

三、社会道德的演进

道德作为一种受社会生产方式支配和制约的社会意识，并随着生产方式的发展而发展。恩格斯认为："一切以往的道德论归根到底都是当时的社会经济状况的产物。"[2] 经济基础决定上层建筑这是城镇化进程中村庄道德变迁的客观规律，同时，人口大规模流动是村庄道德变迁的重要因素和催化剂。人口流动实际上伴随着文明教化与文明重构的过程，是人的流动与城乡文化进行有机对接的过程。在人口流动中，乡土文化中的"乡愁"被带进大城市，为城市文明增添乡土气息，甚至在老乡集中的城市角落，村庄的"乡愁"也在城市不断发展和创新。但人口流动最大的最重要的变迁是农民从城市回归现代的社会价值观念，加速了村庄文化的变迁。

[1] 陈文胜．农村全面建成小康社会需要防范的几个风险 [N]．湖南日报，2019-07-27(008).

[2][德] 马克思，恩格斯．马克思恩格斯全集（第 3 卷）[M]．北京：人民出版社，1995：435.

1.传统道德秩序的失范

中国传统社会是一种“礼治”社会，礼治的核心是“德治”。孔子在《论语·为政》中说：“道之以德，齐之以礼，有耻且格。”[1]在传统的村庄社会，道德是三从四德、仁义礼智信的“乡土伦理”，这种村庄传统道德对于“皇权不下乡”的村庄治理，在维护村庄稳定和秩序方面具有不可替代的作用。而在市场经济的冲击下，传统的村庄道德秩序经受了社会转型的巨大冲击，加快了从“乡土伦理”向“市场伦理”演变的进程。从进步性而言，农民的保守、迷信思想得到改变，敢于冒险、开拓创新、求富争先的现代经济理性意识不断提升，在遵守市场规则进行生产经营、创业就业过程中，农民的信用意识、契约意识、责任意识大大增强。从消极性而言，相对于“乡土伦理”的温情脉脉，“市场伦理”更多地表现为人与人之间关系的利益化，不可避免地导致了“去道德化”的倾向。[2]

在传统道德秩序失范的同时，又没有建立起严谨完善的现代市场经济法律制度体系，导致村庄社会道德秩序的无序化。特别是“农二代”，从小在城乡漂流，是缺乏“乡土伦理”熏陶的“城市农民”，又是没有“市场伦理”的“农民市民”，在村庄和城市之间往返流动，造成了村庄社会“陌生人”化，既不受到“乡土伦理”约束，又不受到“市场伦理”规范，村庄社会的道德秩序重建或重构成为乡风文明建设的核心问题。不少农民虽然人还在村庄，但其灵魂处于“飘浮”状态，并没有将祖祖辈辈留传下来的精神根基保留和传承下去，这正是一些春节返乡的城市精英深感忧虑之处：农村再也找不到农民那魂牵梦萦的少年时代村庄，再也找不到过去那淳朴忠厚的农民。[3]

2.传统价值观念的沦陷

价值观念主要是人的精神层面的价值，人的社会层面的价值，人的基础性价值。[4]本体性价值的丧失，才使得村庄出现了诸多缺乏底线的行为，也就是从“治理性危机”转移到了“伦理性危机”。[5]在城镇化和市场经济冲击下，传统的自耕自足生产方式发生根本性的变化，农民不再依附于地缘、亲缘、血缘关系，传统

[1] 程树德．论语集释 [M]．北京：中华书局，1990：69，745.
[2] 陈文胜．城镇化进程中乡村文化观念的变迁 [J]．湘潭大学学报（哲学社会科学版），2019，43(04)：109–113.
[3] 徐勇．“根”与“飘”：城乡中国的失衡与均衡 [J]．武汉大学学报（人文科学版），2016，69(04)：5–8.
[4] 贺雪峰．农民价值观的类型及相互关系——对当前中国农村严重伦理危机的讨论 [J]．开放时代，2008(03)：51–58.
[5] 申端锋．从治理性危机到伦理性危机——华中科技大学中国乡村治理研究中心“硕博论坛”综述 [J]．华中科技大学学报（社会科学版），2007(02)：71.

道德的承载基础逐渐消解，传统道德的约束作用就走向式微。

农民一方面受到市场化的大环境影响，而另一方面观念价值观的现代转型滞后，利益观念不断强化，村庄以“义气”和“亲情”为主体的价值观念被当代市场经济的利益观念替代。在现代市场利益与传统道德的冲突影响下，村庄居民的价值准则变化，村民价值趋利化与道德市场化，拜金主义盛行并成为社会的主流，导致了村庄传统道德价值的沦落。

在村庄几千年的传统常识中，只有勤劳致富、遵纪守法才能获得社会的普遍尊重，伤风败俗、不劳而获就会受到谴责而蒙羞。由于传统规范丧失与制约失效，再也难以维系村庄的熟人社会关系，新的行为规范未能够同步建立，村庄道德正义支撑不足，呈现为缺少道德感的“无主体熟人社会”状况。[1] 特别是一些社会扭曲的价值观传到村庄，村庄道德正义沦陷在金钱的主宰下，为了赚钱，有的整个村庄成为“诈骗村”，有的整个村庄成为“假货村”，甚至有的整个村庄成为卖淫的“小姐村”等，产生“人格衰退、精神衰退、道德衰退”的社会现象。[2]

特别是在扶贫中，一些乡村最可怕的是，不少地方的农民却在争当贫困户。甚至因为未能评选为贫困户而与基层干部发生激烈冲突。[3] 为什么呢？那些勤劳的农民靠奋斗一生才摆脱贫困；可个别因长期游手好闲、好逸恶劳导致贫困的农民都在政府的帮扶下建房、就业，坐享其成而一夜脱贫；勤劳致富的农民心里不平衡了。据《半月谈》记者发现，贫困村吃撑了，非贫困村却“饿”得不得了！豫南某县一个非贫困村，近两年没有修过一条路，而相邻的贫困村两年里却修了 4 条路。贫困村富裕了，非贫困村心里不平衡了。[4] 还有那些“超生游击队”导致贫困的农民、长期赌博导致贫困的农民都在政府的帮扶下转眼间就咸鱼翻身，遵纪守法的农民心里不平衡了。

因此，在一些地方贫穷被变成了一种向政府向社会要价的资本：“我是贫困户（只要是贫困的，哪怕是因刑事犯罪被处罚、因赌博、因懒惰成性而造成的），我所提出的要求，政府不解决是不负责任，社会不解决是不道德。”而勤劳致富得不到扶持，不劳而获致贫反而得到更多的好处，这不是简单的分配不公，而是一个

[1] 吴重庆．从熟人社会到“无主体熟人社会”[J]．读书，2011(01)：19–25.

[2] 陈波．二十年来中国农村文化变迁：表征、影响与思考——来自全国 25 省（市、区）118 村的调查 [J]．中国软科学，2015(08)：45–57.

[3] 陈文胜．农村全面建成小康社会需要防范的几个风险 [N]．．湖南日报，2019–07–27(008).

[4] 孙志平，李亚楠．非贫困村喊饿，非贫困户叫屈——“两个不平衡”拉响脱贫攻坚新警报 [J]．半月谈：2018(2)：28–30.

乡村社会风气的导向问题。不仅会造成贫困群众的主体意识难以激活，把扶贫看成是政府的责任，主动脱贫致富的信心和积极性不足，甚至养成了对政府的依赖。如果村庄社会都把能要到扶贫资金作为一件光荣的事情，都坐在家里等着发钱，那就是政策出了问题，应引起深刻的反思。[1]

3.传统孝道与亲情的淡化

孝道作为中国人最基本的伦理道德规范，是子女对社会承担责任的一种基本道德要求，是中华民族传统文化的重要组成部分与主流意识。[2] 特别是在村庄，孝道尤为被看重也被严格遵守。但是，随着社会流动扩大，农民进城务工人员的急剧增加，造成留守子女和留守父母现象严重，常年两地分居，子女与父母之间感情交流减少，父母长辈的权威下降。

在计划生育的影响下，村庄由多子化的大家庭快速向独子化和少子化的家庭转变，传统的大家庭结构也开始向核心家庭结构转变，子女在家庭中的地位和分量与父母发生了颠覆性的改变，不仅对父母减少了过去的尊卑长幼顺从，而且由于外出和独立淡漠了对父母的亲情，有些甚至对父母不尽赡养义务，村庄传统家庭伦理中的“孝道”文化在青年的心目中根深蒂固时代已经不再。

而在激烈的社会变迁中，一方面，父愿子成龙，对子女倍加溺爱，不少农民把子女作为唯一的精神支柱；另一方面，在城镇化快速推进中，父母和子女之间普遍形成了城乡文化观念上的“代沟”，这种文化观念差异之大使父母和子女仿佛生活在不同的时空，造成很大的价值观念冲突。从人的解放视角来看，或许是社会的文明进步。但因而产生了留守老人等农村社会问题，根据一位学者的调查，在孔子的家乡曲阜周边农村，就出现了不少由乡村留守老人组成新村落，而这些乡村留守老人大多是子女无力赡养或不愿赡养的，因此结伴而聚以相互扶持。所以，负面效应不容忽视。

4.传统文化道德的变革

在城镇化前期，城市人认为乡下人“土”，农民也认为城里人不可思议，在文化方式和文化行为上的差异很大。随着村庄外出打工人员加快城乡流动后，农民

---

[1] 陈文胜．农村全面建成小康社会需要防范的几个风险 [N]．湖南日报，2019-07-27(008).

[2] 杨昉．传统孝道在农村家庭养老中的局限性分析 [J]．当代经济，2018(16)：30-31.

对城市文明逐渐接受，加速了乡土文化的现代变革。马克思就指出：城市人口大大增加起来,因而使很大一部分农民“脱离了乡村生活的愚昧状态。”[1]城镇化与现代市场经济所蕴含的开放、平等、竞争、自由、权利、法制等意识使农民从封闭环境中觉醒，从传统的观念中解放出来，告别“日出而作，日落而息”的农业社会生活方式，接受城市现代化的公共生活规则和社会化大生产的洗礼。

以前乡里人总认为城里人房间地板上铺瓷砖很麻烦，特别是对进屋换鞋很不习惯，现在，乡村很多农房都铺上了瓷砖地板，不少农民也习惯了进屋换鞋的行为，认为这样卫生且更加文明。特别是农民在穿着打扮上的城市化，更加显示了农民对城市文明的认同与对乡土文化的反思改良。进入互联网时代，城乡文化消费在不断趋同，村庄的文化消费与城市差距越来越小，城乡消费行为的趋同化使得城乡沟通更加流畅，城乡相互影响更加直接，这将为加速城乡融合发展提供文化基础，也为乡土文化道德重建提供物质基础和社会环境。

但需要提出的是，村庄对传统文化道德的保存和守护要强于城市。孔子认为，“礼失而求诸野”，意思是在庙堂之上、市井之中很多传统的礼节、道德、文化都被普遍丢失了，反而在乡下还能找到。因此，城市和村庄只有地域与生活方式之别，但绝无高低优劣之分。[2]

[1][德]马克思，恩格斯．马克思恩格斯全集（第1卷）[M]．北京：人民出版社，1995：276.
[2]陈文胜．农村全面建成小康社会需要防范的几个风险[N]．湖南日报，2019-07-27(008).

第三节 社会开放与村庄社会的演进

中国传统村庄是一个长期封闭的农业社会，自给自足的小农的生产方式长期占统治地位，以安居乐业，“士者恒士，农者恒农”为其理想目标，形成了安土重迁的价值观念，社会流动主要是垂直流动和人口的横向流动，如参加科举是庶民向上流动的一条重要途径，因而村庄社会阶层非常稳定。城镇化进程导致村庄社会由封闭向开放转变，社会流动不断增多，如外出打工、投资、经商、征地拆迁等,全面带来农民收入的变化,从而引起了村庄阶层的分化,导致农民在村庄社会阶层的地位变动。从历史进步的角度看，城镇化为村庄社会植入愈来愈多的现代要素，从而获得更多现代国家的稳定性和持续性。这种稳定性内生于社会结构之中,并与创新性相伴随,而不是传统社会那样与“超稳定”相伴随的是“周期性动乱”。[1]

一、村庄人际关系的演进

哈贝马斯说:“社会交往以一定的形式成为社会发展的动力,是现存发展方式的再生产过程中的动力,而且也是社会发展模式改变的动力。”[2] 城镇化进程加速了村庄原同质均等的社会结构剧烈分化，新的社会群体和组织如企业家、乡镇企业、个体工商户等大量涌现，导致村庄社会阶层的地位变动，长期困守在土地上的农民开始从一个社会阶级或阶层转到另一个社会阶级或阶层、从一种社会地位转向

[1] 徐勇.“根”与“飘”：城乡中国的失衡与均衡 [J]. 武汉大学学报(人文科学版)，2016，69(04)：5–8.

[2][德] 尤尔根·哈贝马斯. 交往行动理论 [M]. 洪佩郁，蔺青，译. 重庆:重庆出版社，1994：23.

另一种社会地位、从一种职业转向另一种职业的社会发展进程，带来了村庄社会人际关系的不断变迁。

1.人际交往范围：由熟人向陌生人

中国传统的村庄人际关系是一个熟人社会组成的宗族和种姓结合的村民之间的关系[1]，意味着人际交往对象主要集中在熟人圈子，家庭和姓氏对人际关系的范围起着主要作用。恩格斯指出："亲属关系在一切蒙昧民族和野蛮民族的社会制度中起着决定的作用。"[2]就经济基础而言,无疑属于传统的农业社会交往方式。随着城市化的加速推进，农村人口、农村经济生产方式、农村社会阶层、村庄边界等都在发生变化。[3]而市场经济对农业社会的最大冲击，就是跨越熟人社会的地理范围与生活范围，实现了陌生人之间的经济交易，从而打破了传统村庄社会的封闭性和稳定性，相互之间进行着缺少人情味的"有限目的性交往"。[4]

同时，随着信息化时代的到来，村庄社会的人际关系的联系半径得到前所未有的延伸，对外联系的范围更广距离更远，全方位拓展了村庄人际关系的范围，交往对象变得"匿名化"和"类型化"。[5]在交往对象陌生化的现代社会，每个人都要面对一个商品世界,就意味着每个人都要面对"一个被陌生人统治的世界"[6]，熟人社会的"温暖的共同体生活"从此被冰冷的"社会生活"所取代。[7]对此，齐尔格特·鲍曼就很形象地说道："我们所生活的世界几乎被陌生人所充斥，而使得它看起来像是一个普遍的陌生世界。我们生活在陌生人之中，而我们本身也是陌生人。"[8]

随着村民外出务工和经济交往的不断扩大，冲破了村庄原有的熟人社会圈子，也冲破了村庄社会分层的阻碍，人际关系交往的半径不断拓展，人际关系的范围不断扩大，使村庄的人际关系越来越具开放性，大大增强了村庄人际交往的现代性。当今中国正处于城镇化进程之中，即还没有完成城镇化，中国社会还在由"乡土

[1] 张清津．转型期村庄的文化变迁——基于专业分工的分析 [J]．东岳论丛，2013，34(02)：39-46.
[2][德] 马克思，恩格斯．马克思恩格斯全集（第 4 卷）[M]．北京：人民出版社，1995：24.
[3] 桂华．城市化与乡土社会变迁研究路径探析——村落变迁区域类型建构的方法 [J]．学习与实践，2011(11)：81-86.
[4] 齐美尔．货币哲学 [M]. 陈戎女，等，译．北京：华夏出版社，2002：111.
[5]A. Schutz.The Phenomenology of the Social World[M]. Evanston，IL：North western University Press，1967：179.
[6] 陈文胜．乡村振兴的资本、土地与制度逻辑 [J]．华中师范大学学报（人文社会科学版），2019，58(01)：8-11.
[7][德] 斐迪南·滕尼斯．共同体与社会：纯粹社会学的基本概念 [M]．林荣远，译．北京：北京大学出版社，2010：57.
[8][英] 齐尔格特·鲍曼．通过社会学去思考 [M]．高华，吕东，徐庆，薛晓源，译．北京：社会科学文献出版社，2002：51.

中国”向“城镇中国”的结构转变之中，处于“城乡中国”的过渡阶段和历史节点上。按照一般的标准，乡土中国的乡村人口在70%以上，而城镇中国的城镇人口要达到70%以上。[1]从某种意义上来说，中国村庄人际关系的开放性程度，标志着城乡关系的融合程度与全面现代化的水平。

2.人际交往关系：由相互密切向相互疏离

中国传统的村庄人际关系是以地缘、血缘、亲缘为基础组成的一个熟人社会关系，家庭和宗族发挥着密切联系的核心纽带作用。城镇化推动的村庄社会阶层流动，导致共同守望土地而长年厮守的村庄人际环境不再，农民流动频繁导致长年累月不共同活动，相互关系不断疏离。市场经济加快了村民之间经济地位的变化，导致邻里社会阶层急剧变化，无形之中导致邻里关系交往的不断疏离。

如生祭婚丧节庆是村庄风俗习惯与传统文化的一个重要内容，也是绝大多数普通农民一生中的头等大事，成为村庄人际交往相互密切关系的非制度性安排。村庄谁家有喜事都会去义务帮忙，逢年过节必须有请客吃饭的人情往来，七大姑八大姨要逐个拜年吃饭，聚在一起热闹热闹。如果不遵守这些乡风民俗，就会在村庄社会被视为大逆不道而没有立足之地，影响一个家庭甚至一个家族的荣誉、面子。

随着进入城镇化人口大流动的时代，人际之间的交往对象和交往范围扩大，或因长年在外或因事务缠身已经无暇顾及，尽管有不少人还是一样“随份子”，只是托人送个红包了事，乡里乡邻的红白喜事聚在一起的不多了。根本原因在于城镇化导致村民相互之间观念和行为差异，社会阶层流动导致村民相互之间熟悉程度不断降低而不断陌生疏离，村庄熟人社会演变为贺雪峰等学者称之为相互脸熟而不相互了解的“半熟人社会”。[2]

3.人际交往基础：由人情导向向利益导向

翟学伟认为，“中国社会就是一个讲人情面子的社会”[3]，村庄的“差序格局”使每个人都以自己为中心结成网络，并在这个特定的网络圈内消费人情礼俗，维

[1] 徐勇．“根”与“飘”：城乡中国的失衡与均衡 [J]．武汉大学学报 (人文科学版)，2016，69(04)：5-8.
[2] 贺雪峰．半熟人社会 [J]．开放时代，2002(01)：114-115.
[3] 翟学伟．人情、面子与权力的再生产——情理社会中的社会交换方式 [J]．社会学研究，2004(05)：48-57.

持着各种利益均衡。[1] 因此，人情大于金钱和利益，人情与面子在传统村庄人际交往中起着重要的作用。在马克斯·韦伯看来，在中国的传统村庄社会，一切信任关系都是一种特殊的信任，人际交往的基石都建立在亲戚关系或亲戚式的纯粹个人关系上面，只存在宗族内部、姻亲内部、朋友内部等家庭血缘、亲属和朋友之中。[2] 熟人社会的人际交往基础是以村庄的人情维持的，乡里乡邻是人情的基础，农民之间相互交往都是一种人情往来，也较大地依附着人情关系，交往行为是互助甚至是无偿的关系。张清津认为，从传统农村盛行的婚丧嫁娶"随份子"的风俗，就可以看出人情社会的基本特征。[3] 这种礼物交换等形式的人情交往，既是村庄人际交往的情感联系，也可以说是村庄熟人社会的道义与责任原则。因此，每到农忙、建房或其他重大事情需要帮助时，村庄成员就有求必应，互相换工，不计劳动报酬，形成了一种特有的村庄社会互助式人情关系。表明村庄社会的村民之间既有进行情感交往的基础和需要，同时也有维系情感交往的责任和义务。[4]

而在城镇化的进程中，不断推进的市场经济"把传统社会的血缘、地缘、宗族关联纽带全部撕裂"，村庄社会人与人之间的交往"不再是情感关系为主而更多地变成了实现个体利益的手段"。[5] 一方面是农民的个人发展对社会的依赖远远高于对村庄熟人社会的依赖，当然，随着生活水平的提高，人情往来也不再为农民所看重。另一方面，村庄劳动力的价值在外出务工中得到了量化体现，为农业经济活动的生产用工以支付工资的形式创造了环境和条件，农民的互相换工越来越少，逐渐按照市场的规则以货币化作为相互交换的主要形式，乡土伦理的人际关系人情导向就被市场伦理的人际关系利益导向所取代了。其实质是市场经济背景下的"利益格局"替代了"差序格局"，利益的需要大于人情关系的需要，使村庄社会的人际交往突破了地缘、血缘、亲缘的局限，提高了村庄人际交往的社会性，也就是现代性。

二、村庄权威结构的演进

权威与权力不同，权威是以道德、人品、种族、声望和其他令社会信服的品

[1] 费孝通．乡土中国 [M]．南京：江苏文艺出版社，2007：25-32.

[2][德] 马克斯·韦伯．儒教与道教 [M]．王容芳，译．北京：商务印书馆，2003：289.

[3] 张清津．转型期村庄的文化变迁——基于专业分工的分析 [J]．东岳论丛，2013，34(02)：39-46.

[4] 陆益龙．后乡土性：理解乡村社会变迁的一个理论框架 [J]．人文杂志，2016(11)：106-114.

[5] 张红霞，方冠群，张学东．城镇化背景下农村个体化趋势及社会治理转型 [J]．理论导刊，2016(03)：70-73.

格树立起来的地方性治理资源。中国的社会整合经历了一个从传统社会的先赋性整合（以血缘、地缘为基础），到改革前的行政性社会整合，再到契约性社会整合的历史性变革。[6] 在这些过程中，有着不同的村庄权威结构。中国传统的村庄权威首先是血缘权威，不断发展成能人权威，再到国家的组织权威，是一个由非正式权威到正式权威的演变过程。村庄权威是维护村庄秩序并维持村庄和谐发展的重要力量，村庄权威与权力不同，权威是以道德、人品、种族、声望和其他令村庄成员信服的品格树立起来的地方性治理资源。村庄权威在过去皇权不下乡的治理结构中，起着基本的治理作用。随着村庄阶层结构的变迁，村庄权威主体不断转换，权威结构也发生了明显的变化，其权威变迁的趋势是正式权威不断强化，非正式权威逐渐减弱。

1.传统家长权威体系碎片化

在传统权威制度下，传统权威体系包括老年人统治、族长制和世袭制[7]，家长制的家长权威是中国传统社会几千年建立在血缘关系上的天然权威，家长的地位不可替代。所谓父为子纲，父母成为子女的行动之纲，子女听父母的天经地义。如古代的婚姻是父母之命，父母命令代替子女对自己婚姻的选择，子女必须听从父母的意愿。但随着人民公社的国家权威体系在村庄社会的建立，法律赋予了人与人之间的独立、自由、平等的权利，家庭子女父母的关系被法律所规范，社会关系取代了血缘关系，平等关系取代了等级关系，长辈对晚辈有生活自由不再有合法的干涉权利。同时，在改革开放后随着城镇化的推进，村庄经济社会结构也发生了重大变迁，核心家庭的夫妻关系取代了主干家庭的父子关系，个人越来越享有独立的经济地位，越来越不依赖于家庭而具独立生存能力。

虽然长辈的权威还能够在尊老爱幼的道德伦理下形成一定舆论上和心理上的压力，在村庄社会各个领域发挥这样或那样的影响力，但子女不再必须听从父母的意愿，传统的家长权威体系已经失去了在家庭成员中的决定性地位，不断解体成碎片化趋向，只能说还具有软约束力，却不再具有硬约束力。因此，这种现代社会家庭关系的建立是村庄社会的进步，但处于社会转型时期，对于家庭的治理来说却出现了长辈权威不足的问题，解决家庭矛盾成为了较大的社会问题，家庭

[6] 孙立平．转型与裂变——改革以来中国社会结构的变迁 [M]．北京：清华大学出版社，2004.

[7] 刘少杰．国外社会学理论 [M]．北京：高等教育出版社，2006：103.

矛盾的增加就转化为社会治理成本的上升。

2.社会公共权威多元化

随着人民公社的解体和村庄个体经济的兴起，以村民自治为主要形式的村庄社会公共权威登上历史舞台，生产大队演变为行政村，乡村的国家权威体系演变为村庄自治权威体系。村党支部代表党对村庄的领导，具有相当的正式权威，村委会尽管是村民自治组织，但从大多数来看，村委会也是代表政府权威的公共组织。其他村庄的各种集体单位和民间组织，其公共权威的取得在于其自身的实力和主要领导的能力。因为公共权威不能够人为赋予，要通过组织本身的价值和影响力才能体现。

随着市场经济主导着整个社会的发展，社会公共区域不再只在村庄之内，只有与市场经济联系在一起，公共权威的影响力才会不断提升。在经济与技术的多元发展下，村庄社会公共权威呈现出多元化趋向。手机在村庄的普及，各种 QQ 群、微信群等虚拟社会公共平台，对表达意见、传递政策和信息也起到了巨大的作用，成为村庄越来越大的社会公共权威。与此同时，知识与技能加速了村庄产业发展与生活现代化的进程，催生了村庄知识权威和技能权威的兴起。随着乡村社会化服务机构不断发展，村庄公共权力结构的“重要一极”社会权力加速兴起，既为村民个人提供发展机遇，也为村民个人维护合法权益，对村庄发展和社会结构演进发挥着重要推动作用，已然成为未来发展的必然趋势。

农民个人公共权威社会化。张静认为，权威是每个人愿意接受的权利，是已经正当化了的权利。[1] 而中国革命和现代化进程中的根本问题是农民问题，那么，其中最根本的问题就是农民个人在公共权威中的权利问题。也就是说，在社会公共权威中，农民个人权利缺失始终存在于工农城乡关系演进的社会历史进程。从新中国成立提出实现农民翻身当家做主人的目标，到 1978 年农村改革的土地承包使农民获得了生产经营自主权、在经济上独立自主权、城乡自由择业权，这是农民在社会公共权威中的权利不断扩展并得到社会接受和正当化的过程。

尽管城乡二元结构没有得到根本改变，导致公共资源城乡配置不均衡、基本公共服务城乡不均等、城乡发展不平衡、城乡居民收入差距拉大的趋势没有得到

[1] 张守营．公共权威的正当性从何而来 [N]．中国经济导报，2013-06-06(B05).

根本扭转，损害了农民个人作为公民的法定生存权与发展权相统一。[1] 但随着城镇化的推进，农民个人作为现代公民应当享有平等权、生命权、人身权等基本权利和个人尊严，使农民个人在公共权威中的权利成为构建全面现代化国家的社会共识。坚持农民的主体地位实现农民当家做主贯穿于整个工业化、城镇化进程中党和国家的重大战略部署和指导思想，尊重农民的意愿、实现农民的利益、维护农民的权利成为国家现代化战略“重中之重”的核心命题，使农民个人在公共权威中的权利成为国家的政治共识。随着法治的不断进步，对农民个人的法定权利更加具体明确，特别是民主管理的不断推进，政府公共事务的透明度、公平度不断提高，使农民个人在公共权威中的权利成为国家的法律共识。农民在城市文明的现代新思想、新观念耳濡目染之下，熟悉国家政策法规，已经不再是过去那种“老实巴交”了，个人的社会公共权力意识不断觉醒，规则意识代替了以前的服从意识，权利意识代替了以前的义务意识，使农民个人在公共权威中的权利不断成为自我意识。

托马斯·杰斐逊就对此认为，“除了由民众自己来保管社会最基本的权力之外，没有任何其他方法是安全的，如果我们认为他们不具有足够的智慧和健全的判断力来进行管理的话，那么我们的补救办法不是去剥夺他们的权力，而是告诉他们如何进行自由的行动。”[2] 农民通过村民自治的制度实践，以村委会选举为核心的民主制度在不同程度上提升了政治权利意识与自治能力，通过“一事一议”等制度参与决策，强化了对公共事务的责任感。一些地方出现了罢免村委会干部的事件，实际上是农民对自治权的行使，是农民个人政治意识增强的表现。在历史的进程中，不要说在乡绅治理的封建社会，就是在改革开放前，即使是一个大队支部书记、甚至生产队长，农民都不敢面对，那时的公社干部和大队干部甚至生产队长都可以随意限制农民的人身自由。时至今天，农民不仅敢于对村支部书记、乡镇书记提要求，甚至还敢于到县里、市里甚至省里，直接找县长、市长、省长对话，这种底气是中国几千年历史上的农民所没有的。[3]

一个国家的现代化首先是人的现代化，农民的现代化则是农业大国全面现代化的关键。而人的自由与全面发展、实现人民群众当家做主是马克思主义政党的

---

[1] 陈文胜．中国农村改革的历史逻辑 [J]．中国乡村发现，2017(05)：1-21.
[2] 本杰明·巴伯．强势民主 [M]．彭斌，吴润州，译．长春：吉林人民出版社，2006.
[3] 陈文胜．我的人生与中国改革一路同行 [J]．中国乡村发现，2008(02)：86-92.

的根本政治立场，就必然要求把乡村制度变革与权力建构落实到农民个体公民权利上来，把人民群众当家做主这一最具基础性、广泛性的政治立场落实到保障和支持农民进行民主选举、民主决策、民主管理、民主监督的村庄自治机制上来，确保农民主体地位在国家政治生活和社会生活之中得到最直接的体现，这不仅是国家全面现代化的必然要求，也是社会主义国家性质的本质要求。[1]

三、村庄权力结构的演进

权力不同于权威，杜赞奇认为，权力是指个人、群体和组织通过各种手段以获取他人服从的能力，这些手段包括暴力、强制以及继承原有的权威和法统。[2]因此，权力具有强制性，可以在制度上强迫他人接受。韦伯就进一步认为，“权力意味着在一种社会关系里哪怕是遇到反对也能贯彻自己意志的任何机会，不管这种机会是建立在什么基础之上。”[3]村庄权力在皇权不下乡的时代是一种社会权力或者民间权力，主要是家族权力。但由于国家需要汲取资源就必然把权力进入村庄，村庄也需要国家权力来保障社会秩序。[4]因此，村庄就成为了国家权力与民间权力的交汇处，形成了不同时期的村庄权力结构。在现代化进程中，中国村庄社会权力结构主要体现在政党化、行政化、法治化和地方化，是国家围绕实现战略目标任务而建立在村庄的制度安排，为处理政府与农民、城市与乡村的关系建立基本渠道。

1.制度性党政权力的双重结构

中国村庄的权力结构，在新中国成立前是所谓的“官民共治”。[5]毛泽东在《湖南农民运动考察报告》中将族权、政权、绅权和夫权作为乡村社会的四大权力。[6]到人民公社时代的“政社合一”，建构了以公社—生产大队—生产队为基础的自上而下纵向权力结构。[7]十一届三中全会后开启的农村改革直接导致了人民公社体制

[1] 陈文胜．农民主体地位与乡村治理现代化 [J]，湖北民族大学学报（哲学社会科学版），2020（1）.

[2] 杜赞奇．文化、权力与国家——1900—1942 年的华北农村 [M]．南京：江苏人民出版社，2003：30.

[3][德] 马克斯·韦伯．经济与社会（上卷）[M]．林荣远，译．北京：商务印书馆，2002：81.

[4] 郭正林．中国农村权力结构 [M]．北京：中国社会科学出版社，2005.

[5] 周庆智．官民共治：关于乡村治理秩序的一个概括 [J]．甘肃社会科学，2018(02)：2–10.

[6] 毛泽东．毛泽东选集（第 1 卷）[M]．北京：人民出版社，1966：12–44.

[7] 李友梅．中国社会管理新格局下遭遇的问题——一种基于中观机制分析的视角 [J]．学术月刊，2012，44(07)：13–20.

的解体，国家权力在村庄有限撤退到乡镇一级，在村一级实行村民自治，形成了“乡政村治”[1]的村庄权力结构演进。

在村民自治制度对村庄权力结构的有力冲击下，传统的高度单一、集权的一元权力结构逐步向党政二元权力结构转型。[2]国家与社会的关系互动中，村庄权力体系分割为制度性自上而下以村党支部为代表的“乡政”权力，自下而上以村委会为代表的“村治”权力。村党支部是执政党在农村基层的党领导组织，监督和保证村民自治的权力，是上级党委可以掌控的权力，代表党的领导权；村民委员会是以办理公共事务为重点、为全体村民服务的基层自治的政务性组织，是村民自己做主的权力，代表村民的自治权。因此，这种村民自治是一种在党的领导下的村庄权力结构，是党的领导权与村民自治权双重结合的结构。在实践中，村庄权力已经是政府统一管理下的村民自治权，尽管一些地方曾经为了强化政府管理需要试行过村支书与村委主任“一肩挑”，因现实与法律冲突而告终止，而村支书与村委主任“一肩挑”已成为了政策性的统一要求，对村庄权力结构的影响如何还需要时间来进行观察和评估。

2.非制度性社会权力的多重结构

“现代国家的构建是一个公共权力不断寻求国家与社会、市场关系合理化的持续性历史过程”。[3]城镇化加剧了同质性村庄的经济社会地位分化与社会流动，村庄社会从封闭不断走向开放，人口与资金、资源的城乡大流动，既定的村庄权力结构开始分化和分层：一部分精英通过选举不断进入村庄的制度性权力结构中，而且进一步向上层流动；另一部分精英则进入村庄的非制度性权力结构中，与普通村民构成专业合作组织、红白喜事理事会、老年协会等各种社会组织的地域性非制度性权力，使村庄权力结构的对比发生了变动，无形中就对村庄制度性权力形成了制衡机制，成为村庄权力结构中的重要一极。村庄这种非制度性的社会权力，是村民政治参与和意愿表达的重要权力构成，村民往往通过村庄社会组织表达自己的意见，通过社会组织的意见领袖保障自己的权利。

---

[1] 张厚安．乡政村治——中国特色的农村政治模式 [J]．政策，1996(08)：26–28.

[2] 张厚安，谭同学．村民自治背景下的乡村关系——湖北木兰乡个案分析 [A]// 华中师范大学中国农村问题研究中心．村民自治进程中的乡村关系学术研讨会论文集（上），武汉：华中师范大学中国农村问题研究中心，2001：78–87.

[3] 杨雪冬．市场发育、社会生长和公共权力的构建 [M]．郑州：河南人民出版社，2002：6.

对于转型期的村庄权力结构变迁，吴业苗把村庄正式权力分为村落体制性权力和村落内生性权力，把非正式权力分为非治理精英权力、宗族权力和地方恶势力等。[1] 村庄治理开始出现前所未有的国家、村庄精英、普通村民的三重权力架构，其中的国家权力居主导地位，对其他两类权力保持强有力的影响，如国家权力以制度化形式或“乡政”介入村庄治理。[2] 但由于非正式权力进入到村庄权力结构中，由“乡政”与“村治”二元权力结构演变成多极权力结构，导致村庄权力的多重博弈，有利于村庄权力结构得以动态平衡。于是，村庄逐步形成了基层党组织领导、行政组织、自治组织、社团组织、农村集体经济组织和其他组织、村民等多元主体协同的村庄权力结构体系，演变为党的领导权、村民自治的行政权和村民协会的公共事务管理权以及村民社会组织的社会权等多重权力结构，呈现由一元化向多极化、由单向型向多维型演进趋向。

3.权力结构中的精英化

随着中国农村经济社会的不断发展，村民自治制度不断完善，为新一代的乡村精英进入村庄正式权力结构中提供了制度性的条件，对村庄社会的整体进步和发展具有里程碑式的意义。以前在村庄领导人的选用上，村干部都必须看身份和地位，一般要“根正苗红”，否则就排除在村庄的权力结构之外。现在村民选举特别强调能力，特别是村庄领导人的经济能力，强调能够带领村民致富的村干部才是好干部，因此，在很多地方都出现了能人治村的现象。徐勇认为，传统的村庄权力是在缺乏流动和社会分化的基础上形成的，权力的来源主要取决于固定不变的身份和地位，属于身份性权力，城镇化与市场化的驱动引发农民的流动及其相应的社会分化，身份性权力愈来愈让位于能力性权力。[3] 客观地说，只要能人有为地方发展做贡献的想法和热情，一般都能够取得较好的成效，而农民发家致富需要带头人，能人治村就是带动带领村庄共同发家致富，这种能人的带动示范作用在村庄发展中不可或缺。因此，这种由于阶层转变而被推上村庄权力岗位的村庄能人，改变了村庄原有的权力结构，也给村民带来了发展的榜样，为村庄发展开

[1] 吴业苗．转型期村庄精英权力结构的分化与互动 [J]．中共浙江省委党校学报，2004(02)：27–30.
[2] 金太军．村庄治理中三重权力互动的政治社会学分析 [J]．战略与管理，2002(02)：105–114.
[3] 徐勇，徐增阳．流动中的乡村治理 [M]．北京：中国社会科学出版社，2003.

辟了新的动力。但能人治村的弊端也同样存在，导致不少村庄出现“村霸”治村和“恶人”治村的现象，如何规范选举与推进法治，是完善村庄权力结构的现实命题。

小 结 社会关联演变：村庄的社会演进的要义

村庄社会结构演进是多重因素引发的结果，是城镇化进程中的必然结果。从城镇化进程中的村庄社会结构演进来看，社会结构的演进是各种社会现实和社会实践紧密关联下的转型与变化，村庄社会结构的细微变化，都是有因果关系的，社会关联演变是村庄社会结构演进的重要规律，研究村庄社会结构的演进，不可能从单个事件找原因，必须要从关联实践出发寻找其必然性，进而发现演进的因果规律。

“在改革之前中国的总体性社会结构中，国家几乎垄断着全部重要资源。这种资源不仅包括物质财富，也包括人们生存和发展的机会（其中最重要的是就业机会）及信息资源。”[1] 改革开放后，国家与社会逐渐分离，社会加快分化与变迁，特别是村庄社会加速演进，带来了中国整个社会发展的巨大变化。中国城镇化是小农大国的城镇化，是城镇现代文明对乡土文明的覆盖与改造。但是中国社会的根是乡村的，即使演进为“城镇中国”，乡土气息依然浓郁。因此，中国社会结构变迁必然要把城市社会和村庄社会关联起来，从村庄社会寻找演进的根本原因。

由于社会结构现代化变迁的速度加快，演进的方向还在不断探索之中，在城镇化加速推进的大潮中，如何把握村庄社会演进，如何让近一半的农民在城镇化进程中共享社会发展成果，如何保留可以寻根的乡土文化，是必须肩负的时代责任。因此，让农民平等参与国家城镇化的现代化变迁，公平享受现代化的成果，如均等的公共服务等，

[1] 孙立平，王汉生，王思斌，林彬，杨善华. 改革以来中国社会结构的变迁 [J]. 中国社会科学，1994(02)：47–62.

是中国城镇化进程考察村庄进路必须坚持的原则。同时，在城镇化进程中一定要走中国自己的城镇化之路，要切实规划好村庄社会的发展蓝图，使城镇与乡村既实现城乡融合发展，又保留城镇与乡村的各自特色，特别要关注村庄的社会演进，这是中国跨过城镇化发展的现代化陷阱的重要保障。

诚然，村庄社会的变迁程度无疑是衡量一个国家现代化水平的一个主要指标，村庄社会结构演进的形态无疑是观察和描述现代化过程的一个重要标志，而村庄社会变迁的程度就成为衡量城镇化程度的晴雨表，标志着中国城镇化的程度，就必然要求城市社会的发展水平与村庄社会发展的水平同步。

第四章 城镇化进程中村庄治理的进路

作为农业大国，村庄是国家最基本的治理单元，国家整合首先是乡村社会的全面治理，“如何将散落于乡土社会的权力集中于国家，同时又将集中于国家手中的权力渗透到乡土社会，从而改造、组织传统的乡土社会，将政治上官民隔离的社会转变成官民一体的社会，便成为现代国家建构的重要任务。”[1]而城镇化是国家现代化的必然路径，其实质就是对传统村庄的现代化改造。因此，村庄治理变迁是城镇化推进中的必然结果，更是国家治理现代化的必然历史进程。新中国成立以来，村庄治理发生了从宗族治理到民主自治、从传统礼治到现代法治、从“旧乡贤”到“新乡贤”的历史演进。随着城镇化的加快推进，乡村、农民与国家的关系发生了全新的变化，特别是在农业税取消之后，乡村、国家与农民之间出现社会断裂[2]，在市场经济主导整个中国社会变革的大背景下，村庄社会治理秩序和治理方式随之发生了深刻变化。

---

[1] 徐勇．政权下乡：现代国家对乡土社会的整合 [J]．贵州社会科学，2007(11)：4–9.

[2] 陈文胜．城镇化进程中的乡村变局与评判 [J]．武汉大学学报（人文科学版），2017，70(01)：11–13.

第一节　从宗族治理到民主自治

与现代西方国家以个人为基本治理单元的政治文化不同，以血缘和姻缘组成的中国村庄社会，传统治理为私权与公权相结合的“双轨制”治理,也就是费孝通称之为“双轨政治”。公权是自上而下的政治渠道，依靠政令推行，主要由村庄代理制度形成的准公权，协调家庭与家族外部的利益和矛盾；私权是自下而上的逐步渗透，依靠宗族网络向上延伸，主要由家庭和家族组成的亲权，维护着家庭和家族的利益关系和伦理秩序。[1] 秦晖将这种现象概括为“国权不下县，县下惟宗族，宗族皆自治，自治靠伦理，伦理造乡绅”。[2] 新中国成立以后，中国村庄治理由几千年“皇权不下县”的乡绅自治，到国家权力下乡的公社制、再到现代法治的村民自治的历史演进。作为当代村庄治理的逻辑演变的重要特征之一，从家族治理到村民自治的演变，是村庄治理中的私权与公权的消长变化。

一、宗族治理的衰落

中国传统文化把家庭和国家不可分割地联在一起，家庭是小家，国家是大家，共同组成为“国家”，国与家不分离的“家国情怀”是传统政治文化独具的特色。因此，“齐家治国平天下”的理念是先治家，再治国。《礼记·大学》就提出:“古之欲明德于天下者，先治其国；欲治其国者，先齐其家。”[3] 尽管“王权不下县”,但“齐家”的观念纳入

[1] 费孝通．乡土中国 [M]．上海：上海人民出版社，2007：275-293.

[2] 秦晖．传统中华帝国的乡村控制:汉唐间的乡村组织 [A]// 黄宗智．中国乡村研究(第1辑)．北京：商务印书馆，2003：3.

[3] 礼记·大学 [A]．十三经注疏（清嘉庆刊本）．北京：中华书局，2009：1673.

到了君统观念之中，形成国家关系和宗法关系融合为一的政治学说。正是为这种传统文化的“齐家”政治理念所引领，在儒家的“三纲五常”中，“齐家”是治国的基础，所谓的“君君臣臣父父子子”使“王权”的规矩深入到千家万户，反过来使父权、夫权的家庭伦理充满着国家意志与社会文化道德的政治规范，家庭不仅成为国家治理的根基，也成为社会治理的单元。

而单个的家庭只能维护家庭内部的秩序，以家庭为单位，以血缘为纽带，以祠堂、家谱、族规族训等为载体，发挥着组织族内力量、协调纠纷、弘扬习俗以及维护治安等作用[1]，这样一个村庄治理的非正式制度就产生了，成为村庄治理中与公权相对应的私权——家族治理或宗族治理，维护着中国几千年的村庄基本秩序。徐勇认为，家族具有天然的排他性，如果将家族组织作为自治的组织资源，带来的必然结果就是家族派系之间的争斗。[2] 因此，与家族治理并行的保甲制度就应运而生。

保甲制度是一种以家族治理的私权为基础，以户籍制度为纽带的村庄非正式治理制度。尽管在不同的时期有乡里制度、里甲制度等不同称谓，但以家户为最基本的组织单元的本质特征始终没有变化。最早可以追溯到商鞅变法的“什伍”制度，一直延续至 20 世纪初新中国成立前。徐勇认为：“以强大的习俗为支撑的完整的家庭制度和以强大的国家行政为支撑的完整的户籍制度共同构成的家户制，是中国农村社会的基础性制度或本源型传统。”[3] 在此基础上形成了家族治理与保甲制度这样家国共治的独特“双轨政治”。

家族治理的私权与保甲制度的公权是既并行，又互为关联。家族治理依靠血缘关系建立以家族为中心的村庄伦理秩序，属于非正式制度的私权，需要自上而下的保甲制度作为代表正式制度的公权认可和维护。同样，处于农业社会的帝国时代，有限的国家行政与财政资源无法支撑对千千万万村庄的直接治理，低成本村庄治理的保甲制度仅仅是简单的机构建制和身份委任，政令的推行更需要自下而上的家族治理作为非正式制度私权的认同和推动。于是，在家族治理的私权与保甲制度的公权之间，就有了村庄治理的代理制度，家族治理中的代表人就成为了保甲

[1] 张秀兰，徐晓新．社区：微观组织建设与社会管理——后单位制时代的社会政策视角 [J]．清华大学学报（哲学社会科学版），2012，27(01)：30–38+159.

[2] 徐勇．村民自治的成长：行政放权与社会发育——1990 年代以来中国村民自治发展困境的反思 [J]．开放导报，2004(06)：32–37+1.

[3] 徐勇．中国家户制传统与农村发展道路——以俄国、印度的村社传统为参照 [J]．中国社会科学，2013(08)：102–123+206–207.

制度中的代理人，也就有了乡绅阶层——既是公权的维护者，又是私权的保护者。

由于中国乡土社会长期实行“皇权不下县”的政策，国家的公权力未能深入村庄，村庄和乡都是相对自治，依靠由村庄代理制度形成的保甲制仍然是一种准公共权力治理，基本上属于村庄自治制度，县政才是正式制度对村庄社会介入的公权与非正式制度对村庄自治的私权之间动态平衡点。从宋代王安石变法使保甲制度全面作为一种基层政治制度以后，随着保甲制的不断完善，村庄社会的自治色彩不断削弱，国家政权对村庄社会的渗透不断增强。[1]到19世纪中期以后，这两种力量的平衡被打破了，殖民经济的入侵和资本主义生产方式的进入，逐渐瓦解了传统村庄社会自然生产方式的经济基础，科举制度取消割断了乡绅阶层与皇权的依存关系，瓦解了政治基础[2]，中国村庄治理发生了“相对自治”到“国家经纪”的重大变化。

也就是杜赞奇所说的，通过经纪体制实现国家政权的下沉[3]，以提高国家对村庄汲取资源的能力。因为冷兵器时代的近代以前，农业社会的国家财政维系着简单的官僚机构和简单的军队，而进入热兵器时代的近代，政府职能膨胀和军事现代化而引起庞大的财政收入，都转移到还未现代化的村庄小农经济体上。同时，内外战争和不平等条约赔款的财政支出使国家权力前所未有地加大了对村庄的资源汲取。乡绅阶层出于自我利益的保护，逐渐成为国家权力提高对村庄汲取资源能力的阻碍，也就迫使国家权力不得不对强力直接进入村庄，导致国家权力与村庄自治权力的直接对峙，最终导致家国共治的“双轨政治”权力结构的解体，家族治理与保甲制度并行瓦解。吴毅就因此认为，家族治理以血缘关系罗织出伦理性的社区秩序，而保甲制度虽然被20世纪的历史进程赋予了新的功能，呈现出愈益浓厚的行政化底色，但时局却使其陷入一种无法抵御的自身解构之中，并最终导致整个村落社会权力结构的坍塌。[4]

二、民主自治制度的演进

中华人民共和国成立后，保甲制度与家族治理退出历史舞台，标志着村庄治

[1] 唐鸣，赵鲲鹏，刘志鹏．中国古代乡村治理的基本模式及其历史变迁 [J]．江汉论坛，2011(03)：68-72.
[2] 胡金龙．宗族势力与村民自治——当激情遭遇历史 [J]．经济管理文摘，2007（11）.
[3][美] 杜赞奇．文化、权力与国家 [M]．王福明，译．南京：江苏人民出版社，2004：1.
[4] 吴毅．村治变迁中的权威与秩序 [D]．武汉：华中师范大学，2002.

理开始由传统逐渐向现代转型。按照人民民主专政的治国理念，着力发扬民主，首先实行乡—村并行的乡村治理制度，然后村退出国家正式政权，接下来的人民公社制度使国家乡村治理直接延伸到生产大队。随着人民公社制度的全面建立，中国延续几千年的村庄治理正式进入了国家的行政体系。人民公社解体后，中国村庄治理正式进入到了村民民主自治时代。这一过程大致分为四个时期。

1.保甲制变为乡村并行制

在1950—1953年期间，实行“乡—村政权并存”的乡村治理制度。这种制度下行政村（村庄）与乡政府并列，都可以成立人民政权组织。如《乡（行政村）人民代表会议组织通则》和《乡（行政村）人民政府组织通则》（1950年12月政务院颁布）规定：乡与行政村并存，同为农村基层行政区划，乡的规模由一村或数村构成，户数在100—500户之间，人口在500—3000人不等，乡村并存只是新中国刚成立时一种临时的村治形式。[1] 这种村治模式下，乡、行政村直接选举乡村人民代表构成政权机构，行使治理权力。人民代表大会任期一年，可连选连任。乡、行政村政府是本行政区域行使政府职权的机构，由同级人民代表会议选举的正、副乡（村）长和若干名委员，任期一年，可连选连任。在这一过渡阶段，县以下大多置区，区为政权实体或为县的派出机构，领导乡（村）政府的工作。[2] 这种乡政体制第一次把村一级纳入了国家正式权力体系，中国乡村治理第一次实现了国家权力下村。

2.乡村并行制变为乡政制

乡村并行的村庄治理模式延续到1954年后，中国村庄治理进入了乡政制，一直持续到1958年。1954年，新中国颁布了第一部《宪法》，在中国宪政史上第一次对乡村基层政权建制作了原则规定：乡、民族乡是农村基层行政区划，乡政权是农村基层政权，是国家政权的有机组成部分，首次用根本大法的形式明确了国家正式政权在乡村的边界。1954年初，国家民政部门（当时称“内务部”）发布了《关于健全乡政权组织的指示》，对调整、加强乡政权作了新的规定，即乡人民政府一般应按生产合作、文教卫生、治安保卫、人民武装、民政、财粮、调解等方面的工作，

[1] 唐鸣，祁中山．中国乡村治理的历史底色 [J]．紫光阁，2018(01)：92-94.
[2] 郭正林．中国农村权力结构 [M]．北京：中国社会科学出版社，2005.

分设各种常设的工作委员会。各地可依据具体情况合并或调整，但最多不能超过7个。宪法和地方组织法，肯定了内务部指示的精神，更全面地规定了乡人大和乡人委（即政府）的职权、组织结构和工作制度。[1]乡政权以下的治理单位是自然村，治理的组织包括村党支部、合作社、青年团、妇女会等。中国乡政制把短暂的国家权力下村又收回到了乡镇，国家正式权力从村级退了出来。

3.乡政制变为公社制

从1958年起到1983年，中国的乡村治理按照人民公社的政治理想，建立起了“一大二公”和“党、政、军、民、学统一”的人民公社制度，人民公社集政治、经济、文化和社会管理事务为一体，实行“公社—生产大队—生产队”三级治理组织体系，村庄大多成为人们公社的“生产大队”，生产大队是公社的执行机关，也是一个上传下达的中介组织；生产队是社员集体经济生活和政治活动的基本场所，是农民集体劳动、集体分配的基本单位，通过在全国农村推行互助组、合作社和人民公社，实现了“家户经济的国家化”。[2]人民公社以及生产（大）队的干部，由公社党委领导培养、任命而来。农民的政治参与一般是被发动参加各种“斗私批修会”“政治大批判会”等。这种治理结构下的管理体制，强化了国家对农村的政治、经济、文化和社会控制，村民自治被实质性取消。吴毅教授认为，这是全能化国家权力对村庄自主性的消弭与控制，是国家权力对村政的覆盖与遮蔽。[3]

4.公社制变为民主自治制

随着人民公社的解体和农民个体经济的兴起，农民作为独立的市场主体地位凸显。1980年广西合寨村为走出乡村治理困境率先在全国成立第一个“村委会”，农民以盖手印的方式选举村委会主任。1982年村民委员会作为农村基层群众性民主自治组织被写入新通过的宪法中，村民民主自治制度从此登上中国乡村的政治舞台。[4]农村经济社会的不断发展，中国村民民主自治制度不断完善，为新一代的村庄精英成为合法的村治权威提供了制度性的条件，将中国乡村治理推进到了一个新的历史方位，成为中国村庄社会整体进步和发展的一个里程碑。

[1] 侯万锋．新中国成立以来我国乡村治理模式的历史回顾、现实难题与治理机制优化 [J]．河南师范大学学报(哲学社会科学版)，2009，36(05)：45–48.

[2] 吴毅．村治变迁中的权威与秩序 [D]．武汉：华中师范大学，2002.

[3] 吴毅．村治变迁中的权威与秩序 [D]．武汉：华中师范大学，2002.

[4] 徐佳鸣．广西合寨：“基层自治第一村”再寻路 [N]．南方周末，2018-09-06.

（1）村民民主自治的自觉性不断增强。农民在村庄民主自治的制度下，以村委会民主选举为核心的民主自治制度在不同程度上提升了民众的政治意识与民主自治能力，村民不仅获得了选举权，而且获得了监督权，许多村民在选举后，对村庄治理的监督意识增强，全国出现了一些地方村民罢免村委会干部的事件，实际上是村民对民主自治权的行使，是村民政治意识增强的表现。

（2）村民民主自治的自主性提高。农民通过民主自治提高了乡村政治的自主性，强化了对公共事务的责任感，把乡村的基础设施建设和公共设施建设作为自己的事情，通过“一事一议”等制度参与决策。因此，乡村公共事务得到了广泛动员，许多村民集资兴建乡村公共设施。如在20世纪90年代，全国乡村出现集资修路、集资办校热，不少地方村民的集资款高于政府的公路补贴款和建校款，村民参与的积极性空前高涨。那个时代，等、靠、要的思想不是乡村社会的主流。

（3）乡村民主治理的自由度不断扩大。村民民主自治后，村庄的许多运动式的活动，村民的参与具有了很大的自由度，村庄的事务管理从村集体分离，村民不再要村集体的决定进行生产，村民可以并且必须自行组织生产，因而村民也获得了政治的自由，村民参与政治不一定受到村庄权力的强制，村民可以自由选择参与。

（4）村民民主政治觉悟逐渐觉醒。随着村民民主自治的不断推进，村民对于村庄民主自治事务逐渐熟悉，因此，许多村民不再是过去那些老实巴交、不懂政治的农民，而是不断觉醒的村庄政治人，一些村民通过看电视、上网学习政策法律，思想觉悟不断提高，成为现代新农民，他们熟悉乡村治理规矩，熟悉国家政策法规，对乡村治理者形成了强大的监督力量。

（5）村庄自治民主化进程提速。村民民主自治下的村庄治理，有利于村庄社会组织的兴起。村庄在保护社会组织发展的同时，由于村庄党组织的存在，村庄社会组织有了监督力量，国家也赋予其监督社会组织发展的责任。在村庄治理中，各种社会组织如村民议事会、专业合作组织、红白喜事理事会、老年协会等地域性的自治组织兴起，成为参与村庄自治的重要力量，加速了村庄的民主化进程，形成了村庄多元治理的态势。

（6）民主自治权力结构逐渐定型。自村民民主自治推行以来，村行政的党务与政务的分工逐渐明晰，尽管曾经有些地方也试行过村支部书记和村委主任“一肩挑”，但最终因为问题不少和选举操作困难等原因，大部分村庄都分开了。村党支部掌管村政治和思想意识形态，维持党对村庄的领导；村主任分管村行政，这种村民民主自治是一种在党的领导下的自治，其村庄权力结构也出现了党的领导权与村庄民主自治权双重结合的结构，村党领导权是监督和保证村民民主自治的权力，党政分离是现代村庄治理的合适模式；村党组织领导权是上级党委可以掌控的权力，而村行政权是村民自己做主的权力。

三、民主自治制度的完善

随着城镇化快速推进，中国村庄治理正日益走向国家化和政治化，“广泛的社会动员使村民在政治身份的自我认定上完成了由家族化的农民向国家的社区政治人转化。”[1]尽管全面实行了村民民主自治，但由于传统的影响和政治体制的原因，自上而下建立了村民民主自治的党组织领导体系，党的上下级之间是强大的领导与被领导关系，村庄民主自治就是在从上到下的党委领导和监督之下的民主自治，并非完全的村民民主治理村庄。

1.解决好村治行政化问题

随着城镇化的加速，国家在加大村庄公共服务的同时，也加大了村庄自治的成本投入。新农村建设、乡村振兴战略的相继实施，为村庄投资建设各种公共设施，为村干部发放各种劳务补贴等，造成了村庄自治逐渐向依赖政府行政治理转化，甚至有学者呼吁对村干部实行高补贴或给村干部编制，即村干部行政化、公职化或职业化。在这种背景下，依靠国家赋权的村民民主自治是很难抵御政府权力的渗透，而村民民主自治也依赖于政府的行政放权。[2]地方政府通过各种组织技术和制度安排加强村级组织建设，尤其是农村党支部建设，不断强化村干部的职业，改善村干部的待遇，导致农村不同程度地出现了新一波的村干部行政化趋势。[3]

不可否认，随着现代化的不断加快，社会发展和村庄事务的复杂化，村庄治理的事务日益增多，特别是一些地方经过并村后，村庄人口达到几千甚至上万人，村庄行政事务大幅增多，村庄治理成本和村干部待遇不断攀升。在农业效益不断

[1] 王沪宁．当代中国村落家族文化 [M]．上海：上海人民出版社，1991：24。

[2] 徐勇．村民自治的成长：行政放权与社会发育——1990 年代以来中国村民自治发展困境的反思 [J]．开放导报，2004(06)：32–37+1.

[3] 贺雪峰．村干部收入与职业化 [J]．中国党政干部论坛，2015(11)：64–66.

递减的情况下，越来越依靠政府的财政支付。政府财政在保障村庄公共供给的同时，还保障村干部待遇的“养人”，使村干部又轮回为“代理人”，不仅削弱了村庄的自治性，而且在精简行政成本的前提下，使村干部官僚化，大幅增加国家财政供养的人数，重新形成一个庞大的由财政供养的干部队伍。

2.提高村民对民主自治的参与度

村民民主自治自实施以来，一直都在希望与困难中前行。从选举环节开始，就遇到了明显的参与不足。[1] 张静认为，村级组织已成为对上不代表国家、对下不代表村民的具有自我利益取向的利益主体，也即杜赞奇所说的营利型经纪人。[2] 农民的主体意识和家园归属感日渐稀薄，导致了村庄自我生产能力的贫弱，极大地降低了村庄的向心力和凝聚力，极大地削弱了村民民主自治制度的组织效能。[3] 随着家庭联产承包责任制的强化，村民流动性加大，村民经常脱离村庄治理的范围而生存在外，村庄治理的约束并不能涉及村民，因而村民的经济独立性明显增强的同时自由度加大，村民自治对公共秩序维护的政治性任务，在并没有触动村民经济利益的时候，村民的关注度明显不强。

城镇化发展加速城乡交流并加快村庄转型发展，村民在经济地位变化和社会阶层变迁中，逐渐对村庄权力和村庄利益漠视，加上村庄自治的一些不规范操作，村民的实际选举权力和自我行动权力受到限制，在村庄社会转型时期乡村精英自身也正在经历新老交替的过程中，在村委会和党支部之间必然会形成一种张力。[4] 在村干部的选举中，一部分村民认为村干部对自己的利益影响不大，谁当村干部都无所谓，因而对参与村干部选举兴趣不大，特别是选举别人时，为了投上一票而不远千里从外地回家成本太大。事实上，对于外出务工的村民来说，谁当村干部都影响不了根本的经济利益。因此，村庄治理并没有完全调动广大村民的参与积极性。

3.处理好村干部与村民的关系

村党支部名义上由村全体党员大会选举，但是，大多数是经乡镇党委提名甚

[1] 赵晋泰．村民自治中的政治冷漠现象分析 [J]．理论探索，2007(01)：134–135+138.

[2] 张静．基层政权——乡村制度诸问题 [M]．杭州：浙江人民出版社，2000.

[3] 王勇．村民自治 40 年：基层治理法治化变迁的学理分析 [J]．社会科学战线，2018(09)：11–21.

[4] 俞可平，徐秀丽．中国农村治理的历史与现状——以定县、邹平和江宁为例的比较分析 [J]．经济社会体制比较，2004(02)：13–26.

至直接任命，村党员大会只是追认或形式上的认可，这种党委领导下的村民民主自治，党支部有点超然于群众之上，并不受群众选票的影响，其当然也不必要向村庄群众负责。唐鸣认为，村民自治“随着实践的发展，出现了许多新的情况和新的问题，现有的法律法规难以或无法全部规范，由此影响了村民自治已有成果的巩固和进一步的发展。”[1]

尽管法律规定村干部必须由全体村民选举，但这种选举出来的村干部，与村民并非心连心的关系，有时也存在两张皮的问题。一是村民在外务工的人多，许多村民并没有真正行使选举权；二是即使村民行使了选举权，村干部是由群众选举出来的，但是由于熟人社会不断解体，村庄利益也日益分化，因而群众的罢免权和监督权也是难以实现的，也就是说，群众有形式上的选举权是真，但监督与罢免权几乎不能实现。因此，群众选举出来的村干部事实上也不一定要向群众负责。相反，由于上级政府提供村庄自治的办公经费和村干部的补贴，村干部向上级政府负责的倾向很强，一些人为当村干部，巴结甚至行贿上级政府官员的现象存在。这种村庄自治中国家目标与农民目标分离而违背选民自治的问题，成为村民参与自治懒惰的原因，也是引起群众与政府信任危机的重要因素。

4.理顺村支两委关系

村支两委作为村庄民主自治的组织存在各自的权力和公共利益，因而相互之间也会产生分歧。由于对村支两委的关系缺乏法律的明确规定和可操作性的规范机制，“两委”冲突的情形经常发生。[2]在实践中，支委会明显优越于村委会。一是支委会不受群众的选票影响，是村庄外来力量能够决定的权力，是外力授予的，似乎更带有权力的特征；二是从国家政治体制来说，支委会是代表党在村庄行使领导权和监督权的机构，因此，支委会具有天然权力优势。当然不排除在某些村庄，村委会也存在绝对的权力优势，因为如果某些村庄的村民自治意识强，村委会能够真正引导村民充分行使自治权，村庄很多事务就必须得由村民自治机构的村委会决定，支委会就插手介入不进去；同时从法理来说，村民自治法律规定行政事务和财政经济权利属于村委会，村委会强势的话也可以拒绝支委会插手村行政事务。

因此，从制度的设置来说，村庄民主治理中的村支两委可以分开各自独立行

[1] 唐鸣．关于完善村民自治法律体系的两个基本问题 [J]．法商研究，2006(02)：3–8.
[2] 沈延生．中国乡治的回顾与展望 [J]．战略与管理，2003(01)：52–66.

使治理权力，形成相互配合的治理力量。但是，一旦村支两委不和，就相互对立找到可以攻击对方的借口，以作为自己权力的合理根据。在一些村支两委主要负责人都强势的村，便出现互相不买账的问题，造成村庄治理中的矛盾，两委会矛盾和冲突所导致的财务混乱、村务荒废、村政失控现象已经屡见不鲜。在少数地方，甚至演变为村民与政府的直接对立和冲突[1]，成为严重影响农村社会稳定和发展的关键性因素。

[1] 俞可平，徐秀丽．中国农村治理的历史与现状——以定县、邹平和江宁为例的比较分析[J]．经济社会体制比较，2004(02)：13–26.

第二节　从传统礼治到现代法治

儒家政治思想的核心是“礼”与“仁”，在治国的方略上，儒家主张“为政以德”，用道德和礼教来治理国家是最高尚的治国之道。这种治国方略也叫“德治”或“礼治”。进入 20 世纪以后，随着西方的国家和法律理念的渗入，这种由社区非公共性权力插手公共秩序与法纪的做法从观念和法律规则的层面上遭到了否弃。[1]尤其是在城镇化进程中，农耕文明的熟人社会不断接受现代文明的洗礼，依法治国不断推进，现代法治全面下乡进村入户。从整体来说，中国基本上实现了依法治村，无论是村民选举还是村民自治组织行为，都是按照相关法律法规进行，法治成为了村庄治理的正式制度。

一、熟人社会的礼俗治村

中国传统的村庄社会是费孝通称之为的“熟人社会”，基于血缘、地缘、亲缘集中居住在一个村庄，相互之间存在这样那样的关系，家庭、家族发挥最为基本的治理作用。在“皇权不下县”的村庄治理结构中，相对应的是“国法不下县”与“自觉守礼俗”。家族非正式治理的理念和规则以礼俗为核心，以“乡规民约”和“宗法律例”为形式，由家庭、家族来评判，经一代又一代的人口相传，耳濡目染，由长辈传给晚辈[2]，以教化、规范成员的社会生活。

因此，礼治并非是一种“自上而下”的正式制度，是建立于“长老统治”的等级制之上的礼治秩序，是一种自

[1] 吴毅．村治变迁中的权威与秩序 [D]．武汉：华中师范大学，2002.

[2] 仲富兰．试论近代江浙农村人口流动与习俗变革 [J]．上海大学学报（社会科学版），2007(05)：97–103.

下而上的行为规范。尽管没有国家的强制性，但礼俗作为村庄社会约定俗成的规则，依靠村庄社会舆论和人情面子维持，具有村庄共同体的自觉性和社会强制性。相对于村庄成员来说，礼俗包含各种生产生活的行为规范，人人必须严格遵守。否则，在村庄社会就难有立足之地，轻则受罚，重则如禁入祠堂、族谱除名、驱逐出村，甚至沉塘、填井等，严厉程度绝不亚于王法。

所以，在村庄熟人社会中，非常重视亲人、朋友、邻居会怎样看待自己的行为，也就是别人的“看法”，很少会首先去想到“王法”是如何规定的，才有“山高皇帝远”的说法。而这个所谓的“看法”，就是村庄社会共同认可的一种行为规范，只有符合礼俗的行为才能得到村庄成员普遍认同，对自身而言才具有现实价值和意义。可以认为，建立在“身份信任”基础之上的礼治秩序，是以血缘关系为基础的传统农业社会治理方式，随着生产力推动着经济基础和上层建筑的变革，熟人社会的传统村庄礼治必然走向解体。

二、现代化进程中的法治下乡

新中国成立后，中国共产党为了巩固新生政权，以政治动员和行政强制为主要措施，把小农经济的村庄社会纳入到现代国家的治理体系中，建构了自上而下的纵向权力整合机制，实现了对村庄社会的全面改造，为国家对村庄社会推行依法治国的治理现代化提供了坚实的组织基础。在1982年的《宪法》中，首次明确规定“农村村民委员会是基层群众性自治组织”，并重新确认乡镇政府为国家在农村设立的基层政权。1983年中共中央、国务院下发《关于实行政社分开、建立乡政府的通知》，明确要求在农村建立由村民选举产生的村民委员会，并对村民委员会的设立、职能、产生方式进行了初步规定。在1987年《村民委员会组织法》颁布（试行）之前，村民自治制度的成就主要表现为：明确了以村民委员会为自治组织的自治载体问题，明确了自治性质，并初步探索了村民自治权在村级公共事务中的行使方式。[1] 从整体来说，中国村庄治理已经全面按照相关法规如《宪法》和《村民自治组织法》等法律规定进行，依法治村不断推进。

[1] 王勇．村民自治40年：基层治理法治化变迁的学理分析 [J]．社会科学战线，2018(09)：11–21.

1.村庄法治日益强化

在依法治国理念下，乡村法治也不断推进，国家陆续出台了相关的法律规范，村庄治理逐渐由礼教治理向现代法治转型。其转型的标志主要有：一是村民权利意识觉醒，维权意识增强。在现代村庄，村民不再是以前说的法盲，不懂法的老实农民，农民对国家法律非常关注，对于自己权利有关的法律，村民都相互传播和研读。特别是一些年轻的初高中毕业生进入村庄后，在学校就有法律知识的基础，如果再到外面务工闯荡一番，法律意识非常强，对于自己权利维护的意识也很浓，一旦碰到自己的权利遭到侵害，就会马上想到法律，想到利用法律来维护自己的权益。二是法律教育增强。不仅受到法律教育的途径拓展，而且法律的宣传平台也不断增多，农民可以通过广播、电视、书籍等途径学习法律，有些图文并茂的宣传资料，对维权提供了很大的便利。三是法律服务质量提升。随着法治的推进，一般的乡镇都有法律服务的单位，县城的律师事务所也不断多起来，农民打官司寻求法律服务不再是一个很难的事情。四是诉讼观念不断转变。过去，农民认为打官司是丢人的事情，现在的很多人不再对打官司有偏见，勇于打官司，敢于用法律维护自己利益的人越来越多。

村庄法治的强化，主要跟中国依法治国的国情有关，同时也是社会现代化发展的结果。在现代信息社会，村民获得法治的相关信息很便捷，学习法律知识很方便，社会变成了一个开放的社会，农村在信息上的城乡阻隔不再存在，加之，很大部分的农民外出打工，接触法律纠纷也增多，这些都极大地锻炼了依法维权能力。

2.法治进村的难题

乡村法治对于村庄秩序的正式维护带来了规范和保障，也为农民维护自身权益提供了依据。但随着社会的发展，出现了许多新的情况和新的问题，现有的法律法规难以或无法全部规范，由此影响了村民自治已有成果的巩固和进一步的发展。[1] 必须看到村庄法治的特殊性，因为村庄是一个具有相对独立性的共同体，每个村庄的文化、风俗与习惯具有各自特点。因此，乡村治理的实际效果千差万别，治理方式也不尽相同。主要表现在：一是乡村法治资源稀缺。法治资源是一种公共资源，除了法律条文不要付出费用外，其他法律服务都需要成本。比如法庭、公

[1] 唐鸣．关于完善村民自治法律体系的两个基本问题 [J]．法商研究，2006(02)：3–8.

安机关、律师等，这些法治服务机构在许多偏远村庄很稀缺，司法机关维权不仅资源不足也远水解不了近渴。二是法治在熟人社会落地的尴尬。在熟人社会下，打官司伤和气理所当然，不到万不得已的时候农民不愿打官司。而不少农民没有把法律作为解决纠纷的一种方式，而是作为一种宣泄仇恨的方式。因此，尽管乡村法治理想很丰满，但现实很骨感，很多农民还是敬而远之，法治并没有完全深入村庄社会。三是树立乡村法治信仰任重道远。在村庄社会，相信权力和熟人社会关系的观念很强，一旦遇到问题或者纠纷，就找有权力和能力的熟人帮忙，很多村民并没有寻求法律解决问题的习惯，造成了乡村法治的权威与效果不很高。

3.村庄法治的前途

法治是现代社会最重要的行为规范，依法治村和法治国家是未来发展的方向。作为国家意志的体现，法治是自上而下的“硬治理”，村庄治理必然要求以法治为根本要求，以法律作为规范村庄所有主体行为的准绳。法治也是乡村治理现代化最重要的标志，依法治村是村庄治理的根本方向，也只有通过法治才能从根本上引领和保障村庄社会公平正义的实现、社会诚信的促进，从而确保良好村庄社会秩序的建立和维护。因此，必须把村庄治理纳入法治轨道，使敬畏法律、信仰法律、尊重司法成为基本取向；严格依法规范乡村组织行为，引导村民依法办事；健全完善乡村法律服务体系，搭建联村联户的法律服务平台，推动乡村形成办事依法、遇事找法、解决问题用法、化解矛盾靠法的良好社会氛围。[1]

三、依法治村下的村规民约

村规民约是村庄自治的一种规则，是以劝善惩恶、广教化而厚风俗的道德、伦理准则，是超越家族规范而约束生产、生活行为的规章制度，体现了一种来自日常生活的价值观念，凝聚了村庄的传统文化与价值观念。在中国几千年的村治文明中，村规民约就具有十分重要的地位，也积累了丰富的村庄社会治理经验，如《孟子·滕文公上》的“出入相友，守望相助，疾病相扶持”，这就是中国村规民约的传统智慧结晶。村规民约是村庄治理的重要地方性资源，对现代村庄社会治理仍有着极其重要的现实价值。党的十八届四中全会提出：“支持各类社会主体

[1] 陈文胜．以“三治”完善乡村治理 [N]．人民日报，2018-03-02.

自我约束、自我管理，发挥市民公约、乡规民约等社会规范在社会治理中的积极作用。”[1]党的文件对乡规民约给予了充分的肯定。

村规民约是在法律之外由村庄居民自主约定来规范着村庄社会的行为，维护乡土社会的生活秩序。在社会转型、村庄阶层结构分化的背景下，村规民约是农村社会农村多元契约整合机制的构建中一种重要的整合机制，是应对农村社会结构分化挑战的农村社会治理的需要。[2]根据乡村振兴战略关于推进德治、法治、自治相结合的三治融合要求[3]，村庄治理中的村规民约就具有了强烈的法治性和制度性。那么，坚持民主、自治、法治原则，通过确认和保障村民自治权，实行村民自治，达到村庄社会秩序的和谐稳定，就是推动村庄民主政治建设和法治建设的必然要求。《中华人民共和国村民委员会组织法》第二十条规定：“村民会议可以制定和修改村民自治章程、村规民约，并报乡、民族乡、镇的人民政府备案。”这是村规民约的法律依据。因此，村规民约是依照法治精神，适应村民自治的要求，由共居同一村落的村民在生产、生活中根据风俗和现实共同约定、共信共行的自我约束规范，已成为村民自治制度化、规范化的形式而存在。[4]

在新中国成立以来，尽管“国家力量以历史上前所未有的深度和广度渗透于基层社会生活中，使国家政权的根牢固地扎在乡村底层”[5]，但迫切需要村庄社会以适当的形式作出反应和对接。而村规民约以村庄社会的共同约定或公共契约，推动中国村庄由传统的“身份社会”向现代“契约社会”迈进。在市场经济乃至整个人类社会发展的历史中，用契约取代身份实质是人的解放，是用法治取代人治，用自由流动取代身份约束，用后天奋斗取代对先赋资格的崇拜。[6]村规民约虽然属于公共契约，但有不少内容源自村庄长期形成的生活共识，逐渐发展为明确的规则论述，进而成为村庄社会的共同约定——村规民约。村规民约的形成不是“法定”而是约定俗成，是一种为村庄共同体所公认的正式规则，是一种合作性契约安排。由于是共同约定，村庄传统的规范和社会关系自然融入其中，其在文化深层结构上同村民日常生活方式存在着相当程度的吻合性。同时，村规民约是村庄社会各

[1] 中共中央关于全面推进依法治国若干重大问题的决定（二〇一四年十月二十三日中国共产党第十八届中央委员会第四次全体会议通过）[N]. 人民日报，2014-10-29.

[2] 杨建华，赵佳维. 村规民约：农村社会整合的一种重要机制 [J]. 宁夏社会科学，2005(05)：63-66.

[3] 习近平. 决胜全面建成小康社会　夺取新时代中国特色社会主义伟大胜利——在中国共产党第十九次全国代表大会上的报告 [N]. 人民日报，2017-10-28.

[4] 杨建华. 乡规民约与基层社会治理 [N]. 学习时报，2014-12-29(009).

[5] 应星. 农户、集体与国家——国家与农民关系的六十年变迁 [M]. 北京：中国社会科学出版社，2016：43.

[6] 袁祖社. 社会生活契约化与中国特色公民社会整合机制创新 [J]. 天津社会科学，2002(06)：35-38.

阶层表达自身诉求的良好渠道，是一种融乡土性与现代性于一体的整合与治理机制，是一种符合现代社会整合需求的契约性规范。[1]

村规民约的兴起从主体意识的角度看，是现代公民权发展的产物。公民权是指公民在一个国家法律上所拥有、为法律所保护、依法享有参与公共社会生活的权利，每个公民都同等具有的权利。公民权包括民事权、政治权和社会权利等。在以家庭为单位的村庄治理时代，实行家长代替制度，很多村庄成员特别是妇女没有或至少没有完全公民权的，其公民权被家庭的家长部分代替；而即使是一家之长，也没有完全的公民权。这既是中国几千年的封建家长制度产生的恶果，也是国家封建专制缺乏民主制度的特征。

城镇化进程中，国家制度逐渐走向民主化，在人民民主专政的社会主义制度下，公民权利逐渐完善，特别是村庄自治下村民选举权与被选举的法律赋予，为中国农民公民化提供了制度支持。随着改革开放的推进，国家民主化进程加速，公民作为独立主体的意识不断增强，村民公民意识强化，公民需求高涨，村庄治理的民主化呼声也日益高涨。公民权的兴起，是现代法治的前提，也是村民自治对市场经济的回应。“市场化过程中形成的理性化社会和农民的自我组织，才能为村民自治的成长提供必要的社会条件。”[2] 公民权的保障提高了村庄治理的质量，但是同时也加大了村庄治理的难度，因为村民公民权的享受需要国家法律保护和提供，实际上是对政府和其他人行为的限制。通过村规民约贯彻村民自治是治理价值观的变化，即这种价值观不同于中国本土“专制服从”的文化传统，强调的是自由、平等、妥协、宽容和讨价还价的能力。[3] 调研中发现，很多基层领导都诉苦，基层领导难当，村干部更加难当，换一个角度思考，恰恰说明了公民权的主体意识觉醒，说明了村庄自治权的存在。因此，在公民权保护好的村庄，乡规民约的质量也高，这是对村庄自治的民主法治要求。

[1] 杨建华．乡规民约与基层社会治理 [N]．学习时报，2014-12-29(009).

[2] 徐勇．村民自治的成长：行政放权与社会发育——1990 年代以来中国村民自治发展困境的反思 [J]．开放导报，2004(06)：32-37+1.

[3] 陈洪江，吴素雄．村民自治社会整合功能的两重分析 [J]．社会主义研究，2003(06)：115-117.

第三节　从“旧乡贤”到“新乡贤”

无论以哪一种方式治理，都需要有各类精英进入村庄治理的组织机构中。在中国村庄治理的演进中，不能不提到历史上长期实行的乡贤治理制度。作为自上而下保甲制度与自下而上家族治理并行的产物，乡贤治理就是官方通过村庄社会中的乡绅、望族等精英作为自己的代理人，利用宗族门规、礼教、道德等为手段，对村庄社会的秩序进行有效控制，实现村庄社会治理的国家目标，是传统村庄治理的重要内容，至今仍然有着深刻的影响。随着城镇化带来村庄空心化，严重影响着村庄治理干部队伍的新陈代谢。在实施乡村振兴战略中，如何弘扬中国传统的村庄文化，重构中国村庄社会秩序，推进乡村振兴，就需要着力培育“新乡贤”群体，建立“新乡贤”治理秩序。

一、传统乡贤治村的历史演变

在新中国成立前的几千年传统村庄社会，家族治理中的贤达之人，在村庄具有一定的威信和影响力，愿意为村庄治理承担义务，叫“旧乡贤”或“乡绅”。乡贤是村庄社会的精英，属于非正式制度权威，在村庄治理中发挥着特殊的整合与治理功能，满足国家从村庄社会吸取资源和维护村庄社会秩序与安全的需要。乡贤一般具有双重身份，对上是国家公权在村庄的代理人，承担协助地方政权管理村庄的责任，对下又是所在村庄社会的代言人，承担着维系家族、村庄的利益，处理村庄社会纠纷，协调村庄成员关系的使命。[1] 作为自上而下公权与自下而上私权的双重

[1] 李建兴．乡村变革与乡贤治理的回归 [J]．浙江社会科学，2015(07)：82–87+158.

代表，乡贤在村庄社会的地位和作用十分突出。

乡贤治理是中国村庄治理的传统，也是政府主导的委托治理形式。乡贤之所以成为乡贤,在传统的村庄,是“在地方性的限制下成了生于斯、死于斯的社会”,“是一个熟悉的社会,没有陌生人的社会”[1],首先必须有村庄社会公认的公共品质,赢得村庄社会的尊敬，才能发挥独特的号召力和影响力；必须有一定的经济基础，有相当的资源调动能力和整合力，才能为村庄社会起到组织公共资源而为村庄服务的作用；必须获得家族力量的支持，才能具有相适应的村庄权威，获得村庄社会的服从力量。因此，乡贤治村并非仅仅是为了村庄治理，也是为了自身和家庭、家族利益发展的秩序维护。

也必须看到，传统乡贤治理制度的推行与乡贤地位的获得，除了其自身取信于家族与村庄成员以外，还需要一系列正式制度的力量支持。其中科举制度为乡贤提供了文化与意识形态整合的力量，在国家权力不及之处按照统治者的政治和文化意识参与村庄治理，可以得到国家公权的认可，同时通过自身努力从道义上赢得权威并通过捍卫国家意志的传统道德学说来体现这种非制度性权威。换句话说，传统乡贤出于提高自身或家族社会地位、威望的考虑并承担相应的村庄社会公共责任，而非单纯为了追求自身财富和利益，这也是杜赞奇所谓的文化网络中绅士出任乡村领袖的主要动机。[2]

同时，传统村庄的“公田”土地制度为乡贤的存在奠定着一定的经济基础。所谓的“公田”制度，就是一部分土地成为“公田”“学田”“庙田”“族田”等，以保障家族公共事务与村庄公共事务。这种一定范围内的村庄集体所有制度，其中的政治意义，在于家族与村庄共同体内公共责任得以实现具有稳定的经济基础，确保团体的生存与安全，维系团体的凝聚力与村庄社会的秩序。

当中国历史进入近代以后，经济基础的不断变革，属于上层建筑的保甲制度和家族治理的不断弱化，传统乡绅治理制度不断走向衰弱。当人民公社制度全面建立后，传统乡绅治理就退出了中国乡村政治的历史舞台。但是，村庄社会自治的私权与国家治理的公权，两者之间的整合问题延续至今。

[1] 费孝通. 生育制度 [A]// 费孝通 . 乡土中国. 北京：北京大学出版社，1998 : 9.
[2] 刘晔. 治理结构现代化：中国乡村发展的政治要求 [J]. 复旦学报 (社会科学版)，2001(06) : 56–61+79.

二、乡村精英与能人治村

随着城镇化的加速推进，村庄社会阶层分化加速，相互之间的经济差距变大，一些人通过财富积累和人脉关系的集聚，成为在村庄具有较高社会地位的精英人物。村庄精英在村庄中享有社交宽广的人脉关系，在村庄社会具有较大的号召力和影响力。有的已经是村庄基层领导人，成为带领村庄发展的重要力量。有的尽管没有加入村组干部的行列，但在村庄经济发展中起着带头人的作用，又能为村庄的公共事务做出贡献，即使没有进入村庄正式权力结构，仍会在村庄社会形成较高的非正式制度权威。而一个在任的村支部书记或村委会主任，如果没有较强的致富能力，既没有使自己先富起来，也没有让全村的人富起来，权威就会遇到极大的挑战。乡村精英的这种“能人”作用，越来越得到官方和社会的认同，不少研究者以至于认为，城镇化进程中的中国村庄治理模式就是一种“能人治村”模式。[1]

能人治村之所以成为现实选择，主要是由于村民的主体意识发生了根本性的变化，在村庄领导人的选举上，改革开放以前是唯身份论，村干部尤其是支书和村主任必须看成分，原则上要根正苗红，否则就不能被选举上。改革开放以后以经济建设为中心，村民选举特别强调能力，尤其是村庄领导人的经济能力，强调能够带领村民致富的村干部才是好干部。因此，在很多地方都出现了能人治村的现象。客观地说，只要能人有为地方发展做贡献的想法和热情，一般都能够取得较好的成效，因为农民发家致富一样需要带头人，能人治村就是带动带领村庄人们发家致富，这种能人的带动示范作用在村庄发展中不可或缺。因此，这种由于阶层转变而被推上村庄自治机构中的能人，改变了村庄原有的权力结构，为村庄发展注入了新的动力。

在现实中，尤其是乡村振兴需要加快推进的组织振兴、人才振兴都迫切呼唤着“能人兴村”,“能人治村”的趋势在不断强化。一是乡村治理能力现代化需要“能人”。村庄“能人”不仅是经济发展或者处理各种问题的乡村精英，也是见多识广的乡村人才，治理能力相对一般人要强，具备推进乡村治理能力的现代化的基本素质。二是村庄经济社会发展需要“能人”。绝大多数农民在面对大市场的时候往往显得手足无措，缺乏共同致富能力是乡村组织的最大局限。现代“能人”是市

[1] 卢福营．经济能人治村：中国乡村政治的新模式 [J]．学术月刊，2011，43(10)：23-29.

场经济背景下的经济“能人”，经过市场的拼搏，懂得按市场规律办事，能够带领村民发展经济，共同致富。三是增强在村庄社会的村民自治权威需要“能人”。村庄自治不能靠政府权威维护村庄干部的权力，也不能通过政府的任命赋予村庄干部权威，自治的权威必须来自村庄社会的认同。如果需要通过建立在社会普遍认同权威之上的村庄自治来实现，使村庄大小公共事务的处理、公共秩序的维持、公共设施的建设，能够有效达成共识，降低达成公共决策的讨价还价的成本，通过自身能力和贡献而获得社会权威的“能人”就成为最好的选择。四是维护村庄自治的独立性需要“能人”。乡村治理的官僚化不断增强的背景下，靠政府财政养活全国的村干部不可持续，向上负责脱离农民的村干部的趋势势必使村庄治理陷入困境。“能人”有自身的经济实力，不需要获得担任村干部的待遇和资源才得以生存，具有很强的独立性。而独立性是村庄自治的基础，也是公共事务民主管理的前提，“能人”治村保持村民自治独立，有利于村庄社会共同体的形成。

但弊端也同样存在，“能人治村”也带来了强调主观意志和突出个人能力的“强人治村”现象，不少村庄甚至出现了“村霸”治村和“恶人”治村的现象，偏离了村民自治的方向。贺雪峰在江苏农村调研就发现，那里村庄出现了剧烈的分化，即办企业的富人和出卖劳动力的一般村民，富人能力很强，主导了村庄中的文化和社会价值。一般农民社会资本较少，在村庄竞争中处于不利位置。[1] 因此作为一种“强人”带领下的村民自治，就是一种“强人政治”，势必有可能向“村霸治村”的方向演变，这就是推进“能人治村”，建立“新乡贤”的乡村治理体系所应高度注意的问题。

三、新乡贤与乡村治理现代化

新乡贤是指有德行、有才华，在乡民邻里间威望高、口碑好，可能是长期居住在村庄，也可能是从村庄出去的精英。从农村的现实情况看，乡村的优秀基层干部、农村道德模范、农民身边好人等先进典型，这些成长于乡土、奉献于乡里的人，就是现代乡村“新乡贤”主体。新乡贤与旧乡贤相比，传统乡绅除入仕为官回归外，大都固守本村，世代沿袭，在村庄安身立命，本土性更加浓郁。新乡贤大多是升学、参军、经商办厂、务工等在外面发展再回到村庄的精英，村庄外

[1] 贺雪峰. 能人治村与基层治理现代化的方向——以苏州望亭镇调研为讨论起点 [J]. 长白学刊，2018(03)：57-61+2.

资源广泛，观念新潮，受到现代文明的熏陶，给村庄治理带来现代的生机和活力。申端锋认为，旧乡贤更强调乡贤内在的道德修养，新乡贤更强调乡贤外在的道德行为，但二者具有历史的连续性，都主张乡贤必须立足乡土，造福乡土。[1]

在城镇化浪潮中，精英人才从村庄不断流失成为制约乡村振兴的最大瓶颈。党的十九大报告提出实施乡村振兴战略，明确要求培养造就一支懂农业、爱农村、爱农民的三农工作队伍[2]，关键在于推进人才振兴，为新乡贤顺应时代要求推进乡村治理现代化提供了政治支撑。尽管现代文明已成为时代发展大趋势，成为村庄变革的推动力，但村庄以血缘维系家族和邻里的传统人际关系依然广泛存在，作为村庄有声望、有能力的精英，从来就在村庄社会治理中具有独特的地位。郎友兴等认为新乡贤主要起参政议政的辅助作用，以提高基层政府决策质量，对基层政府权力形成监督与制衡，有效防止强人治村或恶人治村的出现，维护普通村民利益，完善乡村自治。[3]

因此，必须为新乡贤参与村庄治理提供政策支持和创造良好环境，应出台相应的政策措施，建立完善的农村“新乡贤”吸纳机制，探索离退休官员、知识分子和工商界人士“告老还乡”担任、兼任乡村组织职务的志愿任职机制，实现珍贵的人才资源从村庄流出再到返回乡村的村庄循环。“最是乡音解乡愁”，留住和激励新乡贤要通过亲情、友情、乡情留人，让“新乡贤”能够在村庄找到归属感，提高回归故土、留在家乡、建设村庄的自信心和自豪感。还需大力弘扬孝悌文化、节庆文化、民俗风情等传统乡村文化，让文化成为吸引“新乡贤”反哺故土、服务家乡的强大动力。同时，挖掘好乡贤背后所隐含的精神价值和时代意义，传颂好“古乡贤”，挖掘好“今乡贤”，培育好“新乡贤”。协调新乡贤分别通过各自的合法途径进入村委会和村党支部的两部分乡村精英之间的关系，避免发生结构性的冲突。

[1] 申端锋．“新乡绅治理”模式的政经逻辑 [J]．人民论坛，2009(02)：38–39.

[2] 习近平．决胜全面建成小康社会　夺取新时代中国特色社会主义伟大胜利——在中国共产党第十九次全国代表大会上的报告 [N]．人民日报，2017–10–28.

[3] 郎友兴，张品，肖可扬．新乡贤与农村治理的有效性——基于浙江省德清县洛舍镇东衡村的经验 [J]．中共浙江省委党校学报，2017，33(04)：16–24.

小　结　村治逻辑变迁：乡村治理演进的实质

中国村庄治理的趋势，从主体看是从能人治理到贤人治理再到众人治理的转变，从治理方式来看是从服务治理到引领治理再到制度治理的转变，从治理模式来看是从经济治理到社会治理再到文化治理的转变。尽管村庄自治单元与产权单元错位，集体成员之间的利益相关性不强[1]，但村民自治依然带有浓重的家庭本位，与传统以“户”为基础的治理模式截然不同，是一种围绕“国家—公民”政治框架的民权形式。

中国村庄治理在城镇化进程中发生了根本性变化，建立起了较为完善的村民自治制度，在依法治国的大背景下，依法治村不断推进。但是，中国村庄的实际情况千差万别，没有城镇那样的统一性和同一性，必然存在诸多差别，不可能推行全国统一的模式。因此，乡村治理的复杂性和差异性在很长一个历史时期都将存在，这是中国乡村发展的独特国情。在城镇化大潮中，乡村治理事关亿万农民的福祉和乡村振兴的成败，乡村治理体系和治理能力现代化事关国家治理体系和治理能力现代化的成败，这是一个重大的时代课题。

乡贤文化是根植于中国传统村庄社会的一种文化现象，曾为社会的稳定、中华文明的传承起到了重要的作用，集中体现在建设乡村、改善民生、谋利桑梓等方面的群体追求和家国情怀。在城镇化推进中，城乡融合不断加快，关注和献身乡村的新乡贤不断回归，正在为村庄治理增添新鲜的血液，但如何突破户籍制度与土地制度的瓶颈吸引新乡贤回归村庄，还必须进行更多的探索和制度创新。

---

[1] 邓大才．村民自治有效实现的条件研究——从村民自治的社会基础视角来考察 [J]．政治学研究，2014(06)：71–83.

第五章　城镇化进程中村庄文化的进路

“乡土性”是传统中国社会的基本特征，其所承载的乡土文化，主要是指被社会行动者中的乡村农民这一特殊群体共同习得的思想、观念、规范和习俗的总称，是由乡村农民顺应社会背景和具体的生活处境建构出的行为原则和关系模式。[1] 中国城镇化这场具有划时代意义的历史事件，被美国著名经济学家约瑟夫·斯蒂格利茨誉为深刻影响 21 世纪人类发展的两大课题之一，文化演进是其中最为根本性的变化。乡土文化是中华文化的根，村庄是乡土文化的载体。而中国幅员辽阔，东中西部梯次发展格局明显，区域发展不平衡，单凭哪一个村庄难以定论，单凭农村社会中的单一现象难以定论。[2] 为此，重点切取村庄的文化景观、民俗传统和价值观念三个断面，考察在城镇化进程中乡土文化的演进概貌和态势，审视和研判中国传统文化百年以来的巨变。

[1] 李友梅. 快速城市化过程中的乡土文化转型 [M]. 上海：上海人民出版社，2007：25.
[2] 陈文胜. 城镇化进程中的乡村变局与评判 [J]. 武汉大学学报（人文科学版），2017，70(01)：11–13.

第一节　村庄文化景观：从“重建”到“更新”

美国文化地理学家索尔在《景观现象学》中提出：“文化景观由自然景观通过文化集团的作用形成。文化是动因，自然区域是媒介，文化景观是结果。”[1] 基于前人的研究可以认为，村庄文化景观指的是，普遍存在于一定区域的村庄地理空间范围内，基于村民生产生活的客观需要，经过创造性劳动改造的自然景观，或者出于特殊目的建造的构筑物。在城镇化进程中，从村庄聚落、乡村民居以及民间信仰所依托的祠堂、庙宇、墓碑等构筑物的变化中，可以全方位审视村庄文化的演进。而中国村庄文化景观经过半个多世纪的流变，已经从新中国成立初期典型的“乡土田园型”实景形态向“美丽乡村型”的意境形态转变。从纵向来看，村庄文化景观的演进大致可以分为以下三个阶段。

一、被动状态下的重构

新中国成立以前，农耕文化稳定地传承了几千年。基于“人”“地”“家”的相对稳定性，村庄呈现出的是一幅幅典型的“世外桃源”美丽画卷。古老的村庄民居、泉水溪流、古道驿站以及先祖前贤的陵墓遗迹等，甚至一棵老树、一片山林、一汪水池、一座小桥，这些文化景观都是一家、一族、一村人的精神寄托和认同，承载着丰富的历史记忆和传统文化根脉。诚然，这样的“美丽”画卷依托的是自给自足的自然经济和“庙堂”与“江湖”相对分治的封建集权统治。随着新生人民政权的建立和巩固，承载特殊意

[1] 宋伟. 批判与解构：从马克思到后现代的思想谱系 [M]. 北京：人民出版社，2014：387.

涵的村庄文化景观必然受到改造。

土地所有制和生产组织形式的根本变革为村庄文化景观被动改造提供了外生动力。新中国成立后，随即在全国范围内展开了土地制度改革，以开展农业合作化运动的形式，经过互助组到初级农业合作社，再到高级农业合作社三个阶段，最后在全国范围内全面实现了人民公社化。[1] 伴随着“大跃进”、全民炼钢铁等大规模组织化运动的展开，村庄基本丧失了传统的封闭式的资源获取维持模式，村庄主体性缺失，农民自主性丧失，在支援工业、发展城市的背景下，乡村建设的多样化路径基本停滞。[2]

从此，政权组织第一次真正下沉到村庄，国家终于将离散的乡土社会高度整合到政权体系中来。[3] 土地集体所有制的巩固和人民公社组织形式的发展，使村庄文化景观在较短的时间内发生了重大变化。

1.新建的公共建筑成为靓丽风景

为了适应农村新的社会动员方式和生产组织形式，人民公社作为基层政权和生产组织单位被嵌入到村庄之中。人民公社（大、小）在其驻地普遍建有办公及其配套设施，而且建筑风格趋同，一般为两层砖木结构，土墙瓦顶，屋架为金属件连接的木质人字架，整体建筑风格正是上世纪 50 年代的建筑特色。[4] 此外，在每一个村庄基本至少有一个公共食堂，有一个适度规模的集体仓库。这些建筑物是那个年代的必要设施，布局在传统的聚落和民居中，成为特有的文化景观。

2.农田水利设施成为独特风景

新中国成立后，为了迅速治疗战争的创伤，恢复国民经济，国家加快了由政府主导、全民参与的农村农田水利设施建设。从 1955 年 10 月后，在全国农业合作化运动的高潮下，在广大农村出现了兴修农田水利的热潮。毛泽东指出：“兴修水利是保证农业增产的大事，小型水利是各县各区各乡和各个合作社都可以办的，十分需要定出一个在若干年内，分期实行除了遇到不可抵抗的特大的水旱灾荒以

[1] 邱家洪．中国乡村建设的历史变迁与新农村建设的前景展望 [J]．农业经济，2006(12)：3–5.

[2] 郭海霞，王景新．中国乡村建设的百年历程及其历史逻辑——基于国家和社会的关系视角 [J]．湖南农业大学学报（社会科学版），2014，15(02)：74–80.

[3] 刘涛，王震．中国乡村治理中“国家—社会”的研究路径——新时期国家介入乡村治理的必要性分析 [J]．中国农村观察，2007(05)：57–64+72+81.

[4] 桂涛，何俊萍．近现代重要史迹及代表性建筑的价值认定与探析——以云南上蒜人民公社旧址为例 [J]．华中建筑，2014，32(01)：159–162.

外保证遇旱有水遇涝排水的规划。”[1] 在这一思想的指导下，乡村普遍建设了沟渠、渡槽、山塘、堰塘等设施，成为村庄文化景观的独特风景。

开启于 1966 年的“文化大革命”，对村庄的文化景观造成了不少重大破坏。1966 年 8 月，八届十一中全会通过的《关于无产阶级文化大革命的决定》要求向“旧思想、旧文化、旧风俗、旧习惯”宣战，用无产阶级的“新思想、新文化、新风俗、新习惯”来改变整个社会的精神面貌。在“大破资、封、修”“把帝王将相赶出舞台”等号召下，极大地助长和发展了文化虚无主义，导致对民族传统文化、历史名胜古迹和各种文化遗迹的空前大破坏。[2] 那种轰轰烈烈的群众运动很快席卷全国，蕴藏着丰厚乡土文化传统和文化遗迹的村庄受到了严重冲击，寄托着乡土社会特殊情感的族谱、祠堂、庙宇、祖坟、牌坊、石碑等文化景观被扣上“四旧”的帽子，甚至以一些现在看来不可思议的“莫须有”借口得以拆除，而这些砸庙宇、毁文物等破坏行为却被认为是“革命”行为。如衡山县 100 多座寺庙里的各种珍贵的雕塑品，除了刘备、关羽、张飞三尊恰在部队施工范围内，被苫布遮盖而幸免外，全部被砸毁。总之，新中国成立后国家主流意识形态在村庄的长驱直入，国家对村庄生产生活的全面介入，特别是十年“文革”史无前例的破坏，使成百上千年的村庄乡土文化景观彻底实现了“旧貌换新颜”。

二、自发状态下的迷失

改革开放以来，城乡二元结构主导下中国的城乡关系一直处于动态演变之中，尤其村庄作为被动“受体”，在农业生产、土地利用及农民生活等诸多方面都经历着剧烈变动的转型过程。[3] 由于市场的开启，国家权力在村庄的逐步退出，村庄的封闭局面被打破，村庄与外界，尤其是与城市之间发生着非对称的资源交换，导致村庄文化景观发生着明显变化。

1.村庄聚落的扩张和移动

欧洲等国经验表明，城镇化与经济社会快速发展过程中，村庄聚落将出现衰

[1] 毛泽东．建国以来毛泽东文稿（第 5 册）[M]．北京：中央文献出版社，1991：498-499.

[2] 席宣，金春明．“文化大革命”简史 [M]．北京：中共党史出版社，2005：309-310.

[3] 朱霞，周阳月，单卓然．中国乡村转型与复兴的策略及路径——基于乡村主体性视角 [J]．城市发展研究，2015，22(08)：38-45+72.

退乃至消亡的现象，这个过程还伴随着一系列冲突与转型。[1]20 世纪 80 年代以后，随着城市改革的推进，城市对村庄绝对高位的形成，城市对村庄聚落和民居风格造成了重要影响。作为村庄重要载体的聚落景观已经或正在经历着衰退和消亡。改革开放后，由于多方面的原因，村庄聚落空间发生了重要变化。一是聚落空间的扩大。随着家庭联产承包责任制的推行，基于一户一宅土地政策的规定，新中国成立时出生的人口在改革开放初期都已成年成家，多子家庭开始分家立户，导致村庄聚落的空间快速扩大，而这种扩大的空间基本是由内向外扩张，村庄的核心区域基本没有移动。二是聚落的移动。随着城市对乡村影响的加深，村庄聚落景观开始发生移动。余兆武等以福建省上杭县作为个案，使用 2004 年与 2014 年高分辨率遥感影像、DEM 等数据，运用 RS、GIS 及 Fragstats 技术，运用 Voronoi 等方法定量分析了村庄聚落景观变化过程、格局趋势。研究显示村庄聚落在进一步趋近于沿河、沿交通道路与地形平坦的区域集聚，乡镇政府所在地中心村镇面积扩大了 4.59 倍,远高于一般聚落,是山地城镇化过程中景观变化最剧烈的地区。[2]沿河、沿交通要道居住，便于村民与外界联系；乡镇政府所在中心村生活设施相对全面，更加接近于年轻村民梦寐以求的“城市生活”，像这种聚落模式在全国具有普遍性。村庄聚落移动后，原来的村庄聚落开始破败，以至于出现越来越多的“空心村”。在赣、浙、皖等省份的偏远地区，许多古村落的村民都走光了，而留下的那些古宅、古祠，正被一批批古董贩子雇佣的人收购、拆卸，使这些古建筑连同它们的历史文化环境遭到毁灭性的破坏。[3]

2.民居景观风格的“东施效颦”

中国地域广阔，不同区域的民居风格具有不同的鲜明特点。在改革开放初期村民新建的民居基本与原来的老宅在风格上没有什么变化。20 世纪 90 年代以后，随着“打工潮”的兴起，外出务工人员在城市或发达地区不但收获了远高于在家务农的经济收入，而且开阔了眼界，如饥似渴地吸收务工所在地的“先进”文化，而大部分人的最初理想就是赚钱后回到老家修建新房。而新建的房屋大都彻底改变了保持了成百上千年的建筑风格，转而以城市的钢筋混凝土结构为样本。这样，

[1]Cloke P. An In troduction to Rural Settlement Planning[M]. London : Taylor & Francis，2013.

[2] 余兆武，肖黎姗，郭青海，何志超. 城镇化过程中福建省山区县农村聚落景观格局变化特征 [J]. 生态学报，2016，36(10) : 3021–3031.

[3] 阮仪三. 呼吁传统文化村落保护立法 [N]. 人民日报：2016–03–18 (24).

千篇一律的两三层或三四层的砖混结构的小楼就如同雨后春笋一样，在全国各地风格迥异的传统村落中耸立起来。不仅如此，各地不顾气候、土壤、地形、动植物等回应的多样性和与民族民间传统文化的相容性，无论大江南北，瓷砖成为各地村庄统领性的外墙材料，其质感、颜色与手法基本如出一辙，这种“东施效颦”的审美观念，使“我们的传统村落如同我们历史城市一样，逐渐失去了本来具有的强烈地域特色。中国的乡土建筑特色正在丧失，中国的国土景观已经变得模糊，中国古老的传统似乎正在逐渐隐去”。[1]

3.公共建筑和设施支离破碎

改革开放后，随着农村基层政权组织形式和生产经营组织形式的重大改变，一家一户的经营模式导致了村庄社会的个体化发展。依托原有人民公社和农村集体经验的公共建筑和设施开始破碎。一是行政办公及其附属设施闲置。人民公社在转变为区公所或乡镇政府建制后不久，办公设施大部分得以拆除重建，留在村庄的下属机构办公场所，以及食堂、仓库等设施开始处于闲置状态。二是农田水利设施年久失修。改革开放之前，经过三十多年的建设，农村的农田水利设施建设已经相对完善，给粮食稳产增收提供了重要保障。在一家一户经营体制下，由于村庄公共性的缺失，原来对农田水利设施组织化的维修管理模式难以为继。尤其是2000年以来，全国推行的农村税费改革、农业税、村提留和乡统筹的取消，更让基层政府的财政陷入困境。为了防止乡村组织乱收费，政策要求取消村庄共同生产费统筹，同时废除了两工制度、取消了共同生产费；而村内兴办水利、道路等集体生产公益事业所需资金，不再固定向农民收取村提留，而采取“一事一议”的办法，由村民大会民主讨论决定。[2] 由于村庄聚落的转移，特别是青壮年外出务工就业，一些土地被闲置抛荒，对水利设施的利用不高。导致一些农田水利设施多年得不到维修，呈现出一种破碎的景象。

4.民间信仰设施得以恢复

党的十一届三中全会后，在意识形态领域逐步纠正了“左”的做法，国家对公民的合法信仰不再过多干预，于是村庄的民间信仰活动得以恢复，作为民间信

[1] 孙华．传统村落的性质与问题——我国乡村文化景观保护与利用刍议之一 [J]．中国文化遗产，2015(04)：50–57.

[2] 许惠娇，叶敬忠．当水利不再成为农业命脉：现代化进程中的华北农村灌溉变迁——以河北省易县桑岗村为例 [J]．贵州社会科学，2016(07)：155–161.

仰活动载体的宗族祠堂、宗教庙宇等得以恢复重建，尤其是20世纪90年代以后，逐步富裕起来的农民开始在精神层面追求更好的质量，祖先崇拜、民间宗教活动得以公开举行，在全国农村范围内甚至兴起了一股自发的宗族祠堂、宗教庙宇修复或重建活动，使新中国成立后遭到拆除或破坏的民间信仰文化景观得以恢复重建。随着国家文物对工作和文化遗产工作的重视，一些具有历史文物价值的乡村牌坊、石碑等重新得到尊重，被作为重要景观在村庄得到保护。

三、自觉状态下的更新

经过六十多年的发展，中国的城镇化率从新中国成立初期的10.64%，发展到了2015年的56.1%,已经实现了从“乡村中国”到“城市中国”的伟大转变。然而，在看到传统城镇化道路取得重大成就的同时，全国上下对这种模式的不可持续性等问题，尤其是对几千年乡土情结的“忽视”产生了警觉，学术界甚至提出了“乡村终结”的隐忧。诚然，现代产业体系中农业比重持续下降，人口结构中村庄人口不断向城镇集中具有不可逆转性，这必然导致中国村庄的多重发展结局，但村庄不可能消失，且在城镇化率达到峰值后，村庄的数量将相对稳定下来，与健全的城镇体系一起，成为特色鲜明城乡景观。为此，中央适时提出了“新型城镇化”的理念，倡导在城镇化推进中，要“看得见山，望得见水，记得住‘乡愁’”。在这样的理念下，在举国上下启动的“美丽乡村”建设行动中，村庄的主人——村民的主体地位越来越受到尊重，村庄文化景观进入了自觉状态下的更新阶段。在城乡一体化的统领下，村庄居民对于现代便利的需求和城市居民对于游憩的需求，以及一种对于景观“传统性”与“民族性”的精神需求,是该时期的主要文化驱动力，推动了村庄景观朝向保存传统风貌而蕴含现代服务功能的多元化景观格局方向发展。[1]

1.村庄聚落合并整合

随着村庄人口持续不断地向城镇转移，“空壳村”“空巢村”成为一种较为普遍的现象。调查显示，一些村庄只有大约10%左右的户籍人口常驻村内从事农业生产，一些农田已经多年闲置或者低效率耕作，部分村落的消失是无法逆转的事实，

[1] 肖遥，李方正，李雄．英国乡村景观变迁中的文化驱动力 [J]．中国园林，2015，31(08)：45-49.

以湖南省为例，传统村落每年减少 183.4 个，差不多每两天就消失一个，现在全省普查登记的古村落仅有 251 处。[1] 一些地方政府为整合土地资源、降低治理成本，提出了村庄合并的政策，有不少地方的村庄合并快速推进。湖南全省建制村原有 42018 个，2015 年启动的村庄合并计划中明确要合并建制村 16000 个以上，减幅约 39%[2]，用行政手段推进了村庄聚落空间的整合。无论是社会各界还是基层，对此争议很大，会不会造成撤并农村中小学那样的负面影响，有待进一步观察。

2.民居建筑舒适美观

过上城里人一样的生活是快速城镇化过程中农村居民的普遍梦想。一些发达地区的村庄，尤其是城郊村庄，民居建筑无论是内部功能还是外观呈现都越来越讲究。从内部构造来看，越来越强调舒适。基本实现生猪、耕牛、家禽等养殖日趋专业化，人畜居住分离；民居通了上下水，卫生间和厨房越来越现代化。正如李克强总理所说，“千万不要小看上下水，当年美国罗斯福实施新政，很重要的一条就是盖房子，而房子好不好，很重要的一条就是有没有抽水马桶。后来有的经济学家就拿抽水马桶来衡量一个家庭是不是中等收入家庭。这可能不完全准确，但也是一个有效的衡量标准。”[3] 从外观呈现来看，民居建筑越来越美。有的通过“穿衣戴帽”，在民居外观留下体现地方和民族特色的“文化符号”；有的还运用灯光技术，增添民居的夜景。总之，在自觉状态下，村庄民居一方面在建筑功能上充分挖掘，不断适应现代人的生活需求；另一方面又在努力寻找传统建筑的“文化记忆”，努力呈现可贵的“乡愁”。

3.人居环境日渐月新

在交通、能源、环保、公共服务等基础设施城乡一体规划布局条件下，村庄的公共设施建设被统筹在区域城乡的总体布局中，各类设施的体系化建设日渐成熟，增添了“美丽乡村”的景观。一是村庄办公用房、公共文化体系设施等成为重点工程被打造，村庄的公共空间得到更新。二是交通、能源、水利、环保等基础设施功能越来越完备，景致越来越美观。据 2014 年清华大学中国农村研究院“转变中的村庄”的“百村千户”调查表明，中国农村村庄的基础设施和公共服务均

[1] 阮仪三．呼吁传统文化村落保护立法 [N]．人民日报：2016-03-18（24）.
[2] 杨昱．全省乡镇区划调整提前超额完成 [N]．三湘都市报，2016-06-13.
[3] 李克强．协调推进城镇化是实现现代化的重大战略选择 [J]．行政管理改革，2012(11)：4-10.

明显改善，道路交通、住房条件和垃圾收集是农户眼中近五年农村生活变化最大的方面。[1]

广东省于2015年5月正式启动的全省村庄人居环境综合整治工程，到2018年，粤东西北地区12个市全域及珠三角地区生活垃圾和污水处理设施建设薄弱的惠州、江门、肇庆县域地区要合计建设生活垃圾处理设施42座，处理能力21 900吨/日；合计新增市、县、镇污水处理设施816座，新增处理能力549万立方米/日，新增配套管网总长9 020公里，新增农村污水处理设施29 506个。力争到2020年全省基本完成村庄人居环境整治改善任务，村庄基本生产生活条件进一步改善，人居环境基本实现干净、整洁、便捷，建成一批美丽宜居村庄。[2]

村庄的各类历史遗迹寄托着数代人的情感，在村庄文化景观的更新过程中，各类具有历史意义的建筑、牌坊、墓碑、古井、古树等不但被作为官方层面的"文化遗产""历史文物""古树保护"等方式受到保护，而且还得到村庄村民发自内心的广泛推崇和拥护，这些"历史记忆"还成为乡村的象征被运用到对外推介和旅游开发等活动中。

[1] 温胜芳，王海侠，蔡秀云. 村庄基础设施与公共服务的转变及需求——基于"百村千户"调查[J]. 经济研究参考，2015(28)：87-95.

[2] 肖文舸，黄进. 我省集中开展村庄环境综合整治[N]. 南方日报，2016-05-28.

第二节　村庄民俗传统:从“解构”到“重构”

民俗是指一个国家或民族中广大民众所创造、享用和传承的生活文化，其起源于人类社会群体生活的需要，在特定的民族、时代和地域中不断形成、扩布和演变，为民众的日常生活服务。[1]村庄民俗传统指的是在中国千百年的乡土社会中相对稳定地传承着的包括物质生活（生产民俗、工商业民俗、生活民俗）、社会生活（社会组织民俗、岁时节日民俗、人生礼俗）和精神生活（游艺民俗、民俗观念）等在内的文化风尚和习俗。耿波认为，中国村落民俗能够稳定传承，是与村落与村落之间，村落与城市之间依托“市集”的纽带实现区域性的“能栖居”之“地方”认同有关。在新中国成立前漫长的历史长河中，中国村庄民俗依托集镇体系经济流动而形成的“城乡廊道”，为民俗文化提供了从“生态性”向“传统性”升华的可能，进而在双层深化中形成了民俗传统得以存在与传承的完整系统。[2]肇始于新中国成立，加快于改革开放初期，深化于21世纪，转型于当下的中国城镇化，以及与之伴随快速市场化、工业化、信息化，以史无前例之势对乡土社会的“城乡廊道”体系进行了颠覆。村庄民俗传统在传统城镇化推进中遭遇了嬗变和解构的困局，也在新型城镇化战略推进中迎来了重构和再生的机遇，展示着从“乡土中国”转型为“城市中国”过程中，村落民俗传统这个“文脉”的生机和活力。总体来看，村落民俗在城镇化进程中实现着从解构到重构的演进态势。

有学者认为，当代中国社会是一个前现代、现代与后

[1] 钟敬文．民俗学概论 [M]．北京：高等教育出版社，2010：3.

[2] 耿波．近现代中国城乡廊道变迁与民俗传统的嬗变 [J]．民俗研究，2014(03)：15–26.

现代多种成分同时并存的断裂社会。[1]因此，就城镇化水平而言，在从东到西、从南到北的广阔的区域内，则是城市化初期、中期和后期三个发展阶段同时并存的格局。在城镇化推进中，不同区域、或者处在同一区域不同位置、具有不同资源禀赋的村庄受到城镇化的影响程度存在较大差异，以至于让观察者能从同一时期不同区位的村庄发展差距中读出同一村庄经由不同时期的演进轨迹。在对村庄民俗传统的演进研究中，除了在宏观层面将城镇化推进历程分为三个阶段外，在微观层面正是基于这种思维，依据村庄距离城镇的空间距离、村庄的资源禀赋、村庄与辐射源（中心城镇）的发展差距等基本条件，选择能折射出时间线性关系、体现城镇化推进历程的若干村庄，从微观上说明村庄民俗传统在城镇化推进中的变迁概貌和演进态势。

一、城乡关系调整中村庄民俗的“淡化”

在村庄遭受城镇化影响以前，基于几千年的文化积淀，乡土文化是异常浓厚的,陶渊明笔下的乡土田园生活与这种生活的特质是基本相同的。新中国成立前后，农业在产业结构中独大，农村在城乡结构中独大，农民在人口结构中独大。为此，中国革命采取的是“农村包围城市，武装夺取政权”的道路。可以认为，中国的城镇化源于 1949 年 3 月 5 日至 13 日，中共七届二中全会将全党的工作重心由农村转移到城市中来的战略转变，正式起步于新中国成立。党依靠政权的力量对城乡关系做了重大调整，即从“农村包围城市”转变到“城市领导乡村”。[2]

新中国成立后相当长的一段时间内，城镇化进程缓慢推进。1949 年全国的城镇化率为 10.64%，1978 年改革开放时代到来之时，城镇化率也只有 17.92%，甚至到 1992 年邓小平同志南巡讲话，即将进一步推进市场化之时，城镇化率也只有 27.63%。城镇对农村的影响主要体现为政治层面，在“不但要打破一个旧世界，还要建设一个新世界”的号召下,在轰轰烈烈的“社会主义建设新高潮”的实践中，政治意识形态对村庄民俗传统的影响更为突出。在国家意志的推动下，“中国区域发展呈现如下特点：一方面，城市成为区域内的政治与经济中心、政治上的权力话语中心与经济上的资源聚集地，使得城市对村庄的区域影响力集中体现为政治与

[1] 郑莉．后现代语境下的社会建设理论研究 [J]．江苏社会科学，2007(06)：79–84.
[2] 毛泽东．毛泽东选集（第 4 卷）[M]．北京：人民出版社，1991：1430.

经济上的单向辐射;另一方面,于村庄而言,在政府所推行的轰轰烈烈的‘土改’‘破四旧’‘移风易俗’等运动的荡涤之下，此时期的中国村庄日益变成了国家政治与经济体系中的单元，而其在价值认同上延续千年的神秘崇祀传统，及同样延续久远的小农经济被基本割除”。[1] 尤其是在长达十年的“文化大革命”的肆虐下，村庄民俗被认为是落后的生活方式，作为社会主义建设者的农民，以及村庄的进步人士应该改变“陈规陋习”，学习城市的先进生活方式。在这样的条件下，村庄民俗传统慢慢淡出了主流话语体系，浓浓的村庄民俗传统日趋“淡化”。

以武陵山片区内湖北利川市的泡木村为例，这是一个典型的土家族山寨，村庄面积 11 000 多亩，全部为山地，其中耕地面积 1 800 亩，林地面积 9 000 亩。这里距离最近的市集（忠路镇）12 公里，1988 年通电，2010 年才通公路到集市。没有通公路前,从村庄到市集至少需要 2 个小时的步行路程。该村村辖 10 个村民小组，287 户，户籍 1 140 人。该村粮食作物包括水稻、玉米、高粱、土豆、红薯、油菜等，桃、李、梨、柿、石榴、猕猴桃等水果丰富，瓜果蔬菜等很齐全。村民经营的是典型的小农经济，各家各户均有鸡、鸭、鹅、鱼、猪等禽畜，饮食问题都是自给自足，其他生活开支都是用剩余的粮食或者上山砍柴卖到集市后，通过交易买回。由于武陵山地区属于贫困落后地区，其城镇化、市场化相对于全国而言，基本落后在十年以上。

在 20 世纪 90 年代前，这里的人很少离开过村庄，年轻一代重复着上一代的生活方式。婴儿出生、婚丧嫁娶、逢年过节都属于民间文化空间，传承着民俗文化。以女子出嫁为例，有“哭十姊妹”的传统和一系列仪式；以葬礼为例，有“哭丧”的仪式传统；以节日习俗为例，端午、清明、重阳、春节等节日的过法都有很大差异；以房屋落成为例，土家“吊脚楼”取材木材，从修建、上梁、落成等环节都有着一系列神秘的仪式；以民间宗教为例，村里山头最深处有一“山王庙”，一些怀有特定目的的村民偶尔去祭拜，等等。受政治意识形态的影响，村里书记、主任等干部，以及通过选拔、入伍或读书途径进入体制内吃“皇粮”的人在村里的威信很高,对村民的生活方式有着巨大的示范作用。村里的人都以能通过各种途径“跳出农门”，吃上“国家粮”为梦想，也自觉地按照“吃国家粮”的人的标准来改变自己的思想观念和审美情趣。曾经在一段时间内，这些“先进分子”家庭的婚丧嫁娶被要求力求从简，要主动承担起移风易俗的职责。在上述人生礼仪环节，只

[1] 耿波．近现代中国城乡廊道变迁与民俗传统的嬗变 [J]．民俗研究，2014(03)：15–26.

有一些比较“落后”的村民才按照传统做法举办仪式。

从20世纪90年代开始，由于受到城镇化、市场化的影响，村庄的种植结构发生了重大变化，大部分耕地面积被作为茶叶基地，村民的经济收入来源开始变得单一。与此同时，一些初中毕业没有机会上高中的小年轻被迫外出务工。这些青年在广东等发达地区务工很快尝到了甜头，带动了越来越多的人外出，甚至举家外出务工的现象越来越普遍。越来越多的人走出大山开辟人生新境界的同时，村庄的民俗传统已经越来越“淡化”。据调查，2000年以后，村庄的人生礼仪民俗活动基本只有“葬礼”，而且在“葬礼”举行时，在村里已经找不到能“跳丧”的仪式人员，只有到邻村去找人。父母等长辈对年轻人的婚恋问题已经毫无掌控，之前村内通婚很普遍，现在村庄熟人之间的通婚几乎没有。结婚仪式没有了传统的仪式，都是在县城、集镇或者外地“按新规矩”操办；清明、端午、中秋、重阳等节日氛围已经没有，最为看重的春节也只能是作为亲人相聚的一次时机。一般只在春节期间将新人带回村里认认亲。在婚丧嫁娶、岁时节庆等文化空间中展演的民间器乐已经失去了用武之地。

村庄民俗传统的“淡化”现象是在城乡关系重大调整下，经由国家政治意识形态的反复灌注和引导下发生的。因为在新中国成立后相当长时期内，政治挂帅曾经是主旋律。在以城市为中心的战略布局下，村庄资源要素向城市集中被当做理所当然，城市摊大饼似的规模扩充还不普遍，村庄土地的征用在数量上还不明显，商品化、市场化机制对村庄生产生活的影响还在缓慢推进。但在城市领导农村，民俗代表落后的主流话语体系下，承载民俗传统的村民已经没有“传统自信”，自觉“淡化”民俗传统，追求主流话语所倡导的新的生活方式成为普遍意识。

二、城乡二元结构下村庄民俗的“碎片化”

“以城市为中心”的城乡关系布局，在“有计划的商品经济”政策的助推下，使失衡多年的城乡关系趋于固化，形成了接近固化的城乡二元结构。特别是进入新世纪以来，在固化的城乡二元结构下，城市始终保持着对村庄的绝对高位态势。一些靠近城镇的村庄被明确作为中心城镇的腹地，在城镇“扩容提质”的推动下，越来越多的村庄被纳入城镇版图，大量的传统村落消亡加快。据报道，2002年湖南纳入中国村落文化研究中心考察范围的传统村落有2797个，到2012年只剩下

863 个，差不多每 2 天消失 1 个。[1] 如果说新中国成立后城乡关系调整的初期，在城镇化的缓慢推进中，村庄民俗传统在先进政治意识形态映衬下只是逐渐趋于被“淡化”的话，那么进入城镇化中期以后，随着另一重要因素——市场机制的强势介入，村庄民俗传统则趋向于“碎片化”的境况。

1.民俗传统越来越去“神圣化”

虽然国家将清明、端午、中秋等传统节日法定化，但节日内容却流于片段形式：端午节变成划船节，中秋节变成月饼节，除夕团圆饭变成酒楼宴。[2] 各种打着民俗传统的旗号，通过造假和合成，或者通过对已有文献和报道材料不断进行系列的循环反刍，甚至纯属虚构的“伪民俗”现象时有发生。

2.民俗传统越来越去“生活化”

为了迎合大众旅游业蓬勃发展的需求，中国各地出现了对本土“地方”资源的热情发掘，形形色色或真或假的“地方”传统被展示、被消费，作为“地方”传统主体的村庄传统民俗被旅游公司策划为吸取眼球的“表演民俗”。

3.非遗保护越来越去“仪式化”

如国家级非物质文化遗产撒叶儿嗬是流传于鄂西长阳土家族自治县的传统跳丧舞，而在第十四届 CCTV 全国青年歌手电视大奖赛中，获得原生态唱法金奖的撒叶儿嗬组合，将传统的撒叶儿嗬从曲目使用、演出方式、演出目的等方面进行了全方位的改造，将一个仪式感、禁忌性很强的民俗传统改造为纯粹的娱乐性歌舞表演，其承载着的长阳土家族人对生命的感悟却将基本消失。[3]

湖南省湘西自治州永顺县双凤村是一个土家族聚居的自然村落，因 1953 年民族学家潘光旦曾将其作为中国土家族的重点调查点而被誉为“中国土家第一村”。双凤村距离县城 20 公里，现有 96 户 325 人，全为土家族。这里的原生态物质文化（土家族民居建筑、摆手堂、日用器物等）和非物质文化（摆手歌舞、毛古斯、梯玛神歌、歌丧哭嫁习俗、打溜子、薅草锣鼓等）保存得十分完整。土家族摆手舞、

[1] 明星，谭剑．湖南传统村落“差不多 2 天消失 1 个”[N]．新华每日电讯，2014-02-12(002).

[2] 张铭远．从大视野看中国民俗学未来 30 年的挑战与机遇——中国特色的现代化民俗学展望 [J]．山东社会科学，2011(01)：53-55.

[3] 刘非．文化符号与非物质文化遗产传播研究 [J]．东岳论丛，2014，35(07)：147-150.

毛古斯舞等均已被列入第一批国家级非物质文化遗产名录，两位传承人也在村内。在城镇化快速推进中，基于在民族文化建设中的重要地位，该村日益受到党和政府的高度重视。进入新世纪以来，双凤村大力发展村落民俗旅游产业，修建了“土家第一村”寨门和村级水泥公路，偶尔会有旅游团到访，村民们会表演土家族传统的“毛古斯舞”以及其他传统节目。[1]2006 年，永顺县正式为双凤村成立了民族文化保护小组，开始对其进行规划性的保护。2009 年底，双凤村被湖南省民委认定为“湖南省少数民族特色村寨”。2013 年 10 月，双凤村通过申报，成功成为湖南省级历史文化名村。2014 年 6 月，双凤村被列入由国家文物局组织实施的“中国传统村落整体保护利用项目”首批实施名单。[2]2015 年，在新一轮撤乡并镇和村庄合并中，双凤村纳入到县域经济社会发展规划，与老司城的民族文化、不二门的特色山水一起，共同打造成永顺县城旅游“金三角”，按照“保护为主、抢救第一”的原则，对双凤村的基础设施、原生态文化资源保护与挖掘实行统一规划建设，重点打造“土家文化之根”旅游品牌。

民俗学家赫尔曼·鲍辛格认为，当一种民间舞蹈、一种几乎被遗忘的习俗、一种古老的游戏不仅得到科学的研究，而且得到重新推广和实际的更新时，就容易显得像永恒的自然那样。[3] 双凤村的民俗传统在城镇化发展初期阶段的较长时期内一直处于被“淡化”的边缘，大部分的传统习俗开始进入“被遗忘”的状态，但是经过学术界、实务界的及时研究和策划，似乎又“像永恒的自然那样”。但实际情况却是，这种“永恒的自然”是相对于外地游客的猎奇心态而言的，对于本地村民而言，在旅游接待活动中的表演已经远离实际生活，之所以愿意配合政府和旅游公司给外来游客“表演民俗”，是基于能从政府那里得到“非物质文化遗产”项目方面的补助和来自旅游公司的“表演费”，而这两项主要收入还远远不足以维系整个村落民众的日常生活。

经过几十年的城镇化建设实践，全社会开始反思发展中存在的各种问题，逐步认识到民俗传统的重要价值。一方面是民俗传统被政府意识到其具有重要的公共性价值，另一方面则是被市场认识到其蕴含的丰厚文化资本，在两方面的“共谋”下，一般依托“文化遗产”“文化资源”甚至“文化生态”保护工作平台，以“挖掘”“抢

[1] 王杰文．论民俗传统的“遗产化”过程——以土家族“毛古斯”为个案 [J]．北京师范大学学报 (社会科学版)，2016(04)：59–66.

[2] 白晋湘，万义，白蓝．乡村振兴战略背景下村落体育非物质文化遗产保护的治理研究 [J]．北京体育大学学报，2018，41(10)：1–7.

[3][德] 赫尔曼·鲍辛格．技术世界中的民间文化 [M]．桂林：广西师范大学出版社，2014：158.

救”“开发”等响亮口号为特征的文化行动在全国普遍展开。但与此形成鲜明对比的是，在文化政治与文化产业的双重挤压之下，村庄不得不面对两个方面的窘境：一是原有的村庄生活秩序与民俗文化传统已经在悄然间改变了（显然，地方民众有权分享现代化文明的成果，有权选择自己的生活方式）；二是现实的困境，包括地理的、经济的、文化的、思想的等，又限制了寻找理想生活的渠道。在这种窘境面前，村庄正在被迫放弃自身的主动性，正在沦落为自身传统的“奴仆”。[1] 生活性是民俗的基本特征，村民是村庄民俗传统的传承主体，只有村民的文化自觉意识得到有效培育，主体地位得到切实维护，在城镇化快速推进中才能避免民俗传统失去“根源”，陷入被肢解的“碎片化”境地。

三、城乡一体导向下村庄民俗的“重生”

为破解城乡二元结构带来的一系列经济社会问题，为中国经济社会可持续发展寻找新的动力，中央及时总结国内外城镇化发展的经验教训，提出要“努力缩小城乡发展差距，推进城乡发展一体化”。[2] 从此，“以人为核心”“城乡一体”等概念成为新型城镇化的核心意涵。在城乡一体化的协调发展理念下，村庄民俗传统狭隘的“认同边界”被打破，基于城乡一体化的“区域性”认同得以最具负载性的价值不但使村落民俗传统得了捍卫，还使村庄民俗传统成为“区域性认同”的宝贵资源，使已经处于“碎片化”的村庄民俗传统获得了“重生”的机遇，且这种“重生”是村庄民俗传统在城乡一体化发展层面实现的“重构”。

杭州市西湖区文新街道的骆家庄，由于地处杭州市近郊，在全国范围内属较早被纳入城区版图，率先实现城市化的村庄。现有户籍523户、人口2 565人，以“城中村”的形态集中居住，分为东苑、西苑（分为一区、二区、三区）四个集中居住点。骆家庄除了住宅用地之外，尚有集体留用地70亩，有一个农贸市场、一个西溪科创园、一个健康产业街区和一条创业街。20世纪90年代前，骆家庄只是杭州近郊的一个普通的村落，原有耕地1 039亩，17个自然村，农户散居于农田、竹林、桑园、鱼塘、柿树和芦苇之中，以种植水稻和饲养淡水鱼为主，属于典型的乡土社会。随着城镇化的推进，村庄土地在1992年被整体征用，1999年被撤销行

[1] 王杰文．论民俗传统的“遗产化”过程——以土家族“毛古斯”为个案[J]．北京师范大学学报（社会科学版），2016(04)：59–66.

[2] 胡锦涛在中国共产党第十七次全国代表大会上的报告[N]．人民日报，2007–10–25.

政村建制成立骆家庄居民委员会，2003年成立股份经济合作社。从此，骆家庄经过近十年的外力拉动，整体实现了从村庄转型为城市社区、从乡村集体经济转型为股份经济体制，从农民转变为市民的三大转变，村民的日常生活方式发生了根本性的变化。有研究发现，虽然骆家庄脱离村庄生活已20余年，但其在日常生活中，节庆、民俗、礼仪、信仰、文娱等精神文化生活领域的民俗传统反而呈现出生机勃勃的气象。骆家庄人对村庄民俗传统的文化自觉、文化自信越来越强，既坚韧地接续传承着村庄的传统，又虔诚谦恭地学习接受着城市文化的熏陶，村庄民俗传统在城乡一体化格局中，在更广阔的区域范围内实现了“重生”。笔者认为，“这样一个熔铸了村庄历史、家园记忆、乡土情谊和城市文化、现代文明的丰富饱满的骆家庄生活新形态，生气勃勃，活力充沛，充分体现出文化价值认同对于一个共同体建构的重要作用”。[1]

在新型城镇化语境下，村庄民俗传统保护和传承的生态环境发生了重要变化，其中一个重要方面是村庄和村民在民俗传统传承中主体地位的彰显和维护。在这种新的态势下，城乡二元结构条件下曾经导致民俗传统“碎片化”的措施或许会呈现出新的局面。日本学者德丸就认为：“经过政府或旅游观光的目的复兴的民俗，看起来是被客体化了，但也可能作为再次回归于传承主体（生活者）的事物被内在化(Internalization)，重新成为地方或社区民众自我认同和主动传承的新传统。”[2]另一方面，在城乡资源要素自由流动、城乡差距逐步缩小的进程中，村庄民俗传统必然会突破狭隘的村庄地理边界，成为城市文化建设的重要资源，虽然“其内容和形式在城镇化过程中会发生相应变化，从而将新的政治、经济因素吸纳到既有文化架构中来，充当剧烈社会变迁的减震器和润滑剂”[3]，使其能在更广阔的区域内服务更多的人民，“重生”为新的区域性民俗传统。

纵观城镇化进程中村庄民俗传统的发展历程，可以发现随着国家宏观政策环境和经济社会发展的演进，民俗传统经由“淡化”“碎片化”，再到“重生”的轨迹，有惊无险地经历了从被“解构”到得以“重构”的转身，这些宝贵的实践成为反思有关政策措施的宝贵资源。一方面，对村庄民俗传统的生命力更加自信，在城镇化急促推进的过程中，村庄民俗文化不仅仅以消亡的形式呈现，也不断糅合新

[1] 陈野．“后城市化时代”村庄共同体重建的文化路向——以杭州市西湖区骆家庄为个案的研究 [J]．浙江社会科学，2016(05)：85–92+157–158.

[2] 徐赣丽．当代民俗传承途径的变迁及相关问题 [J]．民俗研究，2015(03)：29–38.

[3] 杨美惠，何宏光．“温州模式”中的礼仪经济 [J]．学海，2009(03)：21–31.

的时代因素，发生进化、传播、发明及涵化，无论承认与否，村庄民俗文化反哺机能始终在发生作用[1]；另一方面，更加体认到“以人为核心”的城镇化的重要意义，以及统筹城乡协调发展、推进城乡一体化发展的深刻意涵，只要在村庄民俗传统文化保护中坚持以人民的“日常生活”改善为依归，宝贵的村庄民俗传统将拥抱生机活力。

[1] 刘爱华. 新型城镇化语境下民俗文化反哺的效能与维度 [J]. 民俗研究，2015(03)：39–46.

第三节 村庄价值观念:从“传统”到“现代”

在由物质层面、制度层面和精神层面组成的文化结构中，由于体系内外因素的持续影响，其系统的演进一般最先体现在物质层面，然后是制度层面，最后是精神层面。在几千年的乡土社会中，村庄是一个个相对封闭独立的文化体系，来自内部的驱动力和外部的影响力都相对较小，在较短时期内难以觉察出村庄文化的变迁。新中国成立后开启的城镇化，伴随着快速发展的工业化、逐步推开的市场化，以及后来居上的信息化，逐步打破了村庄原有的自给自足封闭体系，乡土文化从内容到结构、模式、风格等各个方面都发生了重大变化。村庄价值观念属于精神层面的内容，相对于物质层面的文化景观和制度层面的村庄民俗传统而言，其演进不但具有相对的滞后性，而且还具有较强的内隐性。总体而言,村庄价值观念,经历了从“传统”到“现代”的演变历程，大致可以分为三个阶段。

一、城镇化初期对传统价值观的坚守

国际上公认，城镇化率达到30%以前，城镇化发展速度处于中低速阶段。[1]纵观中国城镇化发展历程,其城镇化的发展速度也基本上符合这条规律。数据显示，1949年中国的城镇化率为10.64%，一直到1996年才突破到30%，达到30.48%，其间历时近50年。[2]在相对缓慢的城镇化推进中，纵使村庄受到了来自国家政治、经济、文化等领域较大强度的震动，村庄价值观念依然呈现出对传统价值观的“坚守”状态。

[1] 于晓滨，裴东慧. 世界城镇化发展历程及趋势 [J]. 时代金融，2013(36)：341.

[2] 方创琳. 改革开放30年来中国的城市化与城镇发展 [J]. 经济地理，2009，29(01)：19–25.

1.思想改造“场下修复”

新中国成立前，对于教育农民的重要意义，毛泽东在《论人民民主专政》一文中特别指出：“农民的经济是分散的，根据苏联的经验，需要很长的时间和细心的工作，才能做到农业社会化。没有农业社会化，就没有全部巩固的社会主义。”[1]新中国成立后，对农民进行思想教育和改造，使其成为社会主义建设者几乎成为一条意识形态的工作主线一直延续着。尤其是在“土地改革”“社会主义改造”“人民公社”“四清运动”“文化大革命”等阶段性的集中学习过程中，政府营造出一种带强制力的文化氛围，与村庄传统价值观念相冲突的，农民出于盲目的从众心理或者不便于公开反对，只是在“场面上”主动迎合，而在“场面下”则常私下“戏谑”又回归到村庄传统的价值观念中去。乡村形成了“场面上”官方意识形态与“场面下”的村庄传统价值观念两种相互依存、相互冲突的文化模式，被学者称为“极富特色的乡村双层文化”。[2]

2.家族观念“先抑后扬”

中国传统村庄社会是以家族为本位的社会，家族文化是传统文化的核心组成部分。王沪宁认为，“在现代中国，村落家族文化呈现为双重的运动：一方面，村落家族文化受历史运动总态势的推动，逐步定向消解，另一方面，现代中国社会的某些因素，当代社会经济条件的某些因素，又可产生强化村落家族文化的客观要求和主观愿望”。[3]新中国成立后，相对于传统社会，政治、经济和文化的变革具有颠覆性，造成了村落家族文化的嬗变。人们通过多次的政治和文化变革来打击村落家族文化，没收祠堂和族田，打倒族长，焚毁族谱，使传承几千年的家族文化在一定程度上得到了“抑制”。然而，家族观念在中国社会的根深蒂固，内在的血缘秩序并没有消解。材料显示，即使是在意识形态明显“左倾”的上世纪 60 年代初期，河南、湖北、湖南三省农村中修祠堂、续家谱的活动依然相当普遍，仅河南 90 个县续家谱的就有 1 万多宗。[4]改革开放后，随着思想的大解放，村庄的家族文化又开始公开复兴，甚至给新时代的农村基层社会治理带来或正或负的影响。

[1] 毛泽东. 毛泽东选集（第 4 卷）[M]. 北京：人民出版社，1991：1477.
[2] 王凤梅. 1949–1978 年中国农村传统文化观念的变迁——以山东省为例 [J]. 山东大学学报（哲学社会科学版），2010(05)：133–138.
[3] 王沪宁. 当代中国村落家族文化——对中国社会现代化的一项探索 [M]. 上海：上海人民出版社，1991：147.
[4] 国家农业委员会办公厅. 河南省委关于当前农村社会主义教育运动情况的报告 [A]// 农业集体化重要文件汇编（下册）. 北京：中共中央党校出版社，1981：675.

3.人际交往“重义轻利”

在乡土熟人社会，社会交往遵循的是基于“差序格局”的交往原则，“重义轻利”“以义规利”“重人情”“守信用”成为社会的普遍规约，已经内化到人们的内心世界，体现在村庄间交往、家族间联姻以及人生礼仪交往等各种活动中。在国家权力全面渗透到村庄中后，尤其是在类似“以阶级斗争为纲”的政治运动中，虽然“划清界限”“大义灭亲”等冲动行为使村庄内部的人伦秩序遭受到了极大的破坏，但在主要依靠行政权力推进城镇化和工业化的时代，“重义轻利”的社会交往原则依然得到了坚守。一是违反伦理秩序的过头“革命活动”在“场面下”遭受不耻。在当时农村政治运动中，常有台面上“六亲不认”的进步农民在批斗会上辱骂、殴打亲人或长辈等现象发生，虽然在当时能够迎来一阵子“喝彩”，但是活动结束，这些“进步青年”遭受到的来之家人和社会的压力也是非常巨大，有的甚至私下对受害者及时赔礼道歉。二是在人生礼仪等礼俗活动中得到巩固。国家权力无法覆盖所有的社会生活。在村庄内部，婚丧嫁娶等人生礼仪环节常是增强社会团结的重要文化空间，在庆祝活动中村民之间的出工出力等“帮忙”习俗都是免费的或者不请自到的。在城镇化推进中，即使是包产到户、商品观念开始发育的新阶段，重义轻利的观念在这些礼俗活动中依然得到保存，成为后续发展中的宝贵精神财富。

二、快速城镇化下村庄价值观念的多元化

从1996年开始，中国城镇化进入快速发展阶段，城镇化率从1996年的30.48%提高到2015年的56.1%只用了20年时间。[1]在快速城镇化中，村庄价值观念发生了重大变化，呈现出多元杂陈的格局，主要包括存在数千年的小农意识、改革开放前国家的意识形态传统和改革开放后的城市化、市场化价值观念三个方面的内容。从文化演进的角度来审视，快速城镇化推进中村庄价值观念发生了具有鲜明时代特点的递进变化。

1.“打工潮”带来新思想

早在改革开放初期，一些农村剩余劳动力就开始依托集市从事各种非农产业。

[1] 方创琳. 改革开放30年来中国的城市化与城镇发展[J]. 经济地理，2009，29(01)：19-25.

上世纪 80 年代乡镇企业发展较快，农民工以“离土不离乡”的方式在本地打工，据统计，本地务工的农民工 1985 年全国约有 5 900 万人（占到全部农民工总数的 88%），到 1995 年增加到 9 700 万人的峰值。[1] 这种“离土不离乡”的打工模式，改变了部分村民的生产生活方式，但给村庄的乡土价值观念冲击不大，一些村民甚至对这些在集镇从事非农产业的人表示怀疑甚至鄙视：“不务正业到集镇上去混吃什么？”随着 20 世纪 90 年代后期乡镇企业大规模调整，本地打工的农民工人数显著下降，外出打工人数大体呈持续增长态势，从 1999 年的 5 240 万人增加到 2002 年的 1.05 亿人，2009 年增加到 1.45 亿人。研究显示，上世纪 90 年代前期农民工年增量走势受本地打工年增量变动支配，此后则主要受外地打工增量变化影响，外地打工 2000 年估测年增量高达 2360 万人。外出务工人员在 1999 年占到全部农民工数量的 37.5%，2003 年达到峰值为 64.3%。[2] 在外出务工人员“离土又离乡”的务工模式中，不仅仅给大规模外出人员及其家人的生产生活方式带来了显著变化，而且给村庄的常住人口结构、种植结构，以及村庄治理都带来了极大的影响。外出务工人员常年工作生活的地方是以城市化、市场化、工业化、信息化为标志的新环境，在那里不仅获得了远高于村庄种地的收入，而且开阔了眼界，活跃了思想。这些“候鸟般”往返于城乡的农民工成为城乡两种价值观念沟通对话的“使者”，通过自己的“现身说法”，强有力地推进村庄价值观念不断与时俱进。

2.“进城潮”带来新冲击

这里说的“进城潮”指的是农民举家进城，安家落户。本世纪前十年，一方面由于国家政策的积极引导，另一方面由于多年外出务工的社会资本累积。“进城潮”主要有两种形式：一种是具有高中以上学历的农民工由于自己的专业技术在发达地区城镇适应了生活工作环境，在当地买房然后举家外迁，虽然在当地享受公共服务方面略受一定的歧视，但最基本的孩子入学问题基本可以解决。另一种形式是绝大多数农民工在外地赚钱后，不再回到农村建新房，而是在集镇，特别是县城城郊购买土地建房，或者购买县城社区的“小产权房”。在“进城潮”的带动下，村庄的价值观念受到了巨大影响，对于离开村庄到城里发展由原来的“怀疑”和“警惕”变成了“认同”和“跟风”。调查显示，现在依然留在村庄的青少年，

[1] 卢锋．中国农民工工资定量估测（1979~2010）．北京大学中国经济研究中心讨论稿，2011．

[2] 卢锋．中国农民工工资定量估测（1979~2010）．北京大学中国经济研究中心讨论稿，2011．

读书、参军的梦想就是要离开村庄到城里过更好的生活。即使一些学习成绩较差难以通过读书、参军等途径走出村庄的，也明确表示以后不可能在村庄生活，更不可能留在村庄种地。如果说“打工潮”使老弱病残幼成为村庄留守人员，导致村庄荒凉孤寂的话，“进城潮”则导致村庄的“空壳化”“空心化”，甚至大规模的消失。延续几千年的村庄走到现在这种局面，无疑给现有村庄的价值观念带来全方位的冲击。“以农为本”“安土重迁”“世代同堂”“安分守己”等村庄传统乡土价值观已经支离破碎，“在市场经济获得合法地位并迅速发展的社会背景下，拜金主义、物欲主义、消费主义对农村社会的冲击开始出现，农民的‘利’‘欲’开始摆脱‘义’‘理’的统摄与规约，逐渐滑向功利主义、物欲主义的泥潭”。[1]

3.“拆迁潮”带来新问题

进入新世纪以来，受到“土地财政”的吸引，与举国上下“开发热”相伴随的“拆迁潮”成为时代热点。一是城郊村庄的拆迁。中国城镇化推进中一度存在盲目扩容的问题，多采用低密度、分散化“面状扩张”的方式，大量城郊村被纳入到城区版图，城市规模和占用土地面积迅速扩大。统计显示，2000 年至 2010 年全国城镇建成区面积扩张了 60% 多，地级以上城市市辖区的建成区面积增长 95.8%，同期人均建设用地 133 平方米，超过国家规定限额的 30%。[2] 二是具有旅游价值的偏远村庄的拆迁。在文化产业的催生下，尤其是旅游经济的发展，一些偏远的村庄由于具有自然风光、文化遗迹、民俗传统等资源深受政府和开发者的青睐，大量资本被引进村庄，使农业村庄向旅游村庄转型发展。这种对相关村庄带来深刻影响的“拆迁潮”给村庄价值观念带来不少新问题。从好的方面来看，“围绕”拆迁安置补偿问题的利益博弈，农民的权利意识、市场意识、法治意识得到进一步提高，村庄共同体的个体化发展更加深入；从不好的方面来看，一些“一夜暴富”的农民减少了多年保持的勤俭、厚道品质，变得唯利是图、投机专营，甚至“将私利的追求凌驾于道义之上，对私利的追求成为农民提升自己威望的主要途径”[3]，而这些与形成中的城市社会价值要求是不相容的。

[1] 李卫朝. 农民道德启蒙与乡村治理——以义利观、理欲观变革为中心的考察 [J]. 华东师范大学学报（哲学社会科学版），2016，48(01)：13–18+169.

[2] 城市面积 10 年扩张 60% 远高于城镇人口增长速度 [ED/OL]. http://news.xinhuanet.com/politics/2012-12/03/c_124035285.Htm，2012-12-03.

[3] 李卫朝. 农民道德启蒙与乡村治理——以义利观、理欲观变革为中心的考察 [J]. 华东师范大学学报（哲学社会科学版），2016，48(01)：13–18+169.

三、新型城镇化推进中价值体系重建

新型城镇化在本质上是传统村庄社会的变革和现代城市生活方式的传播与建构，这一过程在创造人的城市化的同时，也在创造具有法制契约精神的市民社会。[1]在城乡一体化的新型城镇化推进中，市民社会的价值体系应该是城市和村庄共有的价值体系。然而，经过六十多年的持续变迁，村庄的价值体系既没有完全摆脱乡土社会价值体系的制约，也没有建立现代的市民社会价值体系，呈现为一种多元杂陈的局面。走出一条具有与中国特色的新型城镇化道路，必须重建村庄价值体系，为新型城乡关系的构建、为“城市中国”社会的健康发展提供精神支撑。

1.升华传统精华

习近平总书记深刻地指出，“中国传统文化博大精深，学习和掌握其中的各种思想精华，对树立正确的世界观、人生观、价值观很有益处”。[2]在经济全球化时代，中国深厚的传统文化在西方文化面前暂时处于弱势，在“千城一面”的城市社会生活中所能遗存的传统文化正日渐稀释。在快速城镇化背景下，村庄成为中国传统文化的重要栖息地，升华村庄传统精华具有十分紧迫的战略意义。一方面，要加快收集、重估、升华深藏于村庄中恒久不灭的优秀传统价值观念，以城乡居民的生产生活为切入点，以新的载体重新阐发传统价值，使之成为新的价值传统的组成部分。另一方面，要树立城乡一体的新观念，把村庄的优秀文化遗产作为体现地方特色的文化元素融入区域城镇体系的文化建设中，扩张村庄传统精华的文化和社会效应；在社会主义核心价值观的指导下，建立起乡土文化与城市文化之间完善的“互哺”机制[3]，在城乡区域建立起既有地方特色又有时代特征的新型价值观念体系。

2.重塑道德规范

在新型城镇化推进中，尤其是在现代性的影响下，伴随村庄经济结构、利益关系以及生活习性变迁，农民的思维方式、价值观念、道德意识、行为准则等方

[1] 房冠辛，张鸿雁．新型城镇化的核心价值与民族地区新型城镇化发展路径 [J]．民族研究，2015(01)：13–24+123–124.

[2] 习近平在中央党校建校 80 周年庆祝大会暨 2013 年春季学期开学典礼上的讲话 [N]．人民日报，2013–03–03.

[3] 晋东海．中国乡村政治文化的变迁和价值观重建 [J]．学术探索，2016(04)：37–42.

面已经发生了深刻变化。在开放式的新型社会交往中，一些村庄内部的代际之间、不同群体之间的是非观念都难以统一，导致越轨行为、社会冲突频繁发生。传统以“礼”为核心，以熟人社会为背景的道德规范体系在维护村庄社会秩序、协调村庄人际关系方面的作用日渐式微，尤其是传统道德规范在与现代“法治”新权威的较量中节节败退的现实境况下，必须对村庄道德规范进行“现代性重塑”：在内容方面，要探求多元整合，使其兼具道德意识与法律精神、致富理念与奉献精神相结合、经济发展与生态环保相协调、乡土情感与现代思维相接轨[1]的新的道德规范体系；在范围方面，要探求道德辐射，使其打破地域局限，让优良的村庄道德文化能有效影响城镇的思想道德建设；在对象方面，要探求“属人原则”，使只要接受过村庄道德规范培育的人，不管走到哪里，都能感受到村庄永恒的道德记忆，并将这种道德正能量传递到外部世界。

3.培育公共精神

村庄是传统乡土社会自然形成的社会共同体，在几千年的历史演变中，基于血缘、地缘等公共性维护中共同体的团结。在新型城镇化背景下，公共精神主要体现在个人利益与公共利益的协调机制中，倡导个人应在认同进而内化关心和参与公共事务、政治利他、爱心和奉献等公共价值与信念等前提下，来追求和实现个人利益。[2]由于外地务工等机制的持续作用，村庄社会个体化越来越深入，公共性严重缺失成为村庄价值体系重建的最大短板。新时期培育村庄公共精神，既有深厚的传统资源——基于宗法伦理型社会关联并遵循关系理性的行为逻辑，又有丰富的现代资源——基于契约型社会关联并遵循交易理性的行为逻辑，具有较为清晰的推进路径。为此，要发展公共空间，建设公共文化设施和人生礼俗场所，为强化村庄的联系提供平台;要推进土地等资源的集约化经营，发展村庄集体经济，增强公共性经济纽带；要完善治理体系，发挥农民对村庄公共事务的主人翁作用，推进村庄民主自治。总之，要强化村庄公共精神的培育，使其成为村庄价值体系重建的重要基础。

[1] 韩玉胜．中国古代乡约道德教化精神的理性审视及现代性重塑 [J]．云南社会科学，2014(03)：146–150.

[2] 吴春梅，席莹．党的群众路线在农村实践的社会基础 [J]．武汉大学学报（哲学社会科学版），2014，67(05)：53–57.

小　结　意义世界的重构：村庄文化演进的本源

费孝通先生说，所谓文化指的是一个团体为了位育处境所制下的一套价值观念。[1] 传统中国村庄所承载的乡土文化在新中国成立后长达六十多年的城镇化推进中，基于村庄内部生产力的发展、国家政治意识形态和现代性的影响，其文化体系从表象的器物（文化景观）、浅层的制度（民俗传统）到深层的内核（价值观念）都发生了重要变化。传统以儒家为主、儒释道合一的价值观，以及以此为基础形成的以慎终追远为核心的孝道观念，以家族体系、伦理情谊和自治制度为支撑的五伦关系，构成了村庄完整的意义世界。

新中国成立后，村庄的传统意义世界在城镇化推进中发生了两次重大的转变。第一次是城镇化初期，以集体主义为原则的国家意识形态成功地替代了“封建落后”的旧传统，这次替代几乎是彻底的，村庄被卷入到轰轰烈烈的“社会主义建设热潮”中被改造，在文化传统方面几乎要与千百年传承的乡土传统决裂。第二次是快速城镇化阶段，国家权力从村庄中逐步退出，市场意识、现代性思潮开始大规模入侵村庄乡土传统，形成了多元杂陈的文化传统格局，村庄意义世界变得模糊了。八十多年前，梁漱溟先生指出近代以来中国村庄的主要问题在于文化失调，必须通过重建村庄礼俗来统领经济与社会生活。在新的时空背景下，顺应乡土文化的发展规律，也只能抓住意义世界重构这个本源。

重构村庄意义世界要用社会主义核心价值观统领村庄意义世界，让其融入村庄的日常生活，包容传统乡土文化、

[1] 费孝通. 乡土中国 [M]. 上海：上海世纪出版社，2007：241.

现代性意识等文化形态，发挥文化引领作用，顺应乡土文化的演进规律，传承村庄的乡土本色，彰显乡村的中国风格，在新型城镇化推进中，不仅让城市“使生活更美好”，而且使村庄“留得住乡愁”。

第六章　城镇化进程中村庄演进的困境及风险

可以毫不夸张地说，中国城市的现代化程度与西方发达国家城市的现代化程度差距正在日渐缩小，甚至有的几无差异。而与此同时，以“乡村病”为具体表征的“乡村社会变迁风险”快速蔓延，出现了诸如村庄空心、环境污染、文化空虚、治理无序等为典型特征[1]的乡村发展现状。有学者就指出，盲目追求高速城镇化，不仅带来日趋严重的“乡村病”，影响了中国村庄的健康发展，而且还造成了日益严峻的“城市病”。[2]从本质上而言，就是村庄演进陷入了困境，城乡社会发展出现了失衡，是村庄演进风险的具象表现。因此，如何防止村庄演进困境演变为风险，是城镇化进程中村庄发展进路所必须格外关注和探讨的重要话题。

[1] 何绍辉. 诊治“乡村病” 推进城乡一体化 [N]. 中国社会科学报，2014-06-06(A08).
[2] 刘彦随. 新型城镇化应治“乡村病” [N]. 人民日报，2013-09-10(005).

第一节　社会变迁中的村庄演进困境及其表征

中国村庄在城镇化进程中的演进，用“巨变”来形容一点都不为过。从社会变迁的动力机制而言，中国村庄整体上是一种外力推动型的演进。这种由外力推动型的村庄演进，可以称之为有规划的发展进路。有规划的发展进路，是中国村庄变迁的本质，也是理解和分析村庄演进的重要关键词。正因为中国村庄演进的本质是有规划的发展进路，使村庄发展出现了如下困境。

一、村庄空心化困境

改革开放40多年来，随着农村劳动力的大量外流，中国村庄青壮年劳动人口不断减少，一些地方的个别村庄出现了人走屋空的现象，大量空心村就产生了，学术界往往将其称之为村庄空心化。空心化困境，是村庄演进困境的首要表现。所谓村庄空心化，是指城乡转型发展过程中村庄人口非农化所引起的“人走屋空”现象，以及宅基地普遍“建新不拆旧”，新建住宅向外围扩展，导致村庄用地规模扩大、原宅基地闲置废弃加剧的一种不良演化过程。[1]具体而言，村庄空心化主要表现在如下三个方面：

1.人口的空心化

人的因素是社会发展的根本性因素。从构成主体的角度来看，村庄空心化的产生，根本上是村庄青壮年劳动力大量流失，村庄社会发展支撑力量缺失，农业适龄劳动人口极度

[1] 刘彦随，刘玉，翟荣新．中国农村空心化的地理学研究与整治实践[J]．地理学报，2009，64(10)：1193–1202.

短缺。走访调研全国各地村庄不难发现，不管是南方村庄还是北方村庄，不管是东部沿海村庄还是中西部欠发达地区村庄，均不同程度地存在青壮年劳动力流失的现象。在广大农村地区，留守村庄的无不是些“386199”部队，青壮年劳动力基本上都已外出务工，个别极端严重的地方出现了“一个人的村庄”现象。[1] 以所调研的湘中 H 村为例，H 村为山区型村庄，人口多、耕地少，在改革开放以前甚至是改革开放初期，温饱是村民所面临的最大问题。改革开放以来，为了解决温饱问题，广大村民纷纷离土外出。村内从事农业劳动的，多半已是花甲之年，或是暂时在家带小孩的妇女。村民说：

“现在哪个不外出咯，你在家就是没本事。在外面干事总比家里强吧，我们这里不但田少，就是有田给你种你也刨不出几个钱来。还是出去好，多少可以赚几个现钱。”

“现在只要你舍得干，城里的钱比乡里好赚。我们村里那些搞建筑的年轻人，随便干一天就是 200—300 元，比在家里划算多了。”

“现在城里打工也难了，经济情况不好，有的出去了不到一个月又回来了。但是他们在村里也待不住，终究还是想出去。”

青壮年劳动力的大量外流，一方面是城市本身的诱惑，是城乡社会发展中城市优势的吸引。另一方面则是社会流动文化的使然。在城镇化进程中的村庄，“不出去就意味着没本事”。“不出去就是没本事”的乡村流动文化，催生了数额巨大的外出务工流动人口。因此，外出已成为当下中国农民的一种不二选择，成为村庄社会日常生活中的常态。村庄青壮年的大量外出,不仅造成了农业劳动力的弱化、老化和女性化，也给村庄正常的生产、生活带来了极大负面影响 [2]，给村庄治理的正常推进带来诸多不利因素。对于村庄青壮年大量外流的严重程度，在调研中有村民这样说：

“年轻人都出去了，剩下都是些老弱病残，出去没人要，要是能做点事，都会出去。如果不是逢年过节，一旦有老人去世，就连抬棺材也找不到人了。”

2.管理的空心化

所谓管理的空心化，也就是村庄治理主体的空心化，具体表现为“不在村干

[1] 何绍辉．乡村振兴视野下的“乡村病”及其应对——来自多点田野调查的思考 [J]．湖湘论坛，2018，31(05)：62–69.

[2] 何绍辉．诊治“乡村病” 推进城乡一体化 [N]．中国社会科学报，2014–06–06(A08).

部”的大量涌现。受务工经济、城镇化发展策略和基层社会体制变革所影响，作为村庄精英阶层的村干部也“按捺不住”。一些村干部要么是加入到人口流动大军中，要么是迁居到城镇居住，成为典型的“不在村干部”。村干部作为村治主体，理应在村庄处理村务，为村民服好务。但如今的现实情况却是很多村干部不在村庄。尤其是一些富人治村型和能人治村型村干部，大多都是游离于村庄。村庄对于这些“不在村干部”而言，只是实现自身“政治追求”的平台而已。[1]

村干部离村，不仅出现在江苏、浙江、广东等经济发展的沿海发达地区村庄，也同样出现在广大中西部地区村庄。只是不同类型的村庄，不在村干部也可进行不同分类。在沿海经济发达地区村庄，受城镇化影响，一些“富人村干部”纷纷迁往城镇居住，成为“不在村干部”的主体，也是受城镇化影响成为“不在村干部”的重要典型和主要体现。在广大中西部地区村庄，村干部们或因为报酬低微，工资和补贴无法支撑正常的生活开支，就在农闲时节到县城、集镇等地务工。在当地外出务工的村干部，经常早出晚归，村干部工作只是农闲和无法外出务工时的“不得已选择”。还有的村干部，为了小孩读书，纷纷到集镇或县城买房，“陪读”或追求更好的居住环境成为不在村干部离村的重要理由。

根据在湖北襄樊调研发现，在由 5 人构成的村干部队伍中，村支书因为是包工头，经常到外地承揽工程，调研时主要居住在集镇；村主任因为父母年迈，人也本分就还在住在村里；村会计因为和儿女同住，也已迁往集镇；妇女主任则因陪读，同样当起了不在村干部；还有一位副主任因以务农为主，一般住在村里，但农闲时时常外出务工以赚取生活补贴。

不在村干部的产生，既有微观层面的个人因素，也有中观层面的体制因素，更有宏观层面的社会发展与社会结构因素。其中，就宏观的社会结构因素而言，单向度的城镇化发展战略不无影响。在城镇化高歌猛进之下，各地城镇建设迅猛推进，吸引了越来越多的村庄能人外出。村干部不在村，就是城镇化背景下村庄治理主体流失的重要体现。村干部不在村，既影响了村民的日常办事与生产生活，也给村庄治理带来治理难度与困境，同时使得基层政权的运转难以有序，无法有效应对诸如禽流感等村庄公共危机。

[1] 何绍辉．乡村振兴视野下的“乡村病”及其应对——来自多点田野调查的思考 [J]．湖湘论坛，2018，31(05)：62-69

3.住房的空心化

住房的空心化，是指随着越来越多的农村人口大量外迁，致使村庄房屋的季节性闲置甚至是永久闲置越来越普遍、越来越严重。在城镇化进程中，举家迁移取代个体化流动成为乡城移民流动的重要模式。有调查显示，“举家迁移已成为乡城移民流动模式中不可小觑的一个现象。农民工与家人（主要成员——夫妻）共同在一个城市工作、生活的，在城乡流动人群中越来越普遍。”[1]随着城镇化加快流动不断增多，越来越多的农民举家到城市务工定居，其中以新生代农民工家庭最为典型。家庭的举家迁移，无疑使得村庄住房大量闲置下来，住房空心化势所必然。

同时，调查发现，受传统的思想观念影响，村庄存在建新不拆旧的传统，有的农户即使建起了新房，或为了生活方面，或为了占地基，农民建新房不拆旧房情况比比皆是，这也导致了很多闲置房屋的出现。一些到县城或集镇购房的家庭，更是将村庄已有住房闲置下来，“生怕别人占了他们家的宅基地”。

在宁乡调研发现：“我们村里有一户人家，在长沙市区买了一套房，在我们隔壁集镇上也有一栋三层的楼房。前不久，他们家在原来的宅基地上又建了一层的平房。”

“他们建的目的就是占宅基地呗。他们生了两个儿子，怕万一以后社会变了，没有宅基地。也能够理解，现在农村不比城里差。宅基地占在那里又不要吃饭。”

总而言之，不管是哪种类型的空心化，都给村庄治理带来了前所未有的挑战，也给村庄治理带来了更多的不确定性。如何有效地应对村庄空心化，提升村庄社会的发展活力，推进城乡协调、均衡和融合发展，是中国乡村振兴所面临和亟须解决的重大问题。

二、危机应对困境

在城镇化进程的中国村庄演进中，一些重要的政策体制变革会给村庄社会发展带来重大影响。税费改革便是典型例证。1990年代中后期，由于各种税费种类较多，农民负担较重，很多地方农业税费收缴不仅成本高昂，甚至成为引发农民“抗争”的重要焦点性事件。也正是这样，以税费收缴矛盾等为具体表征的农村社会治理性危机成为分析和理解当时农村社会发展的重要主题词。在此种背景之下，李昌平发出了“农村真苦、农民真穷、农业真危险”的呼喊，并引起了全国上下对“三

[1] 胡书芝．从农民到市民：乡城移民家庭的城市融入之路[M]．北京：社会科学文献出版社，2014：6.

农”问题的普遍关注。

这种关注的核心，就是对农村社会治理的各种指责与开具药方。大多数学者认为，“三农”问题的产生、村庄治理性危机的生成，主要源于：基层组织尤其是基层干部的不作为甚或是乱作为以及农民负担过重。也因此，取消农业税费、减轻农民负担，成为当时化解农村治理性危机的“最佳选择”。正是在社会舆论的影响、专家学者的论证催促下，国家做出了全面取消农业税费的决定。

农业税费的取消，客观上减轻了农民的负担，使原本紧张的干群关系相对有了缓和。尽管农业税费取消后，国家不再向农民收取税费，斩断了基层政府向农民进行的各种“摊派”。应当说，农业税费的取消，对于减轻农民负担、缓和干群关系和维持农村稳定具有积极作用。但是，伴随农业税费取消而进行的取消义务工、村组合并等却带来了某些负面效应。这种负面效应的具体表现就是，村庄治理资源的萎缩和治理能力的下降。形象地说，农业税费的取消，基层政府做坏事的手被限制了，但是基层政府为农民做好事的手也受伤了。村庄治理资源萎缩，村干部在缺乏“积极性”因素的情况下，不作为、无能力作为多发，这引致了村庄治理出现无序化苗头。这种苗头的重要表现就是，农村自然灾害与公共安全危机的应对滞后与不力。

在现实中，乡村普遍存在着应对公共安全危机的防御机制不健全，应对公共危机的意识不强等问题，在对待公共危机事件时，大部分村民抱着得过且过的态度。比如在湖南宁乡调查时发现，正值禽流感盛行，按规定兽医要挨家挨户对家禽进行接种，以免禽流感扩散。然而，因村民听说“接种后的鸡下的蛋都不能吃”，很多村民根本不愿意接种，但兽医还是按部就班地记下某某家有鸡多少只、猪多少头，并象征性地贴上一张“已接种”的疫苗单在农户门上，这无不隐射出村庄危机管治的真空状态。[1]

村庄演进中的危机应对困境的根源是村干部缺乏治理危机的资源和手段，基层组织在危机面前可供调动的资源极为有限，一旦突发性的公共危机来临，大部分村庄和村民秉持的都是得过且过的态度。危机应对困境的实质，是村庄社会合作的缺失。因为农民合作难以达成，各种搭便车和“不怕死逻辑”的泛滥，导致村庄社会一致行动能力极差。

[1] 何绍辉．乡村振兴视野下的“乡村病”及其应对——来自多点田野调查的思考 [J]．湖湘论坛，2018，31(05)：62–69

三、村庄灰色化困境

边缘人研究历来是社会学研究所关注的焦点。在社会学研究传统中，对边缘人的探讨，最早的是社会学家齐美尔。齐美尔的“外来人”抑或“陌生人”是边缘人研究的雏形。最早提出边缘人概念的，则是著名社会学家帕克。在帕克那里，所谓的边缘人，就是指“与当地人文化生活有别，对所处地域文化没有认同感的人，他们既处于文化的边缘，同时也处于社会的边缘”。[1]后来，在斯通奎斯、高德伯格等的继续推进下，边缘人研究成为社会学研究中一个非常重要的研究主题。与之相关的是，边缘人研究也为越轨社会学研究的推进与完善作出了学术贡献。

在城镇化进程中，中国村庄治理实践出现了“乡村混混”这一农村社会中的边缘人群体。乡村混混最早进入学术界，是村治研究者的重大学术发现。与既往村治研究相对较多地关注村干部、大社员、经济能人等乡村精英不同，乡村混混的发现和关注，则开启了村治研究关注普通底层村民尤其是村庄边缘人的序曲。

较早系统关注和研究乡村混混问题的，是黄海、陈柏峰等人。黄海在《灰地——红镇“混混”研究（1981—2007）》[2]一书中，通过对湘北红镇“混混”的参与式田野深度调查，以文化人类学的视野和方法写就了一本关于乡村混混是如何不断地获得生存、谋求发展与不断壮大的专题民族志。在书中，作者从国家治理转型视角出发，顺接20世纪80年代以来的中国乡村社会秩序所发生的治理转型，解释了乡村灰色化的特点和乡村混混的形成与生长逻辑，理解了当代中国乡村中的越轨行为与社会秩序，为分析和理解乡村混混提供了难得的经验事实与文本范例。陈柏峰的《乡村江湖：两湖平原混混研究（1980—2008）》[3]一书，则以乡村混混为切入点，通过引入区域比较的研究方法，分析了不同代乡村混混的形成特点与生长逻辑，从村庄本身尤其是作者建构的乡土逻辑出发，理解了乡村治理中的混混对村庄人际关系、村庄治理等的影响，是对两湖平原的乡村混混的深入而专业的学理研究，其提出的“农村社会灰色化”概念对于理解转型中的中国村庄社会性质具有十分重要的启发。

围绕乡村混混的群体结构与特征、乡村混混在村庄纠纷中的影响与作用、乡村混混对村庄人际关系的影响、乡村混混与基层治理内卷化等问题，学者们同样

[1]R. E. Park. Human Migration and Marginal Man[J]. The American Journal of Sociology. 1928(6).
[2] 黄海. 灰地——红镇“混混”研究（1981—2007）[M]. 北京：生活·读书·新知三联书店，2010.
[3] 陈柏锋. 乡村江湖：两湖平原“混混”研究（1980—2008）[M]. 北京：中国政法大学出版社，2010.

展开了多角度、多层面的研究。比如，杨华通过对乡村混混与村落、市场和国家的交互作用，以及由此带来的一系列政治社会现象的考察与分析，认为乡村性质决定了混混群体在与村落、市场和国家三者的互动中的群体特征、行为逻辑和生命轨迹，乡村混混等农村灰色势力构成了村庄治理的非正式的基础，影响村庄治理的诸多层面。[1] 李祖佩通过对乡村混混介入村庄治理的分析和研究，认为混混与乡村组织的交互作用，以及由此带来的一系列政治社会现象，成为理解基层治理样态和困境的新视域。后税费时期，乡村混混与村庄治理组织形成利益同盟，共同占有国家自上而下的惠农政策资源和地方发展成果，导致的后果是混混的实力与国家政策倾斜力度和地方社会发展同步增长，基层治理合法性丧失，税费改革之后国家资源下乡并没有实现预期的政治效果，基层治理出现内卷化困境。[2]

村庄社会的灰色化，很大程度上与乡村混混的存在、发展与壮大有很大关联。但是，村庄社会的灰色化，不仅仅是因乡村混混的客观存在使然。村庄社会的灰色化尤其是村庄治理中的村庄灰色化困境，更多的是灰色势力甚至是黑恶势力渗入村庄治理、影响村庄治理绩效、支配村庄治理秩序的后果或产物。众所周知，农村税费取消后，不少地方相继实施了合村并组、取消村民小组长、精简乡村机构等改革。这些改革，旨在减轻农民负担、提高村治绩效，却无形之中弱化和消解了村庄的治理能力。在村庄社会，不仅没有出现“官权退民权进”的良好局面，社会空间并未得到应有的扩张，反倒是给村庄社会灰色势力尤其是黑恶势力渗透村庄治理以某种可乘之机。[3] 诸多调查研究表明，乡村混混已成为村庄治理中的重要力量。

“现在的村干部，有几个不是靠狠、拳头选上的来。他们上来之后，村民服于他们的权威，或者是利益诱导。平时没有什么问题，一到利益纠葛严重的时刻，这些混混出身的村干部根本不讲规则，以摆平为能事。”

“过去的村干部往往就是拿点死工资，现在不同了。那些（指的是混混）人，他们会通过当干部，承包工程，赚取利益，选村干部时就给村民几百元或者一些物资。哎，搞乱了。”

正如已有调查与研究显示，乡村混混往往通过利用市场、走近权力、对接伦

[1] 杨华. 乡村混混与村落、市场和国家的互动——深化理解乡村社会性质和乡村治理基础的新视阈 [J]. 青年研究，2009(03)：1–9+94.

[2] 李祖佩. 混混、乡村组织与基层治理内卷化——乡村混混的力量表达及后果 [J]. 青年研究，2011(03)：55–67+95–96.

[3] 何绍辉. 诊治“乡村病” 推进城乡一体化 [N]. 中国社会科学报，2014–06–06(A08).

理[1]，将所拥有的包括暴力、权力等在内的各种资源使用殆尽，获得各种可能的利益和好处，日渐在村庄治理中发挥着主导性作用。以致，村庄社会灰色化[2]与扶持型秩序日渐凸显[3]，村庄社会灰色化困境加剧。

[1] 何绍辉，杨蓓．“混混”何以主导乡村——评《灰地—红镇混混研究》[J]．中国农业大学学报(社会科学版)，2011，28(04)：188-191.

[2] 陈柏峰．乡村江湖：两湖平原“混混”研究（1980—2008）[M]．北京：中国政法大学出版社，2010.

[3] 黄海．灰地——红镇“混混”研究（1981 - 2007）[M]．北京：生活·读书·新知三联书店，2010.

第二节　村庄演进中的社会风险及其类型

1950年代末期开始，在西方发达国家相继出现了环境污染等社会问题。社会问题的频发，引发学者们思考社会发展中的代价与风险问题。也因此，当技术专家们在思考和研究社会风险时，社会学家们也开始探讨社会风险问题。1986年,德国著名社会学家贝克的“风险社会”概念的提出，开启了社会学对风险社会研究的滥觞。贝克相继出版了《风险社会》《风险时代的生态政治学》《全球风险社会》《全球风险社会批判性理论：全球化观点》等风险社会理论作品。在贝克看来，在阶级社会中，社会的驱动力为“我饿”，而在风险社会中则转变为“我怕”。[1]社会风险是社会发展与变迁的产物，是现代性的“后果”之一。村庄社会在演进与发展的过程中，同样衍生了不少社会风险。

一、文化建设风险

村庄社会在迈向现代化，向城市靠拢、追求富裕幸福的过程中，受城市文化的影响，乡土文化的“边陲”地位使得村庄文化的劣势依旧。在与城市文明和都市文化的对接与碰撞过程中，乡土文化的传统正在消失，乡土文化的乡土性正在丧失。整体上而言，乡土文化的弱化、虚化与以及风险化在加剧。从产生根源上而言，乡土文化风险的产生，主要缘于村庄社会在向现代化迈进的过程中，因乡村经济的相对落后而导致文化的衰败。不仅传统优秀乡土文化断然无存，不良文化亦在侵蚀广大村庄。具体表现为：

[1][德]乌尔里希·贝克. 风险社会[M]. 何博闻，译. 南京：译林出版社，2004：57.

1.农村优秀传统文化传承风险

乡土文化是中华传统优秀文化的重要组成部分，是支撑中华民族繁衍发展的重要文化基础。而近代以来，在现代化、城市化与工业化的冲击下，中国传统乡土文化一直遭受着各种冲击与挑战，村庄社会中的原有文化传统、价值体系和文化记忆正在消退。一些民族性、区域性优秀传统仪式活动、手工业技术，在现代化的挤压下生存空间日渐萎缩。以村庄手工艺传承为例，在传统村庄，木匠、瓦匠、鞋匠等乡村手工艺人是村庄社会传统文化的代表，农民画家、农民艺术家、农民诗人等在村庄社会中也不少见。然而，随着城镇化的迅猛推进，村庄人口大量外流，以手工艺术为业的村庄精英亦加入到流动队伍之中，致使很多村庄手工艺缺乏继承者。根据在湘中油镇调查发现：

“吴某是我们这一带有名的瓦匠，今年 75 岁了，这附近的瓦房基本上是由他负责换瓦。他小孩在县城买了房子，但自己在广东等地务工，为了照顾孙女求学，吴某和妻子都住在了县城。现在这一带基本上没有了瓦匠，想找个人换个瓦都很难了。”

传统乡土文化，是支撑中国村庄社会良性运转的重要支点，是中华传统优秀文化的重要组成。在现代都市文明面前，传统乡土文化不断式微。在传统观念中，乡土文化往往是落后、过时、守旧的代名词。现如今，乡巴佬不再是贬义词，越土越值钱成为新的时尚，村庄也开始成为一种新的理想生活。但是，传统乡土文化，却并没有因为乡村的复兴而受到应有的重视，村庄非物质文化遗产的保护还任重道远。

2.不良文化正在侵蚀村庄

在强势的现代城市文化面前，作为中国传统文化之根的乡土文化，往往处于相对弱势地位。随着外出务工人员的增多，每当农民工返回村庄时，都会有意无意地传播外来的城市文化。同时，由于农村文化建设的滞后，公共文化管理处于真空地带，一些不良文化正在侵蚀村庄。最为典型的表现就是低俗文化在村庄社会的日渐抬头与猖狂。传统的乡土文化正在式微，年轻人不再愿意哼秦腔京调，流行文化、时尚文化在村庄社会成为主流文化。尤其是一些诸如笑贫不笑娼、丧礼上跳脱衣舞、孝道衰落等低俗甚至是不良文化一点也不鲜见，很多村庄甚至还以此为荣。每到夜晚，一些人以从事文化工作为名，在一些村庄大肆宣传黄色文化，谈色来劲正成为不少村庄文化建设的一大弊病。

另外，因年老孤独、赡养不周等原因而选择自杀的农民日渐增多，不能不引起全社会的高度注意和重视。有调查表明，一些村庄正在形成一种自杀秩序，亟须采取措施干预。[1]调研时发现，老年人、妇女是村庄自杀的主体。农民自杀，原因多样。关键原因，与文化民生的缺失有关。初步统计研究发现，宗族观念较强的地区，自杀率相对较低；原子化村庄，自杀率相对较高。以湖南省为例，湖南农村大部分地区还有较强的宗族意识和观念，尤以湘中、湘南、湘西为典型，这些地区的自杀率相对较低。提高广大农民生活质量，增强民众幸福感，一个重要的方面就是要做好文化民生建设、搞好自杀干预，让不良文化在村庄社会没有生存与传播土壤。

3.村庄公共文化空间萎缩

人的需求，既有物质层面的需求，也有精神层面的需求。在城镇化的进程中，绝大多数村庄不断由小康不足、温饱有余向全面小康迈进，基本的物质生活需求得到了满足。但是，村庄的精神文化需求却并未在物质文化满足的过程中获得。加强公共文化供给，丰富人民群众的物质文化需求，已成为乡村振兴的重要内容。然而，调研发现，中国村庄公共文化空间日益萎缩，公共文化供给不足问题普遍存在。以村庄公共文化空间萎缩为例，在市场经济的背景下，随着农民的自我意识的发育与强化，集体主义意识的日渐消解和个体意识的膨胀，不少村庄不仅出现了公共空间的物理性萎缩，表现为村庄文化活动设施的破坏与缺乏、村庄文化活动中心有名无实；还出现了村庄公共空间的精神性衰败，表现为村庄公共舆论的瓦解与缺失、村庄社会主导性话语体系断然无存。因为村庄公共空间的缺失，村庄公共文化活动缺乏支撑基础，客观上使得村庄公共文化无处遁形。

村庄公共文化活动的萎缩，还体现为村庄日常文化活动的单一化、低俗化、消遣化。随着村庄手机、电视、电脑的全面普及，村庄的文化生活中，普遍为手机上网和看电视，再就是打麻将、玩纸牌，在一些地方买地下六合彩屡禁不止，传统的文化活动逐渐远去，健康的村庄文化活动已经是凤毛麟角。在村庄调查时发现，很多村民因为文化生活的缺乏，一有时间不是打麻将就是玩手机游戏，看书的越来越少，其中“小赌怡情”成为村庄日常休闲的主要方式。

[1] 刘燕舞. 农民自杀研究 [M]. 北京：社会科学文献出版社，2014.

二、村庄生态环境风险

党的十九大报告提出乡村振兴战略，其中确保生态宜居，实现生态振兴是乡村振兴的一个根本要求，关系到农业农村现代化的全局。[1]坚持绿色发展，建设美丽中国，就要坚持保护好村庄环境，建设美丽、富饶、幸福新乡村。美丽乡村建设是美丽中国建设的重要抓手和载体，是村庄演进的重要方向。

然而，在环境污染、房价高起、交通拥堵等“城市病”影响和制约中国城市发展的同时，环境污染也正在成为“乡村病”的重要表征。有调查显示：根据对2011年全国364个村庄的监测，环境空气质量达标的村庄占81.9%[2]；地表水为轻度污染；土壤样品超标率为21.5%，土壤污染较重。尽管在面对重大环境风险时，村庄社会的环境意识等有了提高，但与城市居民的环境意识相比，村庄居民的环境意识尤其是环境保护意识还相对较低。因为环境污染所引致的村庄生态环境风险，正在成为影响村庄居民身心健康、影响经济社会可持续发展和影响生态环境恢复的重要因素。

从环境污染来源看，村庄环境生态风险的主要类型有：

1.农业生产性污染

农业生产是维持人的基本物质需求，推动人类社会可持续发展的根本动力。但是，不科学的农业劳动生产方式，日渐成为影响村庄生活质量，尤其是影响村庄生态环境质量的重要因素。调研发现，农业生产尤其是现在的大规模农业种植中大量使用农药、化肥、除草剂等化学制品，导致农业生产性污染的泛滥，造成村庄一系列严重的生态环境问题。在村庄调研中，农民普遍认为：无论是稻谷还是蔬菜，不用化肥和农药，就根本没有收成。而使用农药、化肥后，不仅很大一部分残留在农作物当中，严重影响了耕地质量，并带来水源污染等生态危机。农业生产造成的环境风险，主要的是土壤污染。2013年首次公布的土壤污染状况调查报告显示，全国土壤环境状况总体不容乐观，部分地区土壤污染较重，耕地土壤环境质量堪忧，工矿业废弃地土壤环境问题突出。全国土壤总的点位超标率为16.1%，其中轻微、轻度、中度和重度污染点位比例分别为11.2%、2.3%、1.5%

[1] 习近平. 决胜全面建成小康社会　夺取新时代中国特色社会主义伟大胜利——在中国共产党第十九次全国代表大会上的报告 [N]. 人民日报，2017-10-28.

[2] 夏光. 中国生态环境风险及应对策略 [J]. 中国经济报告，2015(01)：46-50.

和 1.1%。从土地利用类型看，耕地、林地、草地土壤点位超标率分别为 19.4%、10.0%、10.4%。[1] 与全国性土地污染形势一样，农业生产中化肥、农药等的不合理使用，导致了土壤板结化，耕地污染较为严重。有的村民说："种过大棚蔬菜的地，第二年不能再种同样的东西，要不产量会很低。"此外，不合理的农业劳动生产方式，也导致了村庄生活用水等污染，一些村庄的日常生活用水面临极大威胁。

2.日常生活性污染

在过去，村庄是环境优美的代名词。而如今，村庄的生活环境在逐渐恶化，生活污染正在局部加剧。与城市管理体制相对完善、环境基础设施相对健全相比，村庄环境保护意识相对要低，村庄环境基础设施相对要差，各种生活性污染正在成为村庄环境风险的重要致因。一方面，村庄各种生活性垃圾随处堆放现象严重。这些年来，尽管政府进行了村庄环境整治，但是村庄随处乱丢垃圾的现象还不少见，尤其是在"自家之地"之外更是无所顾忌。有村民说：

"现在的年轻父母带小孩，不像我们那个时候，用尿片，他们都是用尿不湿。那个尿不湿，有的一天用几块。用完就是随便一丢，好大一块，丑又臭，真的是难看死了。"

村庄日常生活中各种塑料污染、生活用水污染以及医疗废弃物污染，相对比较多见。尽管这些污染对人的身体健康没有直接的威胁，但是其日积月累所形成的污染和危害，正在影响农民的日常生活。在不少村庄，乱倒垃圾和污水、粪土乱堆、畜禽放养等现象依然如故。

3.工业排放性污染

随着城镇化的持续推进，城市居民对生活环境的质量要求和追求越来越高，各级政府部门对城市环境污染的防治、监控和治理力度也在不断加码，城市中的各种高污染、高能耗和高水耗等产业面临结构调整，低端产业因其成本高、污染大而在城市社会中生存空间狭窄，亟须寻求外部生产空间。相反，寻求快速发展的农村，由于资金短缺、环境保护政策相对宽松以及各种监管治理相对不足，再加上一些地方干部急于出政绩等，需要通过引入工业企业来推动地区经济发展。正是这种"机缘"，城市低端产业尤其是东部沿海地区的低端产业开始不断向在西

[1] 夏光. 中国生态环境风险及应对策略 [J]. 中国经济报告，2015(01)：46-50.

部地区以及村庄大规模转移，其中排污多、废气多、污染重的产业相继转移到城郊或村庄，其排放的废弃物，不仅影响了村庄的耕地和水源，更是影响了村庄空气质量。

更为严重的是，村庄中因为水源和空气污染所导致的各种怪病越来越多。在调研中发现，各种“X 癌症”病的村庄相继出现，表明这些村庄的生态环境，主要是村庄空气和水源已经受到了严重污染。在湖北襄樊某村调查发现，当地为了支持镇园区的发展，引入了一家化工厂。因为化工厂的引入，化工厂排放了大量污水，给当地生产生活带来了很大影响，一些农民还因此染上了病。

“现代性孕育着稳定，而现代化过程却滋生着动乱，因为在现代化过程中经济的发展，集团的分化，利益的冲突，价值观的转变以及民众参与期望的提高远远超过政治体制的承受能力。”[1] 当代中国村庄在向现代性迈进，以及在农村现代化、工业化和城市化推进过程中，因为追求发展速度而引进的高污染企业所引发的社会环境风险稳定事件，在农村地区呈现高发态势。学者们对此展开了大量的研究。比如张玉林以“三起群体性事件”为例，对中国农村环境恶化与冲突加剧的动力机制展开了深入研究，认为有关环境污染的风险不可避免地降落到了农民的身上，而且村庄社会所面临的此种环境风险，成为农民所需每日面对的现实侵略，威胁到农民的生存，那些无能力迁移或制止环境污染的底层民众，极可能成为侵蚀社会安定的不安定分子。[2]

在对村庄环境问题所引发的群体性事件研究中，学者们形成了一个以抗争研究为主线的研究路径。较早开启此种研究路向的是李连江、欧博文等人，他们提出的“依法抗争”分析框架认为，农民在抵制各种各样的“土政策”和乡村干部的独断专行和腐败行为时，援引有关的政策或法律条文，并经常有组织地向上级直至中央政府施加压力。[3] 此后，各种关于农民抗争如依法抗争[4]、依势抗争[5]等农民抗争策略的研究，以及关于农民抗争伦理[6]的研究如雨后春笋般涌现。

随着农民环境意识的提高，农民的保护环境的行动也在日渐增加，因为环境风险或潜在风险所引发的群体性事件日渐增多。村庄环境群体性事件的多发，一

[1][美]塞缪尔·P·亨廷顿．变化社会中的政治秩序[M]．王冠华，刘为，译．上海：上海人民出版社，2008：1.

[2] 张玉林．中国农村环境恶化与冲突加剧的动力机制[A]// 吴敬琏，江平．洪范评论（第 9 辑）．北京：中国政法大学出版社，2007.

[3] 李连江，欧博文．当代中国农民的依法抗争[A]// 乡村中国评论．济南：山东人民出版社，2008.

[4] 于建嵘．当前农民维权活动的一个解释框架[J]．社会学研究，2004(02)：49-55.

[5] 董海军．依势博弈：基层社会维权行为的新解释框架[J]．社会，2010，30(05)：96-120.

[6] 吴长青．从“策略”到“伦理”对“依法抗争”的批评性讨论[J]．社会，2010，30(02)：198-214.

方面是农民出于生存考虑，对潜在威胁的一种有意识的抗争行为，是农民权利意识觉醒后的正当行动。另一方面则是城镇化弊端的产物，是城市低端产业尤其是各种高污染、高能耗产业向村庄无序转移的“后果”。这告诉我们，必须按照实施乡村振兴战略、推进城乡融合发展的总体思路，在推进城镇化的过程中也要考虑无法迁移、无能力抗争的农民的正当权利与需求，尽可能地让农民也能够分享到城镇化的红利，而不只是承受大规模城市化所带来的各种弊病。

三、社会公平风险

社会公正是马克思主义的基本价值取向，是中国特色社会主义的本质追求。马克思认为：“无产阶级平等要求的实际内容就是消灭阶级的要求。任何超出这个范围的平等要求，都必然要流于荒谬。平等应当不仅是表面的，不仅在国家领域中实行，它还应当是实际的，还应当在社会的、经济的领域中实行。”[1]马克思主义的平等观，为中国特色社会主义社会建设提供了重要的理论基础。中国特色社会主义的本质是社会主义而不是其他的什么主义。中国特色社会主义要确保社会主义的本质，就是要坚持公平正义这一题中应有之义，并在坚持和发展中国特色社会主义实践中促进和实现社会的公平正义，这是全面建成小康社会的客观要求，也是中国特色社会主义社会发展的客观要求。但是，因发展的阶段性，中国特色社会主义建设实践中也还存在诸多社会公平风险。就村庄而言，这种公平风险很大程度上与中国城镇化的大规模推进有关，与不均衡的城乡发展战略有关。政府由于实施长期的城市中心主义发展战略，导致城乡发展不平衡、乡村发展不充分成为社会主要矛盾的主要方面，使村庄社会公平风险有加剧之势，需引起高度警惕。

具体而言，城镇化进程中的村庄社会公平风险，主要包括以下两个方面：

1.城乡差距扩大所引致的公平风险

中国城乡收入差距已成为影响城乡融合发展的重要瓶颈。中国城乡差距，具体表现为：城乡收入差距、教育差距、医疗差距、消费差距、就业差距和政府投入差距。总而言之，就是城乡投入与公共服务水平和能力的差距。中国城乡差距的扩大，阻碍了中国经济社会的可持续发展，导致农业发展相对缓慢、村庄进步相

[1][德]马克思，恩格斯．马克思恩格斯全集（第20卷）[M]．北京：人民出版社，1971：28.

对不足，这根源于长期以来政府对城市发展政策支持的倾斜、城乡二元体制的客观存在和社会分配制度的调节有限。

城乡差距的客观存在，一方面使得城乡居民分享改革开放成果存在差异性，政府长期以来坚持城市中心主义的建设和发展战略，尽管从纵向来看村庄发展进步很大，但从横向而言差距不小。真正实现城乡居民共建共享的现代社会，还任重道远。另一方面使得城乡资源流动的不均衡，优质资源越来越多地集中到城镇，村庄社会的衰败在所难免，如何防止在推进城镇现代化过程中出现乡村的衰败化，典型如传统古村落的消失、村庄人才的外流、乡贤文化的远去等，是推进城乡融合发展所必须着重考虑的一个重要问题。

2.村庄社会内部因主体能力差异所产生的公平风险

城镇化推进过程中的村庄社会公平风险，不仅体现为空间结构上的城乡差异，也还体现为村庄本身这一空间内部的差异。对于大部分村民而言，外部的城乡差异或许感受并未像内部差异来得明显。在当下中国村庄社会，因为个体自身差异、家庭生命周期差异、家庭资源禀赋差异、资源获取能力差异等而导致的农民之间的分层与分化，日渐明显。从整个社会阶层来看，当代中国社会可以分为十大阶层，即国家与社会管理者阶层、经理人员、私营企业主阶层、专业技术人员阶层、办事人员阶层、个体工商户阶层、商业服务人员、产业工人阶层、农业劳动者阶层、城乡的失业者和半失业者。[1]在陆学艺看来，当代中国社会结构最不合理的地方，就是农业劳动者阶层占比过大，不利于社会结构的均衡稳定。

然而，即使是农业劳动者阶层内部，也因为各种因素的影响，如农村联产承包家庭经营体制的形成与发展、农村的农业劳动生产率的提高、家庭功能变迁与农民身份的变化，使得农民内部的分化也达到了很高的程度，当代中国农民阶层至少已分化为以下八个阶层：农业劳动者阶层、农民工人阶层、雇佣工人、智力型职业者阶层、个体工商户和个体劳动者阶层、私营企业主阶层、集体企业管理者阶层、农村社会管理者阶层。[2]而在陆学艺看来，1990年代以来的农民可以分为农村干部、集体企业管理者、私营企业主、个体劳动者、智力型劳动者、乡镇企业职工、农业劳动者、雇工、外聘工人、无职业者等十个阶层。[3]不管以何种方式

[1] 陆学艺. 当代中国社会阶层研究报告 [M]. 北京：社会科学文献出版社，2002.
[2] 何新华. 当代中国农民的分层研究 [J]. 探索与争鸣，1999(02)：3–5.
[3] 陆学艺. 当代中国农村与当代中国农民 [M]. 北京：知识出版社，1991：45.

和标准对农民阶层进行具体分类，一个总的社会事实就是农民之间的分化已经是毋庸置疑的存在。

正是因为农民之间阶层分化的客观存在，村庄社会也并非是铁板一块、整齐划一，而是由有着不同的利益价值取向、社会关系、价值观念等所构成农民社会阶层组成的，农户之间的利益高度分化，各自的政治社会关系并非局限于村庄，既有在村庄内谋生者，也有完全脱离于村庄的人，村庄从某种程度上来说已成为部分人的“乡愁寄托之所”。同时，因为农户个体的差异，当国家资源向村庄延伸尤其是各种项目下乡时，一些资源禀赋较差的家庭往往相对处于劣势，如何确保资源下乡过程中的社会公平，同样是制定公共政策与推进乡村振兴所需考虑的重要问题。

四、村庄治理风险

乡村治理是国家治理的重要基础，是基层治理的重要组成。乡村治理体系和治理能力的现代化，在国家治理体系和治理能力的现代化中扮演着十分重要的角色和作用。对于何谓乡村治理，学者们作出了不同的界定和理解。比如徐勇认为，乡村治理是指通过解决乡村面临的问题，实现乡村社会的发展和稳定[1]；贺雪峰认为，乡村治理是指如何对中国的乡村进行管理，或中国乡村如何可以自主管理，从而实现乡村社会的有序发展。[2]不论如何理解乡村治理，乡村治理无外乎会涉及以下问题：即通过一定主体实施的行为，实现乡村社会的稳定和发展。当代中国乡村治理研究的兴起，是1990年代以后的事情。之所以乡村治理备受关注，并一时间成为显学，尤其是在2000年之后的几年，各种会议和论坛“言必乡村”。这与人民公社解体和村民自治制度的实施有关。社会学、政治学、法学、人类学、管理学、历史学、心理学、宗教学等学科，都对乡村治理研究有所涉及。总的来看，乡村治理研究主要包括以下几个方面：乡村治理的外在条件研究、乡村治理的内在机制研究和乡村治理内生基础的研究。[3]在关注乡村治理的过程中，学者们从不同的角度关注到乡村治理过程中的乡村治理危机问题。比如张富良、刘书英等通

[1] 徐勇. 挣脱土地束缚之后的乡村困境及应对——农村人口流动与乡村治理的一项相关性分析 [J]. 华中师范大学学报(人文社会科学版)，2000(02)：5–11.

[2] 贺雪峰. 乡村治理研究的三大主题 [J]. 社会科学战线，2005(01)：219–224.

[3] 贺雪峰，董磊明，陈柏峰. 乡村治理研究的现状与前瞻 [J]. 学习与实践，2007(08)：116–126.

过对河南省 Z 县村支书、村主任现状的调查数据分析，从治理主体的角度对乡村治理危机进行了分析和研究，并提出了加强农村干部队伍建设的一些设想。[1] 申端锋等则通过对农村价值层面的变化的实地调查，对乡村治理危机有了一新的理解，认为中国农村正在由治理性危机向伦理性危机转变[2]，具体表现为无公德的个人的兴起[3]和个体家庭本位的上升。[4]过去的研究相对较多地关注乡村社会本身的危机，也就是村庄社会因自身原因所引发的风险与危机问题，这些问题或危机既是村庄演进中所出现的问题，也是村庄社会治理失序所产生的问题。在城镇化推进过程中，由于村庄社会在城镇化推进中的相对弱势地位，使得村庄社会内部尤其是村庄治理中出现了诸多不同于过去的新问题。

1.村庄治理价值的偏差

村庄治理价值是村庄治理的至高追求，是影响村庄治理走向的关键。受各种历史性因素与现实环境的影响，尤其是各种政绩观念、领导干部思维定式等的左右，城镇化过程中的乡村治理价值存在一定程度的偏差或者说偏失。具体体现为，一方面，村庄只是作为城市的翻版在建设，或者说乡村城市化的主调较为明显，村庄治理并没有考虑到村庄本身的价值，尤其是村庄传统、乡土文化和村庄符号等的价值和意义，过多地以现代化的都市理念来改造村庄，导致乡村建设“乡不乡、城不城”。另一方面则是随着现代化的推进，都市文明的强势使得村庄社会遭遇前所未有的破坏性“后果”，典型如村庄社会中各种不良文化与价值观念的盛行，如笑贫不笑娼等。乡贤文化作为传统中国村庄社会的重要文化景观，在文明教化、谋利桑梓和村庄治理中发挥了独特的作用，形成了丰厚的传统和经验，对中国基层社会的稳定和中华优秀传统文化的传承发挥了重要作用。但是，由于错误思想的影响，乡绅阶层被打到，乡贤文化有了一定的断层，乡贤文化已成为村庄社会中的稀缺文化。之所以稀缺，除了过去的错误思潮所造成的影响外，很大程度还因为新乡贤在国家行政权力中心之外已经找不到合适的发挥作用与余热的方式。如何让乡贤们愿意“告老还乡”、回报桑梓，真正让乡贤们能够留得下、留得住、

[1] 张富良，刘书英．从治理主体角度透视乡村治理危机——河南省 Z 县村支书、村主任现状调查 [J]．阿坝师范高等专科学校学报，2004(02)：1–5.

[2] 申端锋．从治理性危机到伦理性危机——华中科技大学中国乡村治理研究中心“硕博论坛”综述 [J]．华中科技大学学报(社会科学版)，2007(02)：71.

[3] 阎云翔．私人生活的变革——一个中国村庄里的爱情家庭与亲密关系 [M]．上海：上海书店出版社，2009.

[4] 谭同学．桥村有道——转型乡村的道德权力与社会结构 [M]．北京：生活·读书·新知三联书店，2010.

留得好，还需要在组织工作、政策优惠、舆论宣传和环境土壤等方面费力。

2.村庄治理环境的恶化

随着工业化、城市化和现代化的突飞猛进，作为中国农民安身立命之所的乡土中国正在发生翻天覆地的变化，这种变化很大程度上是城市化进程的强力作用，也就是推力作用的结果。在中国城镇化进程中，受城市发展主导思维、城乡二元结构制度等制约，村庄治理环境恶化，突出表现就是村庄社会心态环境的变化。在过去的村庄治理中，帮工很常见，义务工很流行。如今，在市场化和功利化思维与逻辑主导之下，一切以是否有“金钱利益”或“实际可用”为行为依据和选择标准，过去的互帮互助被“货币”“礼金”“红包”等替代。在村庄社会，明哲保身者增多，为公共利益站出和代言者减少，但很多人为了一己之私却可以不顾一切、奋不顾身。村庄治理环境的恶化，不能仅仅归因于国民性的缺失，归因于农民合作精神的缺乏，归因于农民的自我利益化，而是要从政府信任、社会制度和政策实施等方面思考，多在政府公信力提升、社会政策公平等方面费神，让村庄社会愿意相信政府，进而真正改良村庄治理的风气和土壤。

3.村庄治理主体的异化

自20世纪初期开始，村庄治理研究开始取代村民自治研究成为中国农村研究的主体。村庄治理研究主要是“通过阅读和理解转型期乡村社会的治理变化及特质，研究自上而下的政策、法律和制度在农村实施的过程、机制和结果来理解中国农村”。[1]在村庄治理研究中，村治主体的现状、特征、产生及其演进是关注的重点。在传统社会中，士绅是村治主体，作为国家权力下渗村庄社会、实现国家与社会良性互动的重要角色，发挥着关键性的中介作用。从某种意义上来说，传统士绅既是国家政权的后备军，亦是村庄社会的富豪。[2]新中国成立以后，村干部作为村治主体开始成为乡村治理中的中坚力量，是新时期推进国家权力下沉，实现对村庄社会治理的重要依靠力量。从某种程度上说，村干部扮演着国家代理人和村庄当家人的“双重角色”。[3]应当说，学界对村治主体的特征及其性质等的探

[1] 吴毅，贺雪峰，罗兴佐，董磊明，吴理财．村治研究的路径与主体——兼答应星先生的批评[J]．开放时代，2005(04)：82–96.

[2] 狄金华，钟涨宝．从主体到规则的转向——中国传统农村的基层治理研究[J]．社会学研究，2014，29(05)：73–97+242.

[3] 徐勇．村干部的双重角色：代理人与当家人[J]．二十一世纪，1997（8）.

讨均比较深入。但近些年来，因为村庄治理环境的变化，尤其是城镇化的大规模推进、项目进村、反哺型村庄治理体制的确立等，使得村庄治理主体出现了一些异化。主要表现为：一是项目进村中的“新代理人”现象[1]的出现。在项目治国的整体背景下，项目进村成为村庄治理中的一个新现象，并成为新时期推进村庄治理的重要手段。在项目进村过程中，一些经济头脑灵活、社会关系广泛、能够与基层政府搭上关系的人往往成为项目承接主体，并且与村治主体开始出现惊人一致。以致在村干部换届选举中常常可以看到，一些包工头会想方设法、通过经济等手段当选村干部，然后通过担当村干部在承接项目上实现双赢。二是乡村混混染指村干部，或者说村干部混混化。在相当长时间以来，乡村混混已成为村庄治理中的一支重要力量，在对接权力、打通市场、重建伦理等方面发挥着重要作用。在一些地方，慑于乡村混混的拳头，村民在选举时往往投出违心一票。调研发现，混混当选村干部已不是个别现象。三是村干部不在村。受城乡二元体制的影响，村干部以现有工资无法维持正常的生产与再生产，因此村干部外出务工成为村治队伍变迁中的一个正常现象，这导致了很多村干部尤其是中西部地区的村干部不在村情况增多，影响了村庄治理的正常进行。

[1] 李祖佩. “新代理人”：项目进村中的村治主体研究 [J]. 社会，2016，36(03)：167–191.

第三节　村庄演进中的困境及风险化解

城镇化进程中村庄演进的空心化困境、危机应对困境和灰色化困境，以及文化建设风险、社会公平风险、环境污染风险和村庄治理风险，给村庄社会发展与稳定带来了深层次的矛盾与问题。推进村庄社会的和谐稳定与发展，需要找准原因、构建应对村庄社会发展困境与风险的有效治理机制。

一、村庄演进中的发展困境及风险的生成原因

社会变迁中的村庄社会发展困境及风险的生成与客观存在，与社会结构的深刻调整、社会转型的急剧加快以及社会分化的严重等因素不无关联。总体来看，社会变迁中村庄社会发展困境及其风险的衍生与裂变，并非是“改革发展中的附属品”，也并非是村庄社会发展壮大的必然，而是有其内在根源与现实因素。

1.单向度的城镇化发展战略

“在城乡二元分治的状态下，中国的城乡关系在相当长的历史时期里出现利普顿所描述的‘城市偏向’，即由于政府政策对城市的过分保护而引起的非公平的城乡关系，城市化发展不仅没有较好地带动农村发展，反而是乡村在给城市发展提供资本的‘原始积累’。”[1]长期以来，中国经济社会发展战略以工业和城市优先发展为基本导向，在资源配置、政策优惠以及公共服务体系建设等各个方面，都是农业要服从于工业的发展，农村要服从于城市的发展，农

[1] 李培林．中国社会 [M]．北京：社会科学文献出版社，2011：197.

民要服从于市民的发展。为了快速完成工业化、城镇化的原始积累，村庄的各种资源在城乡二元结构的体制下被吸取用于支援工业和城市发展，农业支持工业、乡村支持城市一直以来是工业化、城镇化进程中的主旋律。或许，这种发展战略，在社会主义建设初期具有一定的合理性，但其同样有着难以规避的弊端。这样一种典型的单向度城市化发展战略，造成城乡发展不平衡、乡村发展不充分的矛盾越来越突出，形成严重的村庄衰退病态。伴随城镇化快速的推进，对城乡关系的忽视，不仅导致了社会变迁中的村庄社会发展困境及风险的产生，也使得社会变迁中的村庄社会发展困境及风险得以生成并不断蔓延。可以说，以工业和城市优先发展的单向度现代化发展战略，一方面导致以村庄空心化为具体表征的“乡村病”，成为城镇化进程中的社会难点问题；另一方面导致越来越多的农民进入城市，使“城市病”愈演愈烈成为城镇化进程中的社会焦点问题。

2.欠合理的基层社会体制改革

长期以来，中国村庄社会主要依靠社会力量自治。在传统的乡土中国，往往是“皇权不下县”，长老、宗族和习俗等传统力量较大，传统村庄是熟人社会的礼治秩序。新中国成立以后，国家权力开始全面下乡，通过基层党建“将支部建立在连上”，使“组织起来”的力量深入到每一个行政村和自然村落，再通过人民公社体制实现了村庄治理国家化。随着中国工业化、城镇化的加快推进，国家发挥政府的制度干预和市场的资源配置双重作用加大了对村庄资源吸取的力度，引发了自 1990 年代以来的村庄治理危机，发出了“农村真穷、农民真苦、农业真危险”的呐喊，减轻农民负担的农村税费改革应时而生。从积极意义上来说，农村税费改革缓和了基层干群关系和党群关系，但源于税费取消而导致的合村并组等村庄治理改革，进一步加快了村庄的无序与原子化，给村庄治理重又蒙上了一层阴影，以致各种治理性社会变迁中的村庄社会发展困境及风险问题突生。[1]

3.村庄社会建设的滞后与失衡

随着工业化、城镇化的快速推进与不断扩张，中国城乡社会发展出现了如此二元悖论：一方面，传统的村庄社会共同体不断解体和原子化，造成乡村在地理空

[1] 何绍辉．乡村振兴视野下的“乡村病”及其应对——来自多点田野调查的思考 [J]．湖湘论坛，2018，31(05)：62–69

间上的“空壳化”，在居住人口上的“空心化”，在乡村秩序结构上的“灰色化”；另一方面，城市人口过度膨胀超过了城市的承载力，环境污染、交通拥堵、秩序混乱，城市生存环境恶劣。这种局面的造成和出现，除了社会资源分配体制的有失合理之外，更为重要的是中国社会建设和社会管理服务的滞后。正如陆学艺先生曾经指出，“改革开放三十多年来，中国坚持以经济建设为中心，现已基本实现了经济现代化，但社会建设还相对滞后。”[1]社会变迁中的村庄发展困境的客观存在，问题的根源就是社会建设滞后于经济建设，尤其是村庄社会建设严重滞后。加强村庄社会建设，尤其是破解村庄熟人社会解体后的社会建设难题，搞好基层社会治理与服务，无疑是乡村振兴所需面临和解决好的重大课题。

二、村庄演进中的发展困境及风险化解

城镇化进程中村庄演进的社会发展困境及风险的客观存在，不仅影响到农民的生存与发展，也给村庄的持续发展带来了前所未有的难题，更是影响到乡村振兴的能否顺利推进，亟须采取有力措施予以化解。总的来说，可从以下几个方面努力：

1.注重在加强农村基层组织建设中重塑村庄组织权威

村庄黑恶势力以及灰色势力的日渐盛行，自然灾害应对滞后，村庄公共危机应对与处理能力的日趋弱化，不少在任村组干部离岗外出务工而不履行职责，担任村组干部主要是为了获取利益和资源，这些问题的出现很大程度上就是与乡村治理体系与治理能力不足有关，尤其是农村基层组织建设乏力导致基层政府不作为、公信力下降。这些现象和问题的存在，不仅影响了村庄治理绩效，更是有碍基层社会的和谐稳定。实施乡村振兴战略，毫无疑问要积极治理这些现象，以提升基层组织公信力为核心，以重塑村庄组织权威为目标，不断加强乡村基层组织建设，根治其生发土壤。

加强农村基层党组织建设，要着力发挥村庄党组织的核心带动作用，切实贯彻好中央关于农村基层党组织建设的基本要求，切实加强对村庄党员尤其是流动党员的登记、教育与管理，切实推进全面从严治党向基层延伸，把全面从严治党

[1] 陆学艺．建设社会现代化：中国未来发展的战略重点 [J]．西北师大学报 (社会科学版)，2012，49(06)：1–5.

落实到每一位党员身上。要进一步推进和深化村民自治制度，实现农民在村庄治理中当家做主，强化对那些乱作为和不作为的村干部进行面对面的有效监督。要推进乡村治理信息公开制度，让村庄治理在阳光下运行，切实提高村级组织的公信力与权威性。

2.注重在加强农村文化建设中完善村庄公共文化服务体系

村庄文化缺失的原因在于，相对于经济贫困的急迫性，文化发展的地位被长期忽视，而推进的村庄文化建设又水土不服，不仅脱离村庄的现实，而且脱离农民的需要。加强村庄文化建设，就要以文化下乡为契机，注重加大村庄文化建设投入力度，把村庄文化建设摆在更加重要的位置，不断健全村庄公共文化服务体系，推进村庄公共文化服务均等化、全覆盖。建立村庄文化发展的多元投入机制，发挥财政资金的引导作用，动员社会力量和社会资本参与和介入村庄文化建设，为村庄文化发展提供多元的资金支持和保障。进一步推进文化下乡工程，依据农民的需求、农村的特点和社会发展的趋势，选择符合农民需要、有广阔农村市场和健康向上的文化产品下乡，合理引导和规范管理农村文化消费市场，对村庄不良文化、低俗文化加大打击力度。注重挖掘村庄传统优秀文化资源，汲取传统优秀村庄文化营养，着力传承好村庄优秀传统文化，注重培育好村庄传统文化尤其是非物质文化遗产传承人。

3.注重在实施乡村振兴战略中推进城乡融合发展

村庄衰退的根源是城乡二元结构，导致城乡资源分配的失衡。村庄社会变迁中各种困境及其风险的生成，客观上是城乡发展失衡，过于重视城市而相对忽视农村的产物。要摒弃城市中心主义的导向，像重视城市建设一样重视乡村振兴，积极推进农业农村现代化。要抓住城乡融合发展的核心，那就是要以农业农村优先发展为取向，破除城乡二元体制，推进乡村振兴。要从根本上改变以工业和城市优先发展的单向度现代化战略与规划，将乡村振兴和新型城镇化摆在同等位置上，推进城乡共同繁荣。坚持新型城镇化建设的正确方向，大力实施新型城镇化战略，加强以人为核心的城镇化建设，注重适度控制大城市规模，发展中小城市和卫星城镇。既要做好新型城镇化顶层设计，科学规划好城市布局，也要注重发挥新型城镇化的地方创新和基层实践优势，在新型城镇化建设中推动城乡融合发展。

小　结　化危为机：村庄演进的两面

城镇化进程中村庄演进的各种困境及其风险的生成，从某种程度上来说是社会变迁的伴生物。在村庄社会变迁图景中，有进步的一面、积极的一面，也有不利的一面、消极的一面。村庄演进的各种困境及其风险，就是村庄演进中消极面的具象体现。实施乡村振兴战略，推进农业农村现代化，毫无疑问需要面对客观社会事实，正确看待和处理好村庄演进中的诸多问题。

村庄演进中的诸多问题，在以农业税费占主导性地位的时代往往表现为治理性危机。农业税费取消后，虽然以农民负担等为表征的农村治理性危机有所缓解，但以农民合作、村民自治等为具体表现的治理性危机和以乡贤文化远去、村庄伦理变异等为具体标准的伦理性危机却日渐严重。因此，要实现乡村振兴，就要积极面对各种治理性危机和伦理性危机。

首先，村庄演进中的各种治理性危机和伦理性危机也好，抑或是各种治理困境与风险也罢，都是村庄向现代转型所必然产生的，要理性地看待。新中国成立 70 多年来，尤其是改革开放 40 多年来，村庄发生了翻天覆地的变化，农民收入不断增加,村庄环境不断美化,农民生活不断改善，农业生产生活条件不断向好。可以说，中国农业农村发展取得了举世瞩目、前所未有的成绩和发展，处于历史上最好的发展时期之一。村庄演进中的各种困境及风险，是村庄发展中的问题，不是主旋律，只是短暂的痛。只是，这种短暂的“阵痛”同样不容忽视，而要认真面对，绝不能因为其只是冰山一角而弃之不理。要从村庄长远发展与和谐稳定的战略高度出发，辩证、理性地看待村庄演进中的诸种困境及风险，才能研判未来的进路。

其次，村庄演进中的各种困境及风险的生成，有村庄社会自身的因素，但更多的是发展战略的因素所致。一直以来，村庄社会在国家发展战略中处于次要而非主要的地位，处于辅助而非主导的位置。在强势的城市文明面前，乡土文明显得尤为弱势。再加之，国家在城乡发展战略的制定上，秉持的是城市中心主义的发展战略。工业和城市优先农业农村发展曾经是国家的基本方略，而资源过多地投放于城市更是造成了村庄社会的相对凋敝。要力改村庄发展的弱势地位，就要调整发展战略，给予村庄应有的重视，真正让城市反哺乡村、农业农村优先发展的政策落到实处。

第三，在理性应对村庄演进中的诸种困境与问题的同时，更要积极采取措施，有效应对各种治理性与伦理性危机。危机的客观存在，可以为推进农业农村现代化提供切入口。要抓住村庄社会治理实践中存在的诸种问题，从发展的角度出发，尤其是从村庄演进的主旋律出发，变不利为有利，在有效化解各种危机与问题中推进村庄社会善治，进而实现中国乡村的全面振兴。

第七章 乡村振兴战略下村庄演进的路径选择

改革开放推动着中国经济社会的不断发展，实现了由农业中国到工业中国的历史演进，正处于乡村中国全面进入城镇中国的新方位，村庄发展到了一个前所未有的窗口期。党的十九大报告提出了“乡村振兴战略”，要求按照“产业兴旺、生态宜居、乡风文明、治理有效、生活富裕”的总要求，建立健全城乡融合发展体制机制和政策体系，加快推进农业农村现代化。[1] 因此，乡村振兴战略目标下村庄的进路，就是要按照“农业强、农村美、农民富”的远景规划，在推进全面现代化的进程中建立公平和谐的城乡关系，推动农业全面升级、农村全面进步、农民全面发展，让农业成为有奔头的产业，让农民成为有吸引力的职业，让农村成为安居乐业的美丽家园。[2]

[1] 习近平．决胜全面建成小康社会　夺取新时代中国特色社会主义伟大胜利——在中国共产党第十九次全国代表大会上的报告 [N]．人民日报，2017-10-28.

[2] 中共中央国务院关于实施乡村振兴战略的意见 [N]．人民日报，2018-02-05.

第一节　村庄的进路：乡村振兴战略的提出

工人和农民的关系、城市和农村的关系、工业与农业的关系是社会的基本关系，如何协调和处理好它们之间的关系，事关中国社会经济发展最基本的战略选择。在中国的城乡关系由对立到二元分离到协调发展的过程中，农业农村发展也经历了由服从于工业化、城镇化，到以工补农、以城带乡的过程。党的十九大报告在实施乡村振兴战略中明确提出推进城乡融合发展，意味着城市与乡村、工业与农业进入到平等发展的阶段，实现乡村由从属于工业化和城镇化到坚持农业农村优先发展的这样一个历史性转轨。[1]

一、顺应城乡关系必然趋势

正如马克思、恩格斯的预言，城市与农村从分离最终会走向融合，其轨迹大致要经历三个辩证发展阶段：城育于乡，即城市诞生于农村；城乡对立，工业革命作为催化剂加速了城市化进程，造成城乡分离；城乡融合，随着城市化的发展，逐步消除城乡差别。[2] 马克思、恩格斯认为，城乡融合是城乡发展的终极目标，是社会发展的高级阶段。[3] 中国特色社会主义进入新时代，城乡呈现融合发展的新趋向，提出乡村振兴战略是回应村庄演进的时代要求和未来农业农村现代化发展趋势作出的重大战略部署。

[1] 陈文胜．乡村振兴战略推动城乡关系进入新时代 [N]．湖南日报，2017-11-09(008).

[2] 白永秀，王颂吉．马克思主义城乡关系理论与中国城乡发展一体化探索 [J]．当代经济研究，2014(02)：22-27.

[3][德] 马克思，恩格斯．马克思恩格斯全集（第 1 卷）[M]．北京：人民出版社，2009：689.

1.从城乡统筹向城乡融合的转变

根据亚当•斯密在论述城乡关系时的论断，农业的剩余是工业化、城市化的先决条件。到2006年中国全部取消了农业税，意味着工业化已经不依赖于农业的剩余了，标志着完成了第一次工业革命进入了工业中国的时代。随着城市化的快速推进，到2016年常住人口城镇化率达57.4%，以城镇为主的人口分布格局已经形成，标志着进入了城市中国的时代。在这个进程中，土地增值的财富和劳动价值的增值为中国的城镇化做出了巨大的贡献，土地财政和农民工就是根本标志。十九大提出构建城乡融合发展的体制机制和政策体系[1]，意味着像取消农业税那样破解城乡二元结构，这是一个历史性的转轨。过去城乡统筹主要是以城统乡，城乡一体化也主要是通过资源要素的优化配置来促进城乡发展。并且，马克思认为，城乡融合是城乡发展的终极目标，是社会革命成功与否的关键。什么叫城乡融合？城市有城市的特点，乡村有乡村的特点，两者并存共荣共生，而不是扩张城市减少农村减少农民。从两个趋向重要判断的提出，到城乡统筹，再到城乡一体化，到城乡融合发展，是中国城乡关系的又一次飞跃。[2]

2.从“四化”同步发展到农业农村优先发展的转变

长期以来，三农工作始终是党和国家工作的重中之重，但在乡村振兴战略中非常突出地提出坚持农业农村优先发展，这是前所未有的。过去所谓的“四化”同步，是满足工业化需要的农业现代化战略，是满足城镇化需要的农村发展战略。尽管十九大报告也一如既往地提出了新型工业化、城镇化、信息化与农业现代化的同步发展，但全面建成小康社会的主要任务是补短板，在现代化建设中，农业是短板；在全面小康社会建设中，农村是短板。中国现代化与否，关键在农业农村。所以，农业农村优先发展在十九大报告中正式提出来，把农业农村摆在一个前所未有的国家战略高度，就是从满足工业化和城镇化的需要，到优先满足农业农村发展的需要这样一个历史转变。[3]

---

[1] 习近平. 决胜全面建成小康社会　夺取新时代中国特色社会主义伟大胜利——在中国共产党第十九次全国代表大会上的报告 [N]. 人民日报，2017-10-28.

[2] 陈文胜. 怎样理解“乡村振兴战略”[J]. 农村工作通讯，2017(21)：16-17.

[3] 陈文胜. 乡村振兴战略推动城乡关系进入新时代 [N]. 湖南日报，2017-11-09(008).

3.从农业现代化到农业农村现代化的转变

在中国现代化推进以来，主要是提农业现代化，如“四化”同步就只提农业现代化，大多是从粮食安全的角度出发。十九大报告提出“农业农村现代化”，把农业农村放在一起，那就不能单纯地把农村作为一个农产品供应基地。因为，乡村发展成为了中国现代化的一个决定性因素。习近平总书记在十九大报告中明确提出，要建设的现代化是人与自然和谐共生的现代化，既要创造更多物质财富和精神财富以满足人民日益增长的美好生活需要，也要提供更多优质生态产品以满足人民日益增长的优美生态环境需要。[1] 生态产品能离开乡村吗？所以，“农业农村现代化”是从整体视野中看待乡村的发展。

再就是社会发展规律的必然，人类回归大自然、回归乡村是一个社会发展的必然趋势。如美国和欧洲发达国家，著名的大企业都在小镇，著名的高校都在小镇，日本的 IT 行业等很多新兴产业都往乡村转移，普遍出现了回归乡村运动。随着信息化的不断推进，互联网极大地改变了城乡的空间距离，为新兴产业在乡村的发展开辟了广阔的道路，使乡村的功能进入了多元发展的历史阶段，成为未来现代化极为宝贵的发展空间。乡村不再只是提供农产品的生产基地，其中的生态、文化、社会的价值优势对满足人民的美好生活需要发挥着越来越重大的突出作用。

二、回应乡村发展时代要求

随着中国社会的主要矛盾发生了根本性变化，构建新型城乡关系成为全面建成小康社会的客观要求。因此，党的十九大以乡村振兴战略总揽三农工作全局，推进农业、农村、农民现代化，这是在新时代对城乡关系与村庄发展的深刻认识和准确把握，成为推进新时代中国特色社会主义现代化建设的时代要求。[2]

1.应对社会主要矛盾的必然要求

十九大报告提出社会的主要矛盾已转化为人民日益增长的美好生活需要和不平衡不充分的发展之间的矛盾。[3] 从目前中国发展的现状而言，城乡发展最不平衡，

[1] 习近平. 决胜全面建成小康社会　夺取新时代中国特色社会主义伟大胜利——在中国共产党第十九次全国代表大会上的报告 [N]. 人民日报，2017-10-28.

[2] 陈文胜. 乡村振兴战略推动城乡关系进入新时代 [N]. 湖南日报，2017-11-09(008).

[3] 习近平. 决胜全面建成小康社会　夺取新时代中国特色社会主义伟大胜利——在中国共产党第十九次全国代表大会上的报告 [N]. 人民日报，2017-10-28.

农村发展最不充分，受发展不平衡不充分影响最大的是农民，已经成为中国社会不能满足人民对美好生活需要矛盾的主要方面。[1]矛盾之变就决定着全局之变。乡村是中国全面现代化的短板，乡村现代化的水平就决定了整个中国的现代化水平，能不能实现现代化的关键在农业农村。所以，习近平提出，“中国要强，农业必须强；中国要美，农村必须美；中国要富，农民必须富”，用“小康不小康，关键看老乡”的全新判断来突出农业、农村、农民在全面建成小康社会中的中心地位，把农业农村能不能实现现代化作为评判现代化的根本标准。十九大报告进一步要求实施乡村振兴战略，坚持农业农村优先发展，把乡村的发展摆到国家战略的位置进行决策部署，以全面发展来破解不平衡不充分的问题，体现了应对社会主要矛盾的必然要求。[2]

2.破解城镇中国时代难题的战略选择

在过去的工业化进程中，作为人口大国既要全力以赴解决自己吃饭的问题，又要进行快速的工业化，这是一个非常两难的工农关系问题。中国用三十多年的时间走完了别人用两百多年走完的道路，从一个三十多年前人均 GDP 全球倒数第 2 位（仅是印度人均 GDP 的 2/3）、人均收入只有非洲撒哈拉沙漠以南国家人均收入三分之一的国家，成为制造业是美国 8 倍的全球最大世界工厂、全球最大的工业生产国和农产品生产国的世界第二大经济体，取得成功的关键是什么？从改革开放以来，党中央始终把三农作为党和政府工作的重中之重，特别是从 2004 年开始连续下发了 14 个三农一号文件，不断推出一系列惠农、强农、富农政策，不断强化农业作为国民经济的基础地位。在 2006 年全部取消了农业税，宣告了两千多年以来以农养政、以农补工的历史正式终结，标志着中国的工业化已经完全不需要农业的积累了，中国的经济社会发展开始由农业中国进入工业反哺农业、财政补贴农民的工业中国新时期。中国成功地破解了在推进工业化的同时，确保用不到世界 7% 的耕地养活占世界 22% 的人口这个时代难题，创造了人类史上前所未有的工业化奇迹。随着中国现代化不断推进，2016 年常住人口城镇化率达 57.4%，以城镇为主的人口分布格局已经形成，标志着由乡村中国进入了城镇中国的新时代。如何推进中国的全面现代化，其中最关键的问题就是要破解一个重大的新时

[1] 陈文胜．乡村振兴战略推动城乡关系进入新时代 [N]．湖南日报，2017-11-09(008).
[2] 陈文胜．为什么要提出乡村振兴战略 [N]．湖南日报，2017-12-05(005).

代难题：城镇化难以逆转，如何在人口不断向城市集中的同时避免乡村空心化并振兴乡村。十九大报告把乡村振兴战略作为国家发展战略，从制度上改变了乡村从属于城市的现实，必然要求在城镇化进程中决不能忽视乡村的中心地位和城乡关系的平等地位，必须始终将乡村振兴作为党和政府工作的重中之重，才能准确把握中国现代化的战略方向。[1]

3.推进农业农村现代化的有效突破口

“乡村振兴战略”的“乡村”，是一个空间概念还是一个行政概念？实质上，农业农村农民是农业社会到工业化进程中的工农关系与城乡二元概念，乡村是城镇化进程中中国进入城镇时代的城乡融合概念，包括了农业农村农民。世界上发达的现代化国家已经没有农村的概念了。同时，战略思路、战略目标确定之后，战略实施的切入点、突破口便是决定因素。在中国全面现代化的推进中，农业农村现代化到底在哪一个层面推进？乡村无疑在城镇化进程的城乡关系中处于核心地位。因此，十九大报告把全部的三农工作放到乡村振兴战略中来部署，以乡村为切入点，建立健全城乡融合发展体制机制和政策体系，推进农业农村现代化，无疑是一个全新的发展理念。不仅使战略指向更明确，落脚点、着力点和突破口更具体，而且重点更突出，明确了乡村在农业农村现代化中的统领地位。[2]

三、防范乡村振兴偏离方向

党的十九大报告提出实施乡村振兴战略，作为全新的战略构想，不仅是重大的政治决策，更是对国家未来发展战略的顶层设计，不能仅仅等同于一个政治任务。特别是在实践中要理清思路，深刻地吸取过去在农村工作中出现的各种教训，在统筹推进“五位一体”的总体布局和协调推进“四个全面”的战略布局中，把中央的要求与各地的实际相结合，使乡村振兴不偏离方向。[3]

1.强调政府主导而忽视农民主体地位

乡村振兴无疑需要政府的主导和推动，但长期以来，农村基层实践大多没有

[1] 陈文胜．为什么要提出乡村振兴战略 [N]．湖南日报，2017-12-05(005).
[2] 陈文胜．为什么要提出乡村振兴战略 [N]．湖南日报，2017-12-05(005).
[3] 陈文胜．实施乡村振兴战略要避开八个误区 [N]．湖南日报，2018-05-26(007).

很好地在平等的基础上去激发农民的自主能力，让农民创造真正属于自己的生活。通过基层调研发现，知识分子来了要求农民这样，政府官员来了要求农民那样，却很少有人问农民自己要怎样。久而久之，就是政府主体、农民客体。因此，农民的依赖性越来越强，也就越来越处于服从地位，越来越丧失自主能力和创造能力。坚持农民主体的原则，核心应是按照农业农村优先发展的要求重塑城乡关系，使乡村的发展进程不再为了服从工业和城市的需要而延缓，在城乡平等的原则下尊重乡村自主，让广大农民成为乡村振兴的真正主体。

2.简单地用工业化思路来发展农业

振兴乡村产业，最核心的产业是农业。作为生态产业，农业生产与工业生产存在显著区别。工业生产对象一般是无机物或结束了生命的有机物，只要工艺相同，在任何地方生产的品质相同；而农业生产是利用生物的生命活动进行的生产，什么样的地域生态环境决定着生产什么样品质的农产品。马克思就认为，由于农业与工业相比具有自然再生产的独特性，导致农业生产与工业生产存在着一系列不同的变化。工业生产是劳动即生产、生产即劳动，而农业生产是劳动即生产、而生产过程不一定都是劳动的过程。由此决定了工业和农业的分配方式、生产方式、生活方式都不一样。[1]因此，农业不仅要遵循与工业发展相同的经济规律，更要遵循自身特殊的生命规律、自然规律。[2]

3.照搬城镇化要求和理念建设乡村

乡村的形成是人与自然长期演变的结果，很多村庄有千百年的历史。因此，乡村的发展不仅要尊重经济发展规律，还要尊重生态发展规律和社会发展规律，要“看得见山，望得见水，记得住乡愁”。实施乡村振兴战略，就必须立足于村庄的特征，发挥各地的自然环境特点、农业的特色、文化和地理的特性，而不能把城镇化的理念简单照搬到村庄，忽视延续几千年的乡土文化传统和风俗习惯。历史上，凡是用城镇化理念生硬推进乡村建设，村庄发展就会趋向恶化。如过去不少地方的新农村建设实践，就是向城市建筑看齐，导致村庄模仿城市大建公园和广场，整齐划一集中建房，变得乡不像乡，城不像城，失去了乡村独特的味道和

[1][德]马克思，恩格斯．马克思恩格斯全集（第24卷）[M]．北京：人民出版社，1972：398-399.

[2] 陈文胜．实施乡村振兴战略要避开八个误区 [N]．湖南日报，2018-05-26(007).

特色，也就丧失了乡村与城市相比所特有的价值。[1]

4.脱离工业化、城镇化来推进农业农村现代化

以工业化、城镇化为发端的整个社会变革与发展，根本上是乡村演进与城市发展的进程，是由农业社会向工业社会演变、由农耕文明向城市文明演变的进程，工农城乡关系变化是这一进程的本质特征。正是由于工业化、城镇化的推进，引发了农民收入结构的变革和生活方式的变革，使村庄在整体上实现了由农业收入为主向非农工资性收入为主的历史性演进。数亿农民摆脱了贫困，主要不是靠扶出来的，而是在外打工农民工和进城经商创业农民商人自我奋斗的结果，是工业化、城镇化的结果。如果没有近三亿农民工置身于工业化、城镇化的进程中，中国的全面脱贫和决胜全面建成小康社会就失去了巨大支撑。因此，不能离开工业化、城镇化来推进乡村振兴，必须将农业农村现代化与工业化、城镇化作为一个有机的整体，按照中央一号文件的明确要求，形成工农互促、城乡互补、全面融合、共同繁荣的新型工农城乡关系。[2]

5.以个案现象概括整个乡村发展状况

毫无疑问，城乡发展不平衡、乡村发展不充分是中国社会发展存在的现实问题。但如何看待和评价中国工业化、城市化进程中的村庄演进值得重视。正如陈锡文所指出的那样，“空心化”“老龄化”以及破败的村庄、黑恶势力横行的乡村等现象，在一个村、一个地方是真实的，但只具有特殊性，不一定具有普遍性，因而判断乡村情况要靠科学统计而不是“返乡故事”。中国幅员广阔，区域差异较大，即使是同一区域内的不同村庄，也因资源禀赋、区域位置、治理水平等不同而存在较大差异。单凭哪一个村、哪一个地方的单一现象或事件无疑难以定论，要从整体上观察中国乡村发展，充分认识到在改革开放到今天的短短四十年间，从 1984 年废除布票到 1993 年废除粮票，由食品短缺的饥饿时代到现在要求粮食去库存的时代，从取消农业税到各种惠农政策不断推出，终结了两千多年来农民养政府、农民养军队历史，进入工业反哺农业、财政补贴农民的前所未有新时期，中国乡村发展正处于历史上最好时期。[3]

[1] 陈文胜．实施乡村振兴战略要避开八个误区 [N]．湖南日报，2018-05-26(007).
[2] 中共中央关于农业和农村工作若干重大问题的决定 [N]．人民日报，1998-10-19.
[3] 陈文胜．实施乡村振兴战略要避开八个误区 [N]．湖南日报，2018-05-26(007).

6.单纯以土地面积来评判农业规模经营

长期以来，在农业发展上基本认为土地规模经营是实现农业机械化的必由之路，没有土地规模经营就不能实现农业机械化，也就不能用现代技术装备来经营农业，就不能实现农业现代化。事实上，今天中国农民的实践却打破了这个论断。由于科技创新发明了小型、微型农机，弥补了丘陵地区、偏远山区的自然条件缺陷，农民发明了社会化农机服务，普遍使小块土地实现了机械化，很多地方甚至通过卫星导航和互联网服务进行信息化的田间管理，从而颠覆了传统意义上的规模经营概念，打破了小农户不能实现农业现代化的判断。如湖南很多地方人均只有七八分地，山区人均只有三四分地，尽管是这么小的规模，除了插秧以外，基本上都实现机械化，都是用现代技术来装备农业。北方的小麦生产也没有美国那样的大规模农场，每个小农户都没有装备农业机械，但通过农业机械的社会化服务实现了统一施肥、统一收割，使用了美国那样大规模的农业机械。农业社会服务的规模化弥补了土地规模的不足，成为一种新的规模经营形式，赋予了农业规模经营以新的时代内容。因此，需要重新定义农业的规模经营，少数人服务多数人种田的农业社会化服务，是小农户与现代农业有机衔接的有效途径。[1]

7.战略短视损害乡土传统价值

在几千年中华民族的历史长河中，不管是帝王将相，还是庶民百姓，乡情是一个永恒主题。无论走到哪里，乡村地名都是每一个中国人回家路上最准确的坐标，代代相传的乡村地名是炎黄子孙的心灵港湾，每一个乡村地名是不可复制、不可断代的历史，承载着千百年的文化信息，是情感维系的标志性符号；祖坟则是寻根问祖的核心要素，每一座祖坟是一根连接家国的情感纽带，从而将祖源认同与民族认同合为一体，使中华民族有一个共同的精神归属，为中华民族的凝聚力、向心力奠定了坚实的基础。[2] 要反思“破四旧”和农村中小学撤并的教训，高度关注不少地方大规模推进“平坟运动”和“合村并乡”等农村改革所带来的隐患，不能让作为历史标记和历史记忆的乡名、村名消失[3]，将家与国的归属纽带一刀两断，从而在国内断了国民的回家之路，在国外断了海外华侨同为炎黄子孙之根，使中国历史文化血脉走向断裂，严重损害中华民族凝聚力和向心力。

---

[1] 陈文胜. 实施乡村振兴战略要避开八个误区 [N]. 湖南日报，2018-05-26(007).

[2] 陈文胜. 周口平坟运动与更具人性的传统文化 [J]. 中国乡村发现，2013(02)：7-10.

[3] 陈文胜. 合乡并村改革切忌大跃进 [N]. 光明日报，2015-12-27(007).

8.对资本下乡妖魔化

现在有一种妖魔化资本下乡的论调，认为资本下乡存在“把农民搞得倾家荡产”“把农户利益席卷而去”的巨大风险。事实上，没有任何理由去恐惧资本下乡。中央一号文件明确要求，要在要素配置上优先满足、在资金投入上优先保障。十九大报告提出，健全城乡融合发展体制机制，关键是要加快清除阻碍城市要素下乡的各种障碍。没有农村各种要素进城就没有城市的繁荣。同样，没有城市各种要素下乡就无法实现乡村的真正振兴。特别是在土地“三权分置”改革后，有不少拥有承包权的农民不从事农业而是转让经营权收取“地租”了,而通过付出“地租”获得经营权的资本也具有“佃农”的特征。十八大以来全面强化了党的组织保障能力，不存在资本和农村基层干部联合起来剥夺农民的土壤，拥有承包权或资格权的农民有了很高的谈判地位。因此，对于农民的承包权或资格权与资本的经营权关系问题，不能以偏概全，要具体情况具体分析。[1]

[1] 陈文胜．实施乡村振兴战略要避开八个误区 [N]．湖南日报，2018-05-26(007).

第二节 深化农业供给侧结构性改革促进农业强

没有产业振兴，乡村振兴就缺乏内在的动力和可持续发展的能力，这是中国农业发展的痛点所在，也是乡村振兴的难点所在。2016 年 3 月，习近平总书记在参加十二届全国人大四次会议湖南代表团审议时首次提出农业供给侧结构性改革；2017 年中央一号文件以推进农业供给侧结构性改革作为主题，标志着中国农业农村发展思路的一个重大转变。[1]2017 年 12 月召开的中央农村工作会议以及 2018 年中央一号文件强调，要以实施乡村振兴战略为总抓手，以深化农业供给侧结构性改革为主线。2018 年 12 月召开的中央农村工作会议以及 2019 年中央一号文件要求，坚持农业农村优先发展，深化农业供给侧结构性改革，推动农业实现高质量发展。2019 年 3 月，习近平总书记在参加河南代表团审议时，强调“要扛稳粮食安全这个重任”，把确保重要农产品特别是粮食供给，作为实施乡村振兴战略的首要任务。[2] 长期以来，粮食保障是中国人的头等大事。邓小平就认为，不管天下发生什么事，只要人民吃饱肚子，一切就好办了。[3] 因此，按照实施乡村振兴战略的要求，以深化农业供给侧结构性改革为主线，是推进乡村产业振兴的关键。

一、中国农业发展进入了一个历史的拐点

中国农业发展发生了由长期短缺向总量平衡、丰年有余再到阶段性过剩的历史演进，呈现农产品供给过剩与供给不

[1] 陈文胜．中央一号文件的“三农”政策变迁与未来趋向 [J]．农村经济，2017(08)：7–13.

[2] 习近平、李克强、王沪宁、韩正分别参加全国人大会议一些代表团审议 [N]．人民日报，2019–03–09.

[3] 邓小平．邓小平文选（第 2 卷）[M]．北京：人民出版社，1994：406.

足并存所呈现出阶段性、结构性供需不对称的基本特征[1]，出现农产品供给的数量和质量不平衡、农业的质量发展不充分，农业生产的规模与效益不平衡、农业的效益实现不充分，国内国外两个市场两种资源利用不平衡、农业国际市场和资源开拓不充分的矛盾[2]，突出地表明了中国农业发展已经进入战略跨越的新方位。

1.数量需求向质量提升转变的历史拐点

改革开放前中国处于食品短缺时代，那时主要是解决农产品数量的需求。因此，长期以来中国的农业发展都是把满足数量需求作为第一目标。政府的农业政策，凡是产量高、规模大的财政都给予支持。对于绝大多数老百姓而言，主要目标是为了吃饱。随着中国经济社会的快速发展，生活水平不断提高，今天中国社会已经发生了温饱有余到全面小康的历史性变迁，农业发展进入了整体数量上相对过剩的时代。随着农产品需求结构的变化，农产品的数量需求逐渐下降而质量需求不断上升，最大需求是为了吃好。一方面，满足市场质量需求的农产品供不应求，高质量、高品质农产品供给相对不足。而另一方面，不能满足市场质量需求的不少农产品供大于求，而且还在继续大量生产，这是问题的关键。

2.生产目标向消费导向转变的历史拐点

中国经济发展导致农产品消费结构也发生了根本性变化，以前饮食是以大米、小麦等主粮为主，现在肉食、水产、果蔬都已成为普通百姓的家常便饭，食品空前多元化了。进一步导致了农产品消费层次的变化，消费结构发生了高、中、低三个层次的演变。相对于高收入群体的高消费趋向，需要满足高品质农产品也能承受高价格。但问题是中国农业生产没有根据消费结构的变化而变化，还是大宗产品大批量生产，没有细分产品质量等级。调研发现，湖南石门县的农民基本没有对当地橘子树的结果量进行人工干预，既没有通过优胜劣汰减少挂果数量以提高品质，因此导致橘树的提早老化；也没有根据农产品不同品质细分为不同等级，以满足不同的市场消费群体，就经常造成农产品总体品质不高、总体产能相对过剩而大量滞销的局面。

[1] 陈文胜．农业供给侧结构性改革：中国农业发展的战略转型 [J]．求是，2017（03）．
[2] 陈文胜．释放改革红利　推进农业现代化 [N]．经济日报，2019-01-16(012)．

3.政府直接干预生产向市场决定生产转变的历史拐点

长期以来，政府大包大揽地干预农民具体的经营行为和生产行为，一方面，政府直接组织发动、人为地扩大生产规模，无疑就造成了产量严重过剩而价格大幅下跌，严重损害农民利益。这不是说对城市低端收入群体没有人文关怀，城市低收入群体需要政府的社会保障，是政府的责任，而非以牺牲农民的利益为代价来承担城市低收入群体的社会保障责任和粮食安全的国家责任。另一方面，每每在农产品价格上涨和下跌之时，政府就会对小农采取有力的宏观政策进行调整，造成单个农产品供大于求与供不应求现象交替出现。过去猪肉涨价，国务院都要召开会议应对，在农民都没有保险的情况下政府给母猪买了保险。因此，必须转变农业的发展思路，最关键的是理顺政府与市场的关系，政府主要是优化制度供给、政策供给、服务供给，把不该管的“放”给市场，发挥市场配置资源的决定性作用，推动政府、市场、农民三方以及各种要素配置的最优化、效率最大化，实现有为的政府与有效市场的高度统一。

4.农业单功能向农业多功能转变的历史拐点

中国的改革是从农村开始的，核心是首先为了解决吃饭问题，也就是所谓的温饱问题。党中央从1982年到1986年连续5个三农一号文件，突出以农业发展为中心，到1984年就首次出现了粮食剩余，到1984年就废除了布票，到1993年就废除了粮票。改革四十年的历史演进：由食品短缺时代，发展到要求湖南大米和东北玉米所谓的去库存时代，中国的农业从来没有今天这样高水平的生产能力。[1]2006年是个历史的拐点，这一年取消了农业税，提出新农村建设，开始了工业反哺农业，党的十七大还提出了城乡一体化的理论。这个历史拐点表明中国社会发生了重大变迁，从温饱不足到总体小康再向全面小康迈进，从农业中国向工业中国迈进，从乡村中国向城镇中国迈进，人民的生活需要发生了从数量满足逐渐向质量满足的转变，农业发展功能就必然发生相应的变迁。以前只想吃饱肚子的时候，农业的功能就是食品价值，以工业化、城镇化为发端，导致了农业具有经济、生态、社会和文化等多方面功能的变革[2]，农业不再只是提供农产品的单功能产业，休闲、观光离不开农业，传统文化离不开农业。例如油菜，油菜的生

[1] 陈文胜. 中央一号文件的“三农”政策变迁与未来趋向 [J]. 农村经济，2017(08)：7-13.
[2] 陈文胜. 现代化的不同步演进与乡村振兴的前景 [J]. 中国乡村发现，2018(01)：12-19.

长过程就是生态价值的提供过程；开花时就具有了观赏价值，推动乡村旅游的发展；菜籽能榨油就是食品价值；油菜的传统的生产过程与种植习惯相联系就具有了文化价值，这就实现了农业多元价值和多功能化。

二、深化农业供给侧结构性改革是乡村产业振兴的必然要求

乡村振兴首要的是“产业兴旺”，只有“产业兴旺”才能“生活富裕”。习近平总书记在参加十三届全国人大一次会议山东代表团审议时，把“产业振兴”列为实施乡村振兴战略主攻方向的五个“振兴”之首。[1] 而农业是乡村的本质特征，乡村最核心的产业是农业，因此，深化农业供给侧结构性改革，以破解当前农业综合效益和竞争力偏低的难题，是实现乡村产业振兴的必由之路。

1.破解产业结构性矛盾的主线

农业供给侧结构性改革以破解农业生产供大于求与供不应求的结构性矛盾为主线，适应市场需求优化品种结构，立足特色优势优化区域结构，适度规模经营优化产业结构。优化产业结构的核心内容是推进品种结构、品质结构、生产结构、经营体系结构、区域结构等产业整体结构的优化。如石门县的柑橘是一个特色品牌，湖南全省的农业发展规划就把石门柑橘作为石门县农业生产的正面清单，对其他地方就作为限制生产的负面清单。因为农产品对种植区域的气候和土质有着独特的要求，不同的区域的农产品就具有不同的品质。因此，要对全省甚至全国的农产品建立优化品种结构正面清单和负面清单，每个地方政府支持种植的品种和相应品质要求，限制和限期推出种植的品种，以优化品种结构为基础优化产业结构。同时，相应建立农产品的保护机制，树立品牌效应，解决品牌混乱问题。[2]

2.提高质量效益与竞争力的核心

正如习近平总书记所提出的“三个转变”：中国制造向中国创造转变，中国速度向中国质量转变，中国产品向中国品牌转变。长期以来，农产品都是以高产量、低价格的“以量取胜”低端路线来竞争的。但是现在已经进入产品过剩时代，

[1] 习近平. 在参加十三届全国人大一次会议山东代表团审议时的讲话 [N]. 人民日报，2018-03-09.

[2] 习近平在河南考察时强调：深化改革发挥优势创新思路统筹兼顾确保经济持续健康发展社会和谐稳定 [N]. 人民日报，2014-05-11.

市场领域的所有产业竞争集中地体现为品牌竞争，是质量效益与竞争力的综合体现，是产业的核心竞争力。提出农业供给侧结构性改革，就是要以质量效益为导向，优化资源配置淘汰落后的生产模式，推动农业供给结构转型升级，使农业生产供给结构不断满足市场消费的需求结构。如果农产品的品牌没有全面建立起来，就标志农产品质量问题最终没有解决。因为品牌是农产品质量效益外在表现形式，缺乏品牌效益与竞争力是表明中国为农业大国而非农业强国的根本标志。此品牌不是地方政府和企业所申报的品牌，而是市场消费者所高度认可、高度美誉、高度信任的品种与品质。例如东北大米是品牌，茅台酒是品牌。因此，农业供给侧结构性改革就是要推动乡村产业高质量发展，也就是由“以量取胜”的规模速度型向“质量效益”的品牌型跨越。

3.推动机制体制创新的动力

农业的供给侧改革包括两个方面内容：一个是供给侧结构性改革，另一个是体制机制改革。农业之所以出现供给侧结构性问题，根源在于农业发展的体制机制滞后，是农业供给的生产导向而不是市场导向，是政府成为大包大揽的主体而使农民成为服从组织安排的客体。由于政府直接主导生产，直接投资项目，导致政府越位的问题非常突出。农业生产“一哄而起”的跟风现象非常普遍，由此带来同质化而导致产能过剩的严重问题。特别是生产导向的产业扶贫也会造成中国农产品产能过剩的危机，这不是指所有农产品过剩，而是超过市场需求而人为地盲目扩大生产规模的一些农产品产能过剩。有一些低端品种需要被淘汰，而为什么淘汰不了？因为淘汰了就会导致部分农民没有收入，也就无法完成扶贫任务。而一旦造成农产品大量过剩就会引发市场风险，如果一个重要的农产品出现了市场风险，会对整个农产品市场造成颠覆性的打击，还会带来重大的社会的风险。因此，要牢牢把握市场在资源配置中起决定性作用这个主要着力点，加快提高政府和农民对农业高质量发展的市场经济驾驭能力。不是先抓生产，而是先抓市场，以市场来引导生产，形成从生产到市场的农业供给侧结构。

4.实现可持续发展的抉择

很多人都看到中国农业发展出现的问题，但一些文章把农业问题归咎为中国的独特现象则是偏颇的。在工业化进程中，农业效益递减与工业效率递增、农业在国民生产总值的比重不断下降不可逆转，农业的持续发展不仅仅是中国的问题，也是任何处于现代化进程中的国家都要应对的共同命题。按照秦晖的观点，中国所遇到的问题，无论是农业衰败还是乡村衰败，都是几乎所有现代化成功的国家都经历过的发展阶段。[1] 推进农业供给侧结构性改革，核心是要解决效益偏低和综合竞争不强的问题。换句话说，就是必须让农民有利可图而生活富裕，农业才能够可持续发展。现在就是因为农业无利可图，所以越来越多的农民退出这个产业。政府想要的是粮食安全，而农民想要的是经济安全，希望能够发家致富，只有把两者结合起来，农业才能可持续发展。习近平总书记在参加十三届全国人大二次会议河南代表团审议时强调，要推进农业供给侧结构性改革，实现粮食安全和现代高效农业相统一。[2] 只有农业成为了有奔头的产业，农民才会成为有吸引力的职业，农村才会成为安居乐业的美丽家园。[3] 同时，农业作为一个特殊的产业，不仅要遵循经济规律，还要遵循生命规律，必须推行绿色发展方式。人口大国的耕地非常有限，是稀缺资源，农产品的生产成本很高，如果继续大量生产低端农产品或质量有问题的农产品，不仅农业难以持续发展，而且造成了稀缺的耕地资源严重浪费。无论是优化品牌结构，还是优化产业结构，都要立足于不同区域的自然资源环境条件，以维护生态资本和提高生态效益前提，把低质低效该淘汰的品种与产业坚决淘汰下来，把超过资源环境承载能力的品种与产业坚决退下来，以优化区域结构实现资源环境优势互补为目标，优化农业资源配置，促进农业可持续发展。

三、深化农业供给侧结构性改革推进乡村产业振兴的现实途径

当前正处于全面建成小康社会决胜阶段，也是刘易斯拐点、中等收入阶段、乡村中国向城市中国跨越窗口期的三大历史交汇点，必须在历史的逻辑中准确把握经济社会发展的大趋势。习近平总书记提出了两个著名的历史耐心：一是在人口城镇化问题上要有足够的历史耐心，世界各国解决这个问题都用了相当长的时间，而中国幅员辽阔，人口众多，大部分国土面积是农村，即使将来城镇化水平到了70%，还会有四五亿人生活在农村。二是在农业规模经营问题上要有足够的历史

[1] 秦晖．“乡村衰败”是什么造成的？［J］．中州建设，2014(8).

[2] 习近平、李克强、王沪宁、韩正分别参加全国人大会议一些代表团审议［N］．人民日报，2019-03-09.

[3] 中共中央文献研究室．十八大以来重要文献选编（上）［M］．北京：中央文献出版社，2014：678.

耐心，虽然规模经营是现代农业发展的重要基础，但改变分散的、粗放的农业经营方式是一个较长的历史过程，需要时间和条件，在历史上是有过深刻教训的。[1] 即使到了2050年中国实现了全面现代化，中国百分之七十的城镇化率顺利实现了，还有4亿多的农村人口，超过美国总人口的1亿多。日本的城镇化率高达93%，美国只有2%的农业人口，中国未来的一百年达到这么高的城镇化率有可能吗？日本在半个世纪的现代化中实现了93%的城镇化率，平均耕地经营规模也就是30亩地。按照18亿亩耕地红线，即使到了实现全面现代化之时，4亿多的农村人口人均耕地也就4亩多地，能实现多大的规模呢？说明了中国的“三农”问题即使到了2050年仍然任重而道远。

人多地少的资源禀赋决定了中国大国小农的基本国情，决定了小农户在中国相当长时期的必然存在。党的十五届三中全会提出了中国特色现代农业现代化的命题，就是家庭经营加上社会化服务。[2] 可后来的集体化、集约化、大规模、公司化等不一而足，成为中国农业发展的前沿时尚，提及小农就会和小农经济联系在一起，就是落后的代名词。而姚洋认为，以小农经济为代表的中国农业在清代就站在了全世界农业文明的顶峰，而正是由于“无剥夺的积累”的小农经济成就了中国工业化、城镇化的低成本发展优势。在姚洋看来，即使在今天小农生产也未过时，不仅仍然是世界上最发达的农业，更是中国现代化的命脉与根基所在。[3] 党的十九大报告第一次把小农户作为肯定性而非作为落后的否定性写进党的文献，是对中国农业发展规律的科学判断和准确把握。推进农业供给侧结构性改革，无疑是针对大国小农供需结构性矛盾的“治本之策”，也是乡村产业发展的一场深刻质量效益变革。

1.优化结构：区域品牌为引领

农业生产不同于工业生产，是以自然再生产为基础的，具有明显的地域特征与资源禀赋特征。因为特定地域的气候、湿度、土质、光照等自然环境，直接决定着农产品的品种品质，导致什么样的地域自然环境决定着生产什么样品质的农产品。正是农业生产的这种自然选择属性，决定了农产品是特定区域的产物，决定了农产品的品种品质区域分工。以区域品牌为引领，就是推进以市场需求为导

[1] 陈锡文．乡村振兴战略的来龙去脉 [J]．黑龙江粮食，2018(12)：12–17.

[2] 中共中央关于农业和农村工作若干重大问题的决定 [N]．人民日报，1998–10–19.

[3] 姚洋．小农生产过时了吗 [N]．北京日报．2017–03–06(018).

向的农业供给侧结构性改革，推动区域资源优势和生态优势转化为市场竞争优势，形成差异化发展格局，破解长期以来存在同质竞争和增产不增收的农业发展难题。[1]以区域品牌为引领，就是立足区域资源环境的比较优势，以农产品区域品牌为纽带，推动农产品由区域规模化生产向区域品牌化经营的转变，加快生产、加工、服务融合发展，提升农产品价值链、延伸农产品产业链、打造农产品供应链、形成区域农产品全产业链，从而全面优化农业的区域结构、产业结构、品种结构。[2]

2.提质增效：科技创新为方向

2018 年中央一号文件要求，必须坚持质量兴农、绿色兴农，以农业供给侧结构性改革为主线，加快构建现代农业产业体系、生产体系、经营体系，提高农业创新力、竞争力和全要素生产率，加快实现由农业大国向农业强国转变。[3]在中国农业发展处于供给侧结构性改革的关键时期，必须将提质增效的绿色发展摆在首要位置，作为农业科技创新的目标和方向，加快由增产导向转向提质导向。过去由于食品长时期短缺，农业科技创新主要是提高产量。不少农产品产量是提高了，但质量却是大问题。一些农产品看起来形状是这个形状，味道却不是这个农产品的味道。尤其是转基因、农药、化肥、激素、抗生素、除草剂等科技在农业上的滥用，不仅舌尖上的美味消失了，营养价值也下降了，而且舌尖上的安全没有了，引发了不少疾病。根据有关数据，已婚青年不孕不育比例高达 15%，钟南山院士就警告，长此以往 50 年后将导致人口无法生育。[4]

现在一些地方推行一刀切的环保政策，不许养猪不许养鸡，作为整个乡村生物系统中的断链，加上厕所革命又把人粪进入管道排放到河里，导致农家肥在农业生产中逐渐退出。庄稼一枝花，全靠粪当家。而由于乡村已经不食人间烟火，人为地强行让数千年农耕文明得以运行的农家肥退出历史，石化农业已经成为了中国农业主体。目前土地酸碱度提高、质量下降，病虫害加剧、农产品品质下降就已不断显现，无疑将产生灾难性的影响。美国等国家有辽阔的耕地可以间作、休耕，以生态来对冲石化农业对土地的污染。即使这样，美国的石化农业仍然存在严重的问题。美国科普作家蕾切尔·卡逊出版了非常著名的《寂静的春天》一书，

[1] 陈文胜. 论中国农业供给侧结构性改革的着力点——以区域地标品牌为战略调整农业结构 [J]. 农村经济，2016(11)：3-7.

[2] 陈文胜. 推动乡村产业振兴 [N]. 人民日报，2018-03-12.

[3] 中共中央国务院关于实施乡村振兴战略的意见 [N]. 人民日报，2018-02-05.

[4] 沙白. “蝴蝶效应”?[J]. 雨花，2005(1)：46-47.

就毫不留情地揭露了美国的工业化农业为追逐利润和产量而滥用农药和化肥的事实，尖锐地指出了其所带来的危害："这是一个没有声音的春天。这儿的清晨曾经荡漾着鸟儿的歌唱。而现在，一切声音都没有了，只有一片寂静覆盖着田野、树林和沼地。"[1] 卡逊警告，石化农业将使人类自食其果，难逃灭绝之灾。因为这对整个生物界包括对人类自身所造成的生态危机，就是生态的灾难、生命生存的灾难，这个时刻可能就是人类灭亡的时刻。

中国没有美国等国家这样的资源禀赋条件，人均一亩多地必须连续耕作。人的生命不可逆转，污染的耕地长时期难以复原。包括鲜活农产品的储存保鲜，人粪畜粪的转化使用，特别是耕地的质量保护和农药化肥的减量使用，科技创新必须面对这些现实问题不断突破。农业科技创新的取向，直接与人的生命健康和人类社会的自身发展息息相关，必须以人与大自然整个生命系统和生态系统的永续发展为目标和方向，切不可让中华民族走向自我毁灭之路。

3.激活要素：城乡融合为动力

城乡融合发展是在党的十七大提出城乡一体化之后，党的十九大报告首次对中国经济社会发展阶段提出的新判断，并将建立健全城乡融合发展体制机制和政策体系，作为实施乡村振兴战略的重大决策部署。一方面，按照乡村振兴战略的要求，为补齐农业农村发展的短板，缩小城乡差距，坚持农业农村优先发展，包括在干部配备上优先考虑、在要素配置上优先满足、在资金投入上优先保障、在公共服务上优先安排[2]，就意味着更多的资源要素向乡村发展倾斜。而另一方面，到 2050 年要实现 70% 的城镇化，意味着更多的人口进一步向城市集中，随之资源要素也进一步地向城市集中。究竟该如何协调这一矛盾呢？那就是城乡融合发展。

而城乡二元结构是影响城乡协调发展的主要障碍。工业和城市之所以可以如此繁荣，是因为农业和乡村的资源要素可以全面进城；农业之所以弱势与乡村之所以衰败，是因为工业和城市的资源要素被阻碍难以下乡；制约城乡产业要素平等交换、产业收益合理分配，妨碍乡村产业综合效益和竞争力提高。为了解决城乡要素流动不顺畅、公共资源配置不合理等突出问题，破除城乡二元结构的体制机制，中共中央、国务院于 2019 年 4 月 15 日下发了《关于建立健全城乡融合发展

[1][美]蕾切尔·卡逊．寂静的春天[M]．吕瑞兰，李长生，译．吉林人民出版社，1997.

[2] 中共中央国务院关于实施乡村振兴战略的意见[N]．人民日报，2018-02-05.

体制机制和政策体系的意见》的文件[1]，旨在重塑新型城乡关系，走城乡融合发展之路，促进乡村振兴和农业农村现代化。也就是两手都要抓，两手都要硬。一手抓新型城镇化，一手抓乡村振兴，新型城镇化和乡村振兴的结合点就是特色小镇，最关键的是要促进城乡要素的互动，实现农业与工业的融合发展、城市与乡村的融合发展。工业和城市有很多资源要素已经处于饱和状态，迫切需要发挥溢出效应，但是现存的一些体制机制阻碍了要素的流动。

比如每年的中央一号文件都把农民收入增长机制作为一个政治准则，但建立农民收入的增长机制非常困难。第一，农业市场风险大，农产品价格大起大落，农业收入不可能成为农民收入增长的稳定来源。第二，中国经济社会发展已经进入了刘易斯拐点，人口红利已经见顶，农民工资性收入增长接近了天花板。第三，转移性收入曾经是农民的收入增长来源，但随着国民经济下行，财政收入增长放缓，财政补贴与财政投入已接近了天花板。而中西部地区尤其是传统农业地区，对农业的财政补贴与财政投入面临不增反降的巨大压力。如湖南三年环境整治行动，根据估算要拿出几百个亿，全部由地方财政负责难度肯定不少。到浙江调研发现，一个不到三四万人的镇，镇财政收入就相当于湖南三个贫困县的财政收入，而湖南最大的县有一百多万人，最小的县也有三四十万人，却只有浙江一个乡镇的财政收入。浙江已经处于工业化后期阶段，即使一个乡镇也有财政能力提高农民的转移性收入、投入乡村振兴，而湖南绝大多数地方还处于工业化中期阶段，处于不同的发展阶段，有的县政府连干部和教师的工资都发不出，还有多少能力去帮助农民、投入乡村振兴?

中国现代化有三个纲领性文件，分别是西柏坡的七届二中全会、十一届三中全会、十八届三中全会。其中十八届三中全会的改革精神和战略视野是前所未有的，因国内外形势的变化，该文件还没有很好地在实践中得到全面贯彻，如提出要发挥市场配置资源的决定性作用，赋予农民更多的财产权利[2]，这些提法是马克思主义发展的新高度。这次中共中央、国务院《关于建立健全城乡融合发展体制机制和政策体系的意见》又进一步明确，建立农民财产性收入增长机制。[3]发挥市场配置资源的决定性作用，赋予农民更多的财产权利，就要全面深化改革来破除制约城乡要素平等交换、收益合理分配的城乡二元不合理限制和歧视，清除阻碍

[1] 中共中央国务院．关于建立健全城乡融合发展体制机制和政策体系的意见 [Z]．2019-04-15.
[2] 中共中央文献研究室．十八大以来重要文献选编（上）[M]．北京：中央文献出版社，2014：503.
[3] 中共中央国务院．关于建立健全城乡融合发展体制机制和政策体系的意见 [Z]．2019-04-15.

要素下乡的各种障碍，推动城乡要素自由流动、平等交换，激发乡村产业发展活力。发挥市场配置资源的决定性作用，赋予农民更多的财产权利，就意味着乡村各种资源要素都要进入市场，作为乡村最稀缺的土地资源无疑要通过市场机制优化配置实现应有的价值[1]，使乡村的土地资源要素发挥作为农民"财富之母"的财产效应，以全面激活市场、激活要素、激活主体，促进工农城乡融合发展。《关于建立健全城乡融合发展体制机制和政策体系的意见》还强调，建立集体经营性建设用地入市制度，改革农村宅基地制度。[2]这就从根本上改变了工业化、城镇化进程中不断增值的土地财富向城市和工业的流向，实现了城乡财产权利的平等，使农民一直没有获得的财产权利得到实现，真正拓展了农民的核心利益，让农民具有实实在在的获得感。也可以说，只有农民成为了有吸引力的职业，农业才会成为有奔头的产业，农村才会成为安居乐业的美丽家园。

4.补齐短板：社会化服务为突破

补齐小农户小规模经营短板，是大国小农乡村产业发展的必答题。2019年政府工作报告明确提出，加强面向小农户的社会化服务，是中国农业的发展方向。[3]必须通过社会化服务把政府、企业与农户连接起来，特别要培养家庭农场和专业合作社，提高乡村产业的组织化程度。美国农业为什么强大？全球ABCD四大跨国农业企业除法国路易达孚外，美国ADM、美国邦吉、美国嘉吉就处于前三位。正是强大的企业把美国的政府、农民、企业实现无缝对接，把美国的农业从生产与加工到销售与物流、从资本到技术实现高度融合，也就是一、二、三产业的高度融合。中国北方平原地区人口较为密集，人均耕地规模相对较大，产业组织化程度也相对较高，基本上实现了耕种一体化。陈锡文认为，东北农业现代化的水平远高于美国农业的现代化水平。[4]反观南方的湖南等地大多数地方是丘陵地区和山区的自然条件，人均不到八分地，存在耕地规模的先天性局限，而且原来只有大型的农机，丘陵地区和山区修建机耕路难度太大，因而实现农业机械化可望而不可即。近几年来，由于微型农机的问世，农机专业户在政府的补贴下购买农机，农民不必购买农机而是通过社会化服务购买农机服务。以人力、牛耕为主的规模

[1] 陈文胜. 乡村振兴的资本、土地与制度逻辑 [J]. 华中师范大学学报（人文社会科学版），2019，58(01)：8–11.
[2] 中共中央国务院. 关于建立健全城乡融合发展体制机制和政策体系的意见 [Z]. 2019–04–15.
[3] 李克强. 政府工作报告——二〇一九年三月五日在第十三届全国人民代表大会第二次会议上 [N]. 人民日报，2019–03–17.
[4] 宋怡青，聂欧. 关于"三农"改革的那些争议 [J]. 财经国家周刊，2015（08）.

极小的小农户和偏远山区，现在也基本实现了现代农机的替代。中国的农机社会化服务极有效益，不仅创造了小农户小块土地实现农业机械化的奇迹，而且打破了家庭经营小农户小块土地不能规模经营的论断。

5.产业集聚：园区建设为关键

工业园区已经积累了丰富的经验，而农业园区建设却还是刚刚起步。现有的农业园区，既包括现代农业产业园、农业科技园、返乡创业园以及集循环农业、创意农业、农事体验于一体的田园综合体，也包括粮食生产功能区、重要农产品生产保护区、特色农产品优势区等。但基本上功能还单一，未能在区域内有效整合，对区域产业发展的集聚作用和带动力严重不足。农业园区作为资金、科技、人才等要素集聚的载体，必须通过促进区域品牌集聚与企业集聚，把生产环节、加工环节、流通环节、销售环节等连接起来，形成产业链以实现产业化，从而发挥区域产业的集聚效应。同时，农业园区要与田园综合体、特色小镇的发展相结合，引导乡村一、二、三产业适度集中，推动区域产业、生态、文化、旅游的融合发展，使乡村发展的单一生产功能转化为生产、生活、生态的多元功能，使农业功能的单一价值，转化为农业的多功能价值。[1]

[1] 陈文胜. 推动乡村产业振兴 [N]. 人民日报，2018-03-12.

第三节 补齐乡村人居环境短板推动农村美

乡村人居环境改善是实施乡村振兴战略中关于生态宜居的一个总要求，是生态文明建设在农村的一个重要组成部分。其中村容村貌是广大农民拥有实实在在获得感、幸福感的表现形式，也是乡村振兴战略推进乡村人居环境的脏、乱、差状况从根本上得到改善的最直观体现。乡村只有“留得住青山绿水，记得住乡愁”，才会成为安居乐业的美丽家园。

一、乡村人居环境存在的现实问题

尽管乡村人居环境提升工作已经取得明显的成效，但存在的一些问题也不容忽视。中国村庄地域广阔、条件各异、需求多样，要补齐乡村人居环境短板，实现村容村貌的全面、彻底改善，还需解决好以下几个方面的问题。

1.一刀切的工作方法造成不少“千村一面”的现象

村容村貌提升工作是农村人居环境整治行动的重要内容，由于中国乡村经济、文化、自然条件千差万别，村容村貌提升工作必然需要因地制宜、分类推进。但在以往的工作中，不少地方抓农村人居环境整治时注重目标导向，强调从上至下层层分解目标，统一任务要求，并有层层的考核督导要求，形成了财政支持一刀切、建设内容一刀切、考核评估一刀切的工作机制，基层政府往往在调查不足的情况下仓促定任务、报计划、上项目，导致一系列表面文章、任务难落实、盲目建设的情况出现，造成不少“千村一面”的现象。特别是一些地方对村庄建筑进行简单的“穿衣戴帽”，零散居住的地方也要求亮化，盲目建设村广场、文体设施，用城市绿化办法绿化村庄，盲目推行村民集中居住，盲目地互相攀比，成为典型的形象工程。

2.规划管理滞后导致乡村无序建房

随着农民收入水平的提高，农村新建、改建住房成为热潮，但对农村住房建设的规范与约束机制不健全，农户随意选址、一户多宅、盲目攀比等现象比较突出。一是规划滞后。多数地方村庄规划编制整体启动较晚，仅有十分之一左右的村编制了村庄规划，绝大部分村庄对于空间布局、住房建设用地缺乏科学谋划，而县、乡空间规划也往往缺乏对村庄布局的统筹安排，农民遵循自己的利益取向建房，导致住房分布散乱，一些路旁、水旁拥挤不堪，甚至不惜挤占耕地。二是农村建房管理滞后。由于历史的原因，农民建住房时有的办了证、有的没有办证，而多数地方并未对农村宅基地进行全面清理和登记颁证，基层政府、村委会等碍于人情关系对建新不拆旧等问题难以监管；一些地方对农民建房的面积、楼层没有统一的标准或严格的监督，农民盲目建高楼、大庭院的现象频频发生。

3.土地利用碎片化导致村庄建设布局凌乱

中国农村地形多样、人多地少，各类可利用土地是经过不断地开垦形成的，在以家庭为单位的土地承包制度下，土地的碎片化利用特征明显，且农村不同土地类型归属不同的部门管辖，土地管理也具有碎片化特征，这导致长期以来的村庄建设中生产经营用地、公共基础设施用地、农民住房建设用地凌乱无序。而国家已经实施了农村土地“三权分置”、耕地占补平衡、城乡建设用地增减挂钩、乡村发展用地保障、允许点状供地等一系列政策，为乡村土地的整合使用提供了越来越灵活的政策环境，但这些土地政策并未在村容村貌建设中得到充分利用，各级政府缺乏对既有土地制度的深入研究和统筹利用，农民缺乏对土地政策的深入了解，多数村庄的建设布局仍然处于凌乱状态。

4.文化保护开发不力使村庄人文特色渐失

村庄的人文特色是乡村区别于城市的标识，是凝聚村民、承载乡情乡思的依托。但在不少地方的村庄整治中，注重整齐的村貌建设和统一的硬化、亮化、美化，缺乏对各类村庄传统建筑、文化遗址和遗迹的有效保护，很多代表村庄记忆的文化元素被破坏。一些地方的村庄在移民并村、示范村建设中被规划得千篇一律，众多的新建集中居住点完全失去了乡村特色。蜂拥而起的休闲农业、乡村旅游也大多缺乏对乡村内在特色的挖掘，盲目模仿，内容趋同，无法彰显村庄个性。同时，农村房舍、道路设施普遍向城镇看齐，用材追求高档化，表现出“去乡土化”趋势，既没有人文特色，又偏离适应地域条件的使用需求，大量的村庄正在向着城不像城、村不像村的风格演变。

5.基础设施重建轻管影响功能发挥

随着对农村水、电、路、讯等基础设施建设投入力度不断加大，农村的基础设施条件得到了显著改善。但农村基础设施建设存在着较为突出的“重建轻管”现象，一些农村道路、饮用水、环保、文体设施项目缺乏因地制宜的科学论证，实用性差，或刚建好就适应不了使用需求，或建好后因使用率低被闲置；一些道路、桥梁、水利、公厕、沼气、路灯等基础设施建好后，缺乏后续维护管理，时间一久就失去了效能；一些大型基础设施项目缺乏配套或后续经费投入，成为半拉子工程。由于农村公共基础设施建设大多是政府财政投入，农民参与的积极性不高，不愿意维护管理，而诸多当地政府也不愿意承担后续维护管理的责任，导致大量的公共基础设施或瘫痪、或带病运转，农民并未真正受益。

二、提升村容村貌推进乡村生态宜居

随着中国农村人居环境整治工作加快推进，村容村貌发生了很大变化。但存在的问题不容忽视，即将进入全面建成小康社会的收官之年，需要加快改善村容村貌，以补齐农村人居环境短板。

1.强化区域发展目标引领，推进整村规划

任何村庄都离不开区域发展所赋予的功能定位，必须突出区域发展战略，引领村容村貌建设，形成由点到面的战略格局，提升人居环境与村容村貌工作的系统性与整体性。一是以区域发展战略优化空间布局。按照集聚提升类、城郊融合类、特色保护类、搬迁撤并类等不同乡村类型，结合区域内山脉、河流、生态等自然形貌，以城乡融合发展为导向布局区域生态、生产、生活的乡村空间规划。二是以区域

功能定位推进“多规合一”。加强村庄规划与区域空间规划的衔接，推进各类规划在村庄层面的“多规合一”，确保村庄基础设施建设、住房建设、生态保护、环境美化等有序推进。三是以区域规划刚性强化自然风貌与文化景观的保护。立足村庄自然资源禀赋，充分发掘村庄历史文化特色，以布局村庄生产、生活、生态空间，顶层设计村庄发展的整体风貌，形成布局合理、成片成景的村庄发展形态。[1]

2.建立目标管控的约束机制，推进整村管理

推进村庄规划全覆盖，形成由面到点的战略布局，全面建立人居环境与村容村貌建设清单管理制度，发挥有效的规范和引导作用。一是建立人居环境建设的正面清单。对于符合人居环境与村容村貌整体规划的，每个村对有关生态环境、文化保护、自然景观等列出正面清单，明确村民可以从事的行为和事项、要求，明确政府予以支持的条件和内容，引导村民在正面清单范围内创新机制和模式，强化人居环境与村容村貌工作的效率与针对性。二是建立人居环境建设的负面清单。对于不符合人居环境与村容村貌整体规划的，每个村列出负面清单，明确禁止、限制和限期整改的行为和事项，以及违反的相应惩处。特别是对不能降解、不能生态处理的包装等工业品，要明确严格禁止、限制进入乡村的类别和标准，包括化肥、农药和洗涤液的生态化标准和使用要求，在源头上形成目标监督管控的约束机制，从而全面降低环境治理与垃圾处理的成本。

3.用好用活土地政策，推进整村统筹

发挥好土地资源的关键性作用，用好用活各项土地政策，为人居环境与村容村貌建设营造良好的空间环境。一是用好耕地占补平衡政策。合理规划农用地、经营性建设用地和宅基地的村庄布局，引导和鼓励在村内运用耕地占补平衡政策，优化村庄生活、生态、生产的空间布局，提高村庄建设的前瞻性和可持续性。二是用好建设用地政策。盘活村庄集体闲置建设用地，有序推进村庄集体经营性土地上市交易，增加村级建设发展资金。引导有条件的村庄用好城乡建设用地增减挂钩政策、点状供地政策，增加人居环境与村容村貌建设资金来源，建立人居环境与村容村貌建设的长效机制。三是用活宅基地“三权分置”政策。鼓励村集体组织对闲置农房资源实行统一收储，通过出租、合作等方式盘活、利用空闲农房，

[1] 陈文胜．补齐农村人居环境短板 [N]．人民日报，2019-09-10（5）．

推进闲置宅基地与农房多元化使用，形成激活村庄内在发展活力、增加农民收入与提升人居环境的多重效应。

4.挖掘提升乡村山水人文特色，推进整村布局

把保护村庄自然风貌和挖掘村庄人文资源，作为人居环境与村容村貌提升工作的重要内容，留住绿水青山，留住乡愁。一是敬畏村庄历史和文化传统。禁止在人居环境与村容村貌建设中大拆大建，搞形象工程，加强村庄传统建筑、古树、古桥、古井等的保护与修缮，使村庄成为延续中华文化与历史文脉的有效载体。二是在人居环境与村容村貌建设中突出地域人文元素。加强对有地域特色的乡村建筑的研究，把传统乡村建筑艺术融入为村民提供的建筑技术标准之中，倡导打造节约成本、生态环保和具有乡土气息的村庄公共空间，实现保护村庄特色风貌与传承历史脉络、优化村庄环境的有机结合，形成各具特色的村庄容貌。三是引导村民传承和创新乡土文化。加强宣传引导，将保护自然风貌与村庄特色文化纳入村规民约，使各具特色的传统民俗习惯成为提升村容村貌的内在动力。[1]

[1] 陈文胜．补齐农村人居环境短板 [N]．人民日报，2019-09-10（5）．

第四节　加快农村土地改革确保农民富

农民与土地的关系，一直影响着中国乡村社会的兴衰与农民的命运。进入新的发展阶段，财产性收入已经成为农民收入增长最快最具活力的来源。因此，深化农村土地改革是农民收入增长的发动机，鼓励有条件的村庄用好城乡建设用地增减挂钩政策、点状供地政策；支持村集体探索经营性建设用地入市、宅基地“三权分置”改革；鼓励村集体组织对闲置农房和土地资源实行统一收储，通过出租、合作等方式实现多元化使用；明确非城镇土地收入不得作为县级政府财政收入，主要用于所在地的村集体经济发展、基础设施建设和农民社会保障，形成激活村集体经济发展活力、增加农民收入的双重效应，确保农民生活富裕。

一、当下的现实需要和乡村振兴的战略远景

2020 年是脱贫攻坚战全面收官之年，也是全面小康社会目标实现之年，处于两个一百年奋斗目标的历史交汇处，距 2050 年全面实现现代化只有 30 年时间。在这个背景下，当下的现实需要和未来的远景目标如何有效衔接？回答这个问题就要对现有的农村体制机制与政策体系进行全方位地梳理。改革开放以来，农村改革哪些经实践证明行之有效的制度可以常态化？哪些长期需要但存在缺陷性的政策可以完善提升？哪些属于阶段性目标而不适应长期需要的政策可以适时调整？回顾历史进程，中国工业化、城镇化的主要支撑来自农业、农村、农民，尽管 2006 年取消了农业税，但也只是由农业税赋养政到农村土地养政的转变，其中最突出的标志就是土地财政和农民工。这是世界工业

化、城镇化历史所绝无仅有的，表明农业、农村、农民为中国的现代化做出了巨大贡献或者说巨大牺牲。也正因为如此，党的十八届三中全会提出，城乡二元结构是导致中国经济社会发展不平衡不协调的突出矛盾。[1]党的十九大基于社会主要矛盾的变化，提出实施乡村振兴战略，就是要破解城乡发展不平衡、乡村发展不充分的矛盾，从根本上改变乡村长期从属于城市的现状，明确乡村和农民在工农城乡关系中的平等地位；从根本上改变以工统农、以城统乡、以扩张城市牺牲农村和农民的发展路径。[2]

为此，党中央提出了全面现代化的远景和农业农村优先发展的理念。一方面，农业农村是全面小康与全面现代化的短板，必须摆在优先发展的位置；另一方面，我国仍然处于并将长期处于社会主义初级阶段，经济社会发展水平相比西方发达国家仍有差距，全面小康仍然是低于全面现代化水平的小康。按照全面现代化的规划，中国到2050年只有70%左右的城镇化率，就是说彼时正常情况下中国仍有高达4亿多农村人口，超出美国现有人口总数1亿多。再看同为人多地少的日本，其城镇化率达到了93%，农村人口则只有7%左右。相比而言，即使到了2050年，中国的工业化、城市化也并未最终完成，必定会在新的发展阶段对整个农业、农村、农民提出新的要求。中国不可能依靠外向积累支撑本土的工业化和城市化，只能主要依靠内向积累。这就意味着人口和资源仍然会进一步向工业和城市聚集。农业、农村、农民还要继续做贡献。尤其是在国民经济下行的背景下，不仅工业和城市对农业农村释放的红利有限，而且还会加大对农业农村资源要素吸取的力度，这是当下农民最担忧的现实问题，也是事关中国经济社会发展战略走向的关键问题。

国家新一轮农村土地制度改革如何进一步关注这方面的问题，特别是在农村土地征收、集体经营性建设用地入市、宅基地制度等“三块地”改革上，针对土地增值收益分配机制不健全，兼顾国家、集体、个人之间利益不够等问题，到底如何建立兼顾国家、集体、个人的土地增值收益分配机制，合理提高农民个人收益，在全国的实践探索过程中出现了很多值得关注和研究的问题。

[1] 中共中央文献研究室. 十八大以来重要文献选编（上）[M]. 北京：中央文献出版社，2014：803.

[2] 陈文胜. 实施乡村振兴战略走城乡融合发展之路 [J]. 求是，2018（6）.

二、农地用地性质变更的制度保护

党的十八届三中全会和中共中央、国务院下发的《关于建立健全城乡融合发展体制机制和政策体系的意见》，都明确了未来农村改革的基本方向和主要任务，但这些政策尚未完全发挥应有的效力，由此导致农村一个非常突出的矛盾始终没有破局。主要体现在，尽管土地管理法的修改，在征地改革上确定了公共利益范围，提高了征地补偿标准，但在非征收土地的利益问题上，一些地方仍然维系着城乡二元分配的格局。一方面，用地性质变更太过随意，另一方面，土地非农化的红利未能让乡村和农民获得合理的分享。

土地作为农村最核心的资源之一，主要由地方政府主导着利益的分配。无论是国外还是国内，对于农地的保护都极其严格，至于改变农地的用地性质，大多数国家都是通过法律明确禁止。如日本、韩国以及台湾地区，尽管土地私有，可以买卖，但法律禁止改变农地的用地性质，土地买卖之后，原来是干什么的还得干什么，擅自改变必须承担法律责任。

在中国，因为地方政府拥有较多的自由裁量权，一些地方通过增减挂钩、占补平衡就可以改变农地性质，一片良田用一片低质量耕地甚至荒地就置换了。所谓耕地红线就可能只是保护数字上的耕地和名义上的耕地，土地非农化的红利成为了一些地方的财政收入以及工业化、城镇化的积累，造成地方政府产生一种通过占补平衡、增减挂钩来实现城镇建设用地无限扩张的激情和积极性。这样的政策会造成什么问题？不仅会导致农村集体经济发展失去根本支撑，而且导致农民乡村创业的意愿与动力不足，成为乡村振兴最大的制度瓶颈之一。因为无法把土地资源转变为发展乡村产业的资本，留守的农民就只能从事具有市场和自然双重风险的农业，单一的弱势产业不仅导致农民的贫穷，更导致集体经济发展的困境，这是以农业为主的小岗村为什么不如以工业为主的华西村富裕的深刻根源。如何在处理土地与农民的关系中守住维护农民利益的底线，让广大农民有更多的获得感，不仅是未来农村土地改革的关键所在，也是乡村振兴的动力所在。

就此而言，首先要改革土地财政制度。原来的农业主要是通过农业税支持工业的发展，农业税取消后，农村的土地仍然在为城市的发展做贡献。只有像农村税费改革一样改革土地财政，才能使土地的财富增值服务于乡村的发展。如果这个问题不处理好，乡村振兴战略就有可能只是画饼充饥。其次就是公共服务制度，不仅要真正实现农民工市民化，而且还有让农村居民和城镇居民享受同等国民待遇。习近平在十八届三中全会提到城乡二元体制是城乡发展的制约因素，所以最根本的就是破除这两方面制度。

三、集体经营性建设用地入市的现实进路

随着农村土地改革的推进，集体经营性建设用地进入市场的步伐加快。但争议不少，其中代表性的观点认为，在城市房地产管理规定基本上没有修改的情况下，一旦农村集体土地入市，不可避免会产生一系列问题。比如，集体所有土地能不能进入城市，尤其是在城乡结合部？两种公有制是否非要由规划一刀切地画一条线？还有意见认为，如果允许集体所有土地全面入市，就必须研判由此造成的结果，因为大多数城市开发区土地资源利用率较低，住房空置率非常突出，商品房供应出现严重过剩，势必会一方面造成土地资源的巨大浪费，并可能引发宏观经济危机，另一方面又挤占农村产业发展与乡村建设用地，导致乡村振兴失去土地资源的根本支撑。

此外还有农民的现实选择问题。因为集体经营性建设用地入市在中西部的一些地方收益偏低，且市场具有不确定性，尤其是经济下行导致市场信心更低，而在征地补偿标准提高后，加上征地政策的社会保障，相比之下变现更快，因而农民对土地征收的意愿更高，导致集体经营性建设用地入市的改革缺乏动力。所以，到底哪一套制度更好？如重庆曾把地票扩大到全市，当时普遍叫好，后来供大于求，价格快速下跌，几十万亩地票指标卖不出去，反而对农民的利益造成了伤害。土地入市收益完全归集体或完全归政府都各有利弊，因此需要建立一个合理的利益分配机制。目前最突出的问题是在地方政府对土地利益分配具有主导权的情况下，如何保障农民与村集体的利益分配。

地方政府对土地利益分配的主导权，主要是建立在城乡发展规划权的基础上。有专家调研发现，一些城市规划未能坚持和保障土地合理利用，土地规划随意调整，甚至可以授权给房地产开发商，所谓规划的控制性最后只服务于地方政府的卖地。地方政府可以把符合工业化、城镇化需要的农村土地，优先规划为顺利入市的集体经营性建设用地，还可以把不属于政府开发范围的集体经营性建设用地，规划为公共用地、绿化用地。如此，农民和村集体的利益就只能靠边站。

在具体的规划上，乡村与城市也大不一样，城市政府对城区土地收益有总量平衡，住宅、商业、广场、绿化的规划在整体利益之下能够协同一致。而乡村主体多元、利益多元，长期以来就缺乏土地利益总量平衡的分配机制，具有规划主导地位的某些地方政府，尤其是处于工业化中期的部分中西部地方政府，在工业化、城镇化进程中难以坚持农业农村优先发展的原则，特别是难以优先农民和村庄发展，必然导致与农民利益的矛盾冲突。比如，乡村振兴中的新产业、新业态发展有着自身特定的规律，需要大量的配套用地，但是不少地方的规划政策要求，即使处在山水与田野中的集体经营性建设用地，也同样必须配套城市建筑标准的距离和绿地，不跨过这个高门槛就不让入市，如此这般乡村何以振兴?

由此可见，农村土地改革的顶层设计要有方向性和原则性，不能太细，更不能一刀切。中国有东部、中部、西部等，各个地区情况不一样。即使湖南一个省的范围，长、株、潭的各个县区也不一样，湘西、湘南、湘北就更不一样。同时，乡村振兴不是每一个村庄都能够振兴，有些村庄会自然消亡，属于国家乡村振兴规划中明确的“搬迁撤并类村”，没有必要规划过多的土地再造“空心村”。在一些城市快成为“空心城”的情况下，更没有稀缺的土地资源去建设空心“模范村”。所以，整个区域人口向哪里集中，中心村、特色小镇、区域城市中心怎么布局都要深入研究，农村土地改革要建立在区域发展的规划基础之上。在村庄内部，如何统筹布局生活空间、生产空间、生态空间；哪些是非农地，哪些是农地、林地；怎么集中，又往哪里集中;怎么进行耕地整理，都需要建立在可持续发展的基础上，不能为了阶段性工作目标迷失了未来的战略远景。

四、确保宅基地改革的农民利益底线

在农村土地改革中，中央明确要求地方政府不能强迫农民退出宅基地，必须是自愿有偿，就从根本上保护了农民的利益。但对于宅基地改革，问题不少，争议不少。就有人认为，宅基地使用权只鼓励农民在村庄内流动，怎么能够盘活宅基地？因此，需要增加流动功能，而用“三权分置”的产权制度改革是远远不够的。应该看到，宅基地与征地、入市所不同的是，不仅涉及国家和农民的关系问题，而且涉及农村内部农民集体和农民个体的关系问题。如果以集体经济组织为主导来盘活，如何保障农民个体的权利？反过来也一样。从一些试点的地方的做法来看，对于符合“一户一宅”“面积法定”标准的，依然坚持了“无偿”“无期”的原则进行确权。

争议较多的是在具体的改革实践中,不少地方全面推进农村“一户多宅”整治，引起了社会的高度关注。其具体做法是通过“一户多宅”整治把农民的土地集中起来，再通过增减挂钩、占补平衡变现为财政收入，因而地方政府的积极性非常高，甚至被一些地方作为乡村振兴的经验在宣传推广。城市建设征收土地的收益归地方政府还有一定道理，但这些非征收土地的收益，是城镇化进程中留给农民的最后一根稻草,应该是属于农民的利益、是属于村集体经济组织的收益。政府推进“一户一宅”整治本身没错，增减挂钩、占补平衡也没错，只是应该将非征收用地的收益用于归属地乡村振兴战略的实施，用于改善乡村的基础设施建设、农民的基本社会保障、基本公共服务等方面。这样的“一户一宅”整治、增减挂钩与占补平衡，必然会得到农民的欢迎和支持。

农村住宅的情况也非常复杂，解决这些历史上长期积累的问题需要时间，还需要智慧。比如说有三兄弟，由于计划生育的原因，只生了女儿又嫁出去了，在夫妻去世后由父母亲或弟弟继承房屋财产权，就会导致“一户多宅”。比如说与父亲各有住宅，由于计划生育原因，只有一个儿子，等父母亲去世后，不就是“一户多宅”吗？中国在历史上具有大国小农的特点，很多农民祖祖辈辈守望家园，在新中国成立后把世代相传的土地交给了集体组织，而有些住宅在新中国成立以前就存在，是祖辈代代相传的房屋财产。现在《物权法》明确规定农民住宅为财产，赋予了农民财产权，一些地方强制性地推倒复耕，严重侵害了农民的核心利益。因此，“一户多宅”的问题需要时间慢慢消化，需要区分具体情况分别处理，而不能一刀切推进。

总结改革开放以来的成功经验，就是农村改革由农民在基层推动，基本上能够符合农民的利益要求，而且改革的成就很大且成本很低。但是当前一些改革主要是由政府和干部推动，如果他们的立场出现问题，就不免造成改革符合政府的利益和城市的利益、工业的利益，而不太符合农民的利益、乡村的利益。一些地方打着土地改革的旗号，干的是损害农民利益的事情，让农民对自己的财产、家园失去话语权，农民的主体地位又如何体现？农民的土地是集体所有权，只要不改变用地性质，村集体原则上应该具有完全的自主权。邓小平曾经反复强调，调整农村基层的生产关系，“要承认多种多样的形式。照我个人的想法，可能多种多样的形式比较好”。[1] 按照党中央关于农业农村优先发展要求，就必须改变农村土地的财富流向，从而用于实现乡村振兴。

在当下，不仅要乡村振兴，还要加快城镇化进程。如果 2.9 亿农民工返乡 1 亿人，就会给中国社会带来难以想象的崩溃性打击，已经过上小康生活的农民工，会习惯于重温那一亩三分地的贫困生活吗？因为单靠一亩三分地，很难从根本上摆脱贫困，这是极为现实的选择。中国与日本、韩国一样，也是“东亚小农”国家，日本、韩国分别在东京、首尔大都市圈聚集了全国 80% 的人口。其中日本的城镇化达到了 93%，人口仍然进一步向大城市集中。不管乡村自然风光如何美好，对于不少农民来说，迫切需要的是如何摆脱贫困和获得更好发展的机会。这是中国近三亿农民工的进路，事关中国现代化的成败。

早已富裕起来的城市阶层确实向往美好的乡村风光，这就让一些有三农情怀的人替农民骄傲起来了：农民不是已经过上了城市市民梦寐以求的生活吗？农民工何必要背井离乡而不建设好自己的家园呢？有一个《富翁和渔夫的故事》就足以代表这种自豪：渔夫嘲笑在海滨度假的富翁，即使成为亿万富翁，还不是和我一样每天都在海滨晒太阳、钓鱼吗？这些有三农情怀的人应该明白一个道理，城市市民和富翁有选择的自由，一辈子守望一亩三分地的农民没有选择的自由，这是两种截然不同的生活。

作为人口大国，耕地红线必须毫不动摇，应该进一步强化法律控制。但是对于非农用地，则需要在城乡融合发展的战略目标下破除二元结构，让农村土地改革的红利更多地优先乡村和农民，确保农民增收，确保粮食安全，以此作为处理农民与土地关系的底线，这不是理论能不能突破的问题，关键是实践能不能突破。

[1] 邓小平．邓小平文选（第 1 卷）[M]．北京：人民出版社，1994：324.

第五节　发挥小农户的最大主体作用

大国小农是中国独特的悠久历史传统，更是难以改变的基本国情。目前中国小农户的数量高达2亿多，构成了乡村振兴的最根本力量，承载着中华民族共同的“乡愁”。[1]小农兴则乡村兴，乡村兴则国家强。党的十九大报告中明确提出实现小农户和现代农业发展有机衔接[2]，这无疑是新时代推进农业农村现代化的一个重大历史课题。中共中央办公厅、国务院办公厅发布了《关于促进小农户和现代农业发展有机衔接的意见》，使小农户家庭经营与多种形式适度规模经营相协调，为服务小农户、提高小农户、富裕小农户创新了政策体系，将更好地发挥小农户作为乡村振兴的最大主体作用。[3]

一、小农户在相当长历史时期的必然存在

农业经营规模由基本国情、资源禀赋所决定，由农业发展规律所决定。根据马克思关于工业与农业不同的生产方式理论，家庭经营是农业最有效的主体，也是人类历史进程中的普遍现象。就全世界农业来看，尽管存在规模大小的差异，但基本上都是以家庭经营为基础。十一届三中全会推进家庭联产责任承包制的农村改革，其中最具标志性意义的就是从根本上解决了中国长期未能解决的吃饭问题，对小农户的认识回归到了农业发展的客观要求。十三届八中全会提出把以家庭联产承包为主的责任制、统分结

[1] 陈文胜. 发挥小农户作为乡村振兴的最大主体作用 [J]. 团结，2019(02)：53-54.

[2] 习近平. 决胜全面建成小康社会　夺取新时代中国特色社会主义伟大胜利——在中国共产党第十九次全国代表大会上的报告 [N]. 人民日报，2017-10-28.

[3] 中共中央办公厅，国务院办公厅. 关于促进小农户和现代农业发展有机衔接的意见 [Z]. 2019-02-21.

合的双层经营体制作为中国农村的一项基本制度长期稳定下来。[1] 十五届三中全会进一步提出，农业家庭承包经营的经营体制必须作为党在农村的一项基本政策。[2]

而长期以来充满了对小农户农业的偏见，认为小农户是落后而保守的代名词，推进农业现代化就是要消灭小农户，大力推进规模化大农业，可始终未能实现政策的预期。因为中国是个大国小农，必须清醒地认识到，人多地少的基本国情决定了小农户农业在相当长时期的必然存在。《关于促进小农户和现代农业发展有机衔接的意见》就明确指出："我国人多地少，各地农业资源禀赋条件差异很大，很多丘陵山区地块零散，不是短时间内能全面实行规模化经营，也不是所有地方都能实现集中连片规模经营。当前和今后很长一个时期，小农户家庭经营将是我国农业的主要经营方式。"[3] 这是继十九大之后,进一步把小农户作为肯定性而非作为落后的否定性写进党的文献,是对中国农业发展规律认识的历史转轨和准确把握。[4]

二、全面应对现代化进程中大国小农的重大风险

中国特色社会主义进入了新时代，既要全面建成小康社会，又要乘势而上开启全面建设社会主义现代化国家新征程，历史的新方位处于滚石上山、爬坡过坎的关键阶段。国际国内经济形势复杂严峻，不确定性因素急剧增多，进入了一个风险与困难并存的发展环境中，面临着挑战多、风险高的新考验。纵观现代社会经济现象，经济危机大多都在农业上找到了出路。农业是国民经济的基础，是经济危机的避风港，无疑是中国现代化的战略后院，发挥着压舱石和稳定器的作用。

为顺应新时期社会主要矛盾转换，破解城乡发展不平衡、乡村发展不充分的问题，有效防范各种风险赢得主动，就必须以实施乡村振兴战略为总抓手，着力补齐"三农"这一突出的短板。而小农户不仅是乡村振兴最广大的主体和最根本的力量，更是农业农村现代化的最大约束和主攻方向。可以说，小农户是"三农"短板中的短板，既是应对风险挑战的重点和难点所在，也是破解困难约束的潜力和希望所在。能否把小农户引入现代农业发展轨道，决定着中国人的饭碗能否持久地端在自己的手上，无疑是国家安全的战略底线。如果粮食不能自给，中国就

[1] 中共中央关于进一步加强农业和农村工作的决定 [N]. 人民日报，1991-12-26.
[2] 中共中央关于农业和农村工作若干重大问题的决定 [N]. 人民日报，1998-10-19.
[3] 中共中央办公厅，国务院办公厅. 关于促进小农户和现代农业发展有机衔接的意见 [Z]. 2019-02-21.
[4] 陈文胜. 发挥小农户作为乡村振兴的最大主体作用 [J]. 团结，2019(02)：53-54.

会不战而败，小农破产与数亿农民工无家可归，人口大国的社会稳定与执政风险将是灾难性的。这次文件的主题明确要求促进小农户和现代农业发展有机衔接，正是中国处于全面现代化爬坡过坎关键性特定历史阶段的战略选择。[1]

三、社会化服务是小农户与现代农业有机衔的战略重点

在不少人看来，小农是造成农业低效的根本原因。而舒尔茨认为，传统小农作为“经济人”的高效率，毫不逊色于任何资本主义企业家，但效率不等于效益。提高农业效益的关键不是规模问题，不在于所有制形式是低效率的生产方式，规模的变化并不是现代化过程中产生的经济增长的源泉，而关键是引入现代要素，其中依赖技术的变化而使用新要素是关键中的关键。因此，基于小农户在相当长时期必然存在的基本国情，用扩大社会化服务规模来提高农业技术装备规模和信息化水平，以弥补耕地规模的先天性局限，促进小农户装备现代化与经营集约化，无疑是实现小农户现代化的战略重点。

早在党的十五届三中全会就首次明确什么是有中国特色的现代化农业：“家庭经营再加上社会化服务。”[2] 实践经验也表明，如湖南尽管人均耕地面积不到一亩，却除了插秧以外基本上都实现了机械化，也就是用现代要素来改造小农户农业，从而打破了小农户不能实现农业现代化的判断。《关于促进小农户和现代农业发展有机衔接的意见》更是明确要求，在鼓励发展多种形式适度规模经营的同时，完善针对小农户的扶持政策，从发展农业生产性服务业、加快推进农业生产托管服务、推进面向小农户产销服务、实施互联网 + 小农户计划、提升小城镇服务小农户功能等方面健全面向小农户的社会化服务体系，加强面向小农户的社会化服务，促进传统小农户向现代小农户转变。[3] 因此，推动农业向专业化分工、社会化协作转变，全面提升小农户组织化程度，化解大国小农的困境，是小农户实现农业现代化的必然选择。[4]

[1] 陈文胜．发挥小农户作为乡村振兴的最大主体作用 [J]．团结，2019(02)：53–54.
[2] 中共中央关于农业和农村工作若干重大问题的决定 [N]．人民日报，1998–10–19.
[3] 中共中央办公厅，国务院办公厅．关于促进小农户和现代农业发展有机衔接的意见 [Z]．2019–02–21.
[4] 陈文胜．发挥小农户作为乡村振兴的最大主体作用 [J]．团结，2019(02)：53–54.

第六节　实现农民主体地位推进乡村治理现代化

党的十九大报告提出实施乡村振兴战略，要求健全自治、法治、德治相结合的乡村治理体系。[1] 中共中央办公厅、国务院办公厅印发的《关于加强和改进乡村治理的指导意见》，提出了加快推进乡村治理体系和治理能力现代化的战略目标。[2] 乡村治理能否现代化，不仅决定着乡村振兴战略与农业农村现代化的成败，也体现国家治理体系和治理能力现代化整体水平的高低。而农民是乡村治理现代化的承载者，也是乡村治理现代化的受益者，还是乡村治理现代化效果的衡量者。如果农民没有积极性，乡村治理现代化就必然难以实现。2018 年中央一号文件更是明确把“坚持农民主体地位”作为实施乡村振兴战略的基本原则 [3]，十九届四中全会作出《关于坚持和完善中国特色社会主义制度、推进国家治理体系和治理能力现代化若干重大问题的决定》[4],进一步明确了乡村治理现代化的目标定位和路径选择。

一、探寻乡村治理现代化的根本要求

马克思、恩格斯认为，“对传统社会来说，社会整体变迁意义上的进步莫过于城市社会取代农业社会”。[5] 对于改革开放不断推进的中国工业化、城镇化这场人类史上最为壮观的

[1] 习近平. 决胜全面建成小康社会　夺取新时代中国特色社会主义伟大胜利——在中国共产党第十九次全国代表大会上的报告 [N]. 人民日报，2017-10-28.

[2] 中共中央办公厅，国务院办公厅. 关于加强和改进乡村治理的指导意见 [Z]. 2019-06-23.

[3] 中共中央国务院关于实施乡村振兴战略的意见 [N]. 人民日报，2018-02-05.

[4] 关于坚持和完善中国特色社会主义制度　推进国家治理体系和治理能力现代化若干重大问题的决定 [N]. 人民日报，2019-11-06（6）.

[5][德] 马克思，恩格斯. 马克思恩格斯全集（第 3 卷）[M]. 北京：人民出版社，1971：41.

历史事件，最为根本性的社会进步就是农业中国正在不断被工业中国所取代。历史的新方位正处于全面建成小康社会决胜阶段与开启全面建设现代化国家新征程的两个一百年战略目标历史交汇期，也是刘易斯拐点、中等收入阶段、乡村中国向城市中国跨越的三大历史窗口期，乡村日益成为国家与农民关系的交汇点，成为城乡关系和乡村社会矛盾的集聚点。因此，工业化、城镇化与农业农村现代化构成为乡村治理现代化的一个有机整体，是一个相互影响、相互制约和相互作用的自然发展进程，需要把乡村治理现代化放在马克思主义理论逻辑、中国现代化的历史逻辑、工农城乡关系发展的现实逻辑、国家治理体系和治理能力现代化的制度逻辑四个维度中去考察，才能研判中国乡村治理现代化的核心目标与战略选择，以回应时代发展对乡村治理体系和治理能力现代化的新要求。[1]

西方国家城镇化发展历程基本上是一种“先城市化，再逆城市化，然后再城市化”的波动性的城乡发展模式。中国的城镇化已经由重点突破进入到全面推进的历史阶段，不再是一个单向过程，既不是从乡村到城市的过程，也不是从城市到乡村的过程，而是双向互动、作为一个国家、一个区域整体的发展过程。习近平总书记指出，从世界各国现代化历史看，有的国家没有处理好工农关系、城乡关系，农业发展跟不上，农村发展跟不上，农产品供应不足，不能有效吸纳农村劳动力，大量失业农民涌向城市贫民窟，乡村和乡村经济走向凋敝，工业化和城镇化走入困境，甚至造成社会动荡，最终陷入“中等收入陷阱”，这里面更深层次的问题是领导体制和国家治理体制问题。[2] 因此，破解城乡二元结构，探索城乡融合发展以实现人的城镇化这样一条中国现代化道路，推进中国现代化向更高形态的发展阶段演进，无疑是乡村治理体系和治理能力现代化的核心目标，也是未来中国社会发展的必然趋势。

中国现代化进程的一个重要特点就是不同步的发展进程，由此带来城乡发展不平衡和乡村发展不充分的阶段性特征更加明显。作为一个具有十四多亿人口的特大型国家，中国总人口高于欧盟、美国和日本三大经济体的总和，是人类史上任何一个已经现代化国家的人口规模都无法相比较。而且区域的资源禀赋和文化差异极为复杂，不仅是城乡不同步和区域不同步，农业现代化与工业化、信息化、城镇化不同步，甚至工业化与城镇化也不同步，工业化走在了城镇化前面。因此，

[1] 陈文胜．农民主体地位与乡村治理现代化 [J]．湖北民族大学学报（哲学社会科学版），2020（1）.

[2] 习近平．把乡村振兴战略作为新时代“三农”工作总抓手 [J]．求是，2019（11）.

可以把中国现代化的不同步发展进程划分为三大不同的阶段。那么，第一阶段是工业化阶段。回顾人类社会的现代化演进，无农不稳、无工不富、无城不强成为了一个国家和地区经济社会发展的基本经验。在中国现代化第一阶段的工业化进程中，既要强调农业在国民经济中的基础地位，把三农工作列为重中之重，全力以赴解决吃饭的问题；又要加快推进工业化，全力以赴实现中华民族“富起来”。战略指向主要是处理好工农关系，推进农业现代化进程。

随着工业化的加快推进，中国现代化进入了第二阶段的城镇化进程。到 2017 年中国城镇化率就已接近 60%，社会人口分布以城镇为主的格局基本形成，标志着乡村中国进入了城镇中国的新时代。因此，既要全力以赴解决世界现代化普遍遇到的乡村衰退问题，使乡村成为一个与城市共生共荣、各美其美的美好家园；又要全面顺应难以逆转的城镇化大趋势，顺应人口不断向城镇聚集的社会发展大趋势，全力以赴实现社会主义国家“强起来”。战略指向主要是处理好城乡关系，推进农村现代化进程。[1]

根据党的十九大提出现代化三步走战略安排，中国现代化的第三阶段是到 2050 年全面建成社会主义现代化强国。按照目前中国社会发展趋势，到 2050 年的城镇化率还将进一步超过 70%。2018 年中央一号文件明确农业农村现代化三步走的战略步骤，第三步就是到 2050 年实现乡村全面振兴。[2] 实现人的全面发展与社会全面进步是中国共产党作为马克思主义政党的根本追求，而随着农业强、农村美、农民富的全面实现，中国社会发展进入了现代化的高级阶段，战略指向无疑将主要是实现人的自由与全面发展，即人的全面现代化，战略重点是全面推进农民的现代化进程。

因此，以人为本，把工业与农业、城市与乡村、城镇居民与乡村居民作为一个整体纳入全面现代化的全过程中，在“五位一体”的总体布局和“四个全面”的战略布局中、在全面建成小康社会的背景下，把实现人的全面发展与社会全面进步这一最具基础性、广泛性的社会发展落实到农民的主体地位上来，把制度变革与建构落实到维护和发展好城市居民和农村居民公平公正的经济权益、政治权益、社会权益、文化权益、生态权益上来，真正落实“以人民为中心”的发展思想，实现农民在乡村社会当家做主，不仅是乡村治理现代化的必然要求，也是中国特

[1] 陈文胜．现代化的不同步演进与乡村振兴的前景 [J]．中国乡村发现，2018(01)：12–19.

[2] 中共中央关于农业和农村工作若干重大问题的决定 [N]．人民日报，1998–10–19.

色社会主义的本质要求。[1]

二、研判农民主体地位偏离的现实问题

由于现代化不断推进加快了中国经济社会的快速转型，而乡村治理体系和治理能力的现代化水平滞后于经济社会发展进程，突出表现乡村治理偏离了坚持农民主体地位的根本要求。在一些地方就形成了政府主体、农民客体的工作局面，导致农民处于服从与被支配的地位，逐渐丧失了自主能力和创造能力。这些地方的乡村治理状况可以说是三个“不满意”：农民不满意、基层不满意、中央不满意，造成人人都累、上下都怨的乡村治理怪像。

1.乡村治理中公共服务错位

从新农村建设到脱贫攻坚与乡村振兴，无可否认取得了巨大成绩，极大地改善了乡村的面貌，得到了农民的普遍认可。但在基层调研也发现，一些地方政府做了大量工作，花了大把钱为农民做了那么多好事，干部也干得很累很辛苦，而农民却无感恩，落得吃力不讨好的结果。举个最简单的例子，基层政府为农民修路需要临时用一下场地，都需要给农民付钱。根本原因就是公共服务的供给和需求不匹配,脱离了农民的现实需要与最迫切需要。比如有的村最迫切需要的是改水，有的村是改电，有的村是建路，每一个村的农民需求是不一样的。而一些地方政府却忽视这些差异化的需求，按照自己的主观意图把路灯装起来，把文化广场建起来，甚至还配有整套高标准的健身器材，让那些正在摆脱贫困状况的农民如何有获得感?

不少惠农政策，上级认为是为农民办好事，因一些部门不切实际搞一刀切造成农民不接受，而基层干部迫于上级追责压力，为了完成任务不顾群众实际需要用行政手段强行推进。据媒体报道，在北方就有些地方不管农民能不能装空调、通不通水，就一刀切地推进了乡村的改厕工作，最后厕所根本就没有使用。由于没有从农民的现实需要与最迫切需要这个前提出发，离开了农民是否满意这个根本标准，这样的“好事”“实事”干得越多，脱离了农民的需要就越多，出现官僚主义、形式主义的现象就越多。

---

[1] 陈文胜．农民主体地位与乡村治理现代化 [J]．湖北民族大学学报（哲学社会科学版），2020（1）．

2.乡村治理中公共决策缺位

在乡村治理中，在干了农民不最需要的事之外，就是该干的事没干好，农民需要的事也没有去干，是一个不作为的问题。比如就业、养老、就医、培训以及市场服务与公共设施等基础设施建设、基本公共服务、基本社会保障，是推进农业农村现代化中最突出的短板与弱项，造成公共服务的缺位问题明显，农民多数需要没有得到满足。在现实中，农村工作就严重存在着只重疗程不看疗效的情况。不少地方对农村建设重投入轻监管的问题特别突出，工程虽建成了却只是一个摆设，根本就没有使用过，财政投入都白白地浪费掉了。有些地方的考核问责，突出核查学习记录看是否按照规定进行了集中学习，核查下发文件看是否落实政策要求，核查会议记录、宣传照片看是否在推进相关工作，而不是主要核查工作成效。其中深刻的根源是农民在公共决策中的严重缺位，严重影响了农民主体地位的实现。

一方面是农民参与乡村治理的渠道不畅，一些地方的村民自治沦为了村委会自治甚至乡政府委派，村民自治的法规执行不到位，乡村公共决策权大多集中在上级政府以及乡村组织负责人手中，农民甚至对与自己利益息息相关的事项也缺乏参与机制和表达渠道，对自己的知情权、参与权、表达权、监督权缺乏应有的敬畏与尊重。另一方面是农民对自身的主体地位认知模糊，未能认识到自己是乡村治理的主体，不少农民都抱着“事不关己，高高挂起”的心态。同时，涉及乡村公共服务的部门较多，点多、面广、线长，监管工作难以落到实处，一旦由一个人或少数人独占乡村公共决策权，缺乏农民作为主体地位以最直接的权力制衡，以面对面的权力监督，难免将导致腐败，即使从严查处也只能作为救济措施，严重浪费了公共资源与影响了公信力。

3.乡村治理中公共权力越位

由于赋予了基层政府太多责任，几乎成为了一个全能政府，而全能政府就需要无限的能力与权力。同时，新中国成立之时最大的问题是如何发展工业和城市，因为泥腿子的农民为干部队伍的主体。时至今天最大的问题是如何发展农业和农村，因为从家门到校门到机关门的干部成为各级党政机关的主体。最可怕的是，这么多不懂农业农村农民的人却成为三农政策的制定者，大多习惯于用工业发展的经验来指导农业的发展，用城市发展的经验来指导农村的发展，难免不搞一刀切的乱作为。而农村工作，越到基层到乡村越要具体情况具体分析，不是一刀切那么简单。据媒体报道，山东一些地方为了所谓的村容整洁重新，强行“砍树造绿”将农民栽种的路旁树、屋旁树全部砍伐，而重新规划“绿化”。以前提倡农民因地制宜发展农业生产，近几年一些地方在环保的名义下搞乡村大整治，一禁了之、一拆了之，不许养鸡、不许养猪，甚至连农民房前屋后种棵果树都被禁止。还有一些地方的改厕就是把所有的农家肥用管道接到化粪池，净化后排放到河里。

没有了农家肥又没有堆肥，中国农业的未来岌岌可危，这绝非危言耸听。自古以来农民一直种养平衡，养鸡养猪都没有污染环境，也没有危害健康，为什么今天就成了问题？到某个地方调研，农民称现在过的是神仙日子，已经没有人间烟火了。后来国务院下达了养猪任务，村支部书记诉苦说，原来把农民猪栏拆掉了，现在又要去帮农民建好猪栏。基层政府说不行就不行，一声令下农民的猪栏就拆了；基层政府说行就行，现在养猪还要享受财政补贴和各种优惠政策，让农民无所适从。这难道不是公共权力越位吗？回顾历史，凡是不尊重农民不尊重基层，行政强力推进的治理，没有不失败的，都在后来的改革中废除了。

三、实现乡村治理现代化的路径选择

乡村治理体系和治理能力现代化的根本目的，就是不断增强广大农民的获得感、幸福感、安全感。党中央从全局和战略高度提出实施乡村振兴战略，来破解城乡发展不平衡、乡村发展不充分的城乡二元结构矛盾，补齐全面建成小康社会和全面实现现代化的最大短板。中国农村改革之所以取得举世瞩目的成就，最基本的历史经验就是尊重基层探索和尊重农民首创精神，推动乡村治理制度一次又一次的改革创新。也就是充分相信基层、依靠农民，全面放开基层和农民的手脚以更多的自主权，调动基层和农民大胆实践、大胆创新的积极性，找到适合各地情况的有效办法，制定出为基层所接受、为农民所欢迎的政策措施，形成农村改革与发展的原动力。[1]

习近平总书记特别强调，“要坚持不懈推进农村改革和制度创新，充分发挥亿万农民主体作用和首创精神，不断解放和发展农村社会生产力，激发农村发展活力。”[2] 因此，保障和支持农民通过自我管理、自我教育、自我服务的乡村自治机制

[1] 陈文胜．实现农民在乡村振兴中的主体地位 [N]．湖南日报，2018-10-09(008).

[2] 注：此为 2015 年 4 月 30 日习近平在中共中央政治局第二十二次集体学习时的讲话，引自《经济日报》2015 年 5 月 2 日 1 版。

在乡村社会当家做主，确保公共产品与公共服务的供给服从农民需要、交由农民决定，是农民主体地位落实到国家政治生活和社会生活之中的最直接体现，广大农民群众才能成为中国乡村振兴的真正主体，才能激发农民的主体积极性成为乡村的内生动力，去创造真正属于农民自己的生活。

1.以法治为保障，实现乡村治理有序

全面依法治国是党领导人民治理国家的基本方略，法治秩序是国家治理体系和治理能力现代化的核心价值取向。乡村法治水平的高低，直接影响着全面依法治国与国家治理体系和治理能力现代化的进程。法治是国家意志的体现，是自上而下的“硬治理”，乡村治理必然要求以法治为根本要求，以法律作为规范乡村所有主体行为的准绳，谁都没有超出法律规范的特权，谁都必须在法律的范围内进行。

无论是德治还是自治，都要通过法治来规范和保障，也只有通过法治才能从根本上引领和保障乡村社会公平正义的实现、社会诚信的促进，从而确保良好乡村社会秩序的建立和维护。因此，必须始终坚持全面依法治国这一新时代中国特色社会主义的基本方略，把乡村治理纳入法治轨道，使敬畏法律、信仰法律、尊重司法成为基本取向；严格依法规范乡村组织行为，引导村民依法办事；健全完善乡村法律服务体系，搭建联村联户的法律服务平台，推动乡村形成办事依法、遇事找法、解决问题用法、化解矛盾靠法的良好社会氛围。[1]

2.以德治为引领，实现乡村治理有魂

德治以伦理道德规范为准则，是社会舆论与自觉修养相结合的“软治理”。风俗者，天下之大事，求治之道，莫先于正风俗。伦理道德是引导社会风气和凝聚社会人心的不可替代力量，是乡村治理的灵魂。

无论是法治还是自治，都要通过德治来体现和引导，才能有效破解在乡村治理中法律手段太硬、说服教育太软、行政措施太难等长期存在的难题。因此，乡村治理必然以乡村社会道德建设为导向，围绕社会主义核心价值体系，不断推进社会公德、职业道德、家庭美德、个人品德建设。要把以规立德作为净化农村社会风气的治本之策，突出村规民约的观念引导和行为约束作用，发动群众积极参与“文明村”“文明户”等文明创建与评议活动，采取各种有效形式激发农村传统

[1] 陈文胜. 以“三治”完善乡村治理 [N]. 人民日报，2018-03-02.

文化活力，不断丰富乡村文化生活，使风清气正、向善向上的舆论导向推动自我教化，形成良好的村风民俗，使社会主义核心价值观的大主题在乡村文明创建与评议的小活动中落地生根。

3.以自治为核心，实现乡村治理有力

村民自治是党领导下探索并形成的农村基层民主政治制度，其根本的目的就是为了保证和支持广大的基层村民群众实行自我教育和自我管理，是人民当家做主落实到国家政治生活和社会生活之中的最直接体现。推进农村基层民主建设，实现自治、法治、德治“三治”融合，是党的领导、人民当家做主与依法治国的有机统一，其中让村民群众当家做主是乡村治理的本质和核心，是出发点和落脚点，这是以人民为中心的根本政治立场所决定的。

无论是党的领导还是依法治国，无论是德治还是法治，都要通过自治来实现和推进，才能在乡村治理中更好地实现村民群众当家做主，更好地体现村民群众利益、维护村民群众权益、增进村民群众福祉，更好地调动和激发社会各个方面的活力。中国幅员辽阔，各个区域、各个地方的差异性十分突出，具有各自不同的资源禀赋和历史文化，而随着社会的加快转型，乡村社会从封闭不断走向开放，单一的治理手段无疑难以应对差异化、多元化的社会现实。有效的乡村自治，就必然要求尊重各地的客观情况，尊重各地的村民群众意愿，以自上而下基础性制度建构的法治为保障，探索以德治为引领、以自治为核心的差异化治理，乡村发展才能具有自主性，广大村民群众才能成为中国乡村振兴的真正主体。[1]

[1] 陈文胜. 以“三治”完善乡村治理 [N]. 人民日报，2018-03-02.

小　结　“美好乡村”：村庄进路的前方

十九大报告提出实施乡村振兴战略，明确以产业兴旺、生态宜居、乡风文明、治理有效、生活富裕为总体要求，推进城乡融合发展。[1] 按照“人们对美好生活的向往是我们共同的追求”的根本要求，进入新时代的中国特色社会主义全面现代化建设将从“小康社会”向“美好社会”跨越，城乡融合发展必然要落实到人的全面发展和社会的全面进步上，置放在“美好社会”的建设中。因此，乡村振兴战略目标下村庄的进路，就是按照“以产业兴旺为重点、以生态宜居为关键、以乡风文明为保障、以治理有效为基础、以生活富裕为根本”的有效途径[2]，推进村庄成为“农业强、农村美、农民富”的“美好乡村”。

一、以产业兴旺为重点发展乡村美好产业

农业是村庄的本质特征，村庄最核心的产业是农业，最突出的问题是综合效益和竞争力偏低，关键是如何推动村庄资源优势和生态优势转化为经济优势。因此，必须将制度变革、结构优化和要素升级作为村庄产业发展的内生动力，以市场需求和质量要求为导向，准确把握市场需求的变化规律和品种、质量要求，使农业供给与市场需求有效对接，成为村庄产业发展的基本逻辑。

在产业振兴的推进中，就要以农业供给侧结构性改革为主线，以品牌建设为导向，调优品种结构、调绿生产方式、调新生产体系，加快农业发展由“以量取胜”的低端路线向“高

[1] 习近平. 决胜全面建成小康社会　夺取新时代中国特色社会主义伟大胜利——在中国共产党第十九次全国代表大会上的报告 [N]. 人民日报，2017-10-28.

[2] 中共中央国务院关于实施乡村振兴战略的意见 [N]. 人民日报，2018-02-05.

品质、高附加值、高盈利”的品牌路线的转变。以满足市场需求为取向，不断提高无公害农产品、绿色食品、有机食品的生产能力，依托龙头企业、农民专业合作社和现代庄园、家庭农场、种养大户，创建“一乡一品”“一村一品”的特色产业乡村。依托乡村自然风光、生态环境和人文底蕴，采取“卖产品”与“卖风景”相结合的方式，创建一批集现代农业、休闲旅游、田园社区为一体的田园综合体，促进一、二、三产业融合发展，使农业成为支撑乡村振兴的美好产业。

二、以生态宜居为关键建设乡村美好家园

村庄基础设施虽在不断改善，但资源环境约束正在加剧，资源利用粗放，农业面源污染严重，城市污染向乡村扩散。十九大报告中提出，要提供更多优质生态产品以满足人民日益增长的优美生态环境需要。[1] 村庄不仅要满足人们对美味可口、营养安全等美好农产品的需要，而且要满足人们对天蓝、地绿、山清水秀等美好生态产品的需要，还要满足人们对传统文化、乡愁等美好精神产品的需要。

因此，生态文明建设是乡村振兴的一个重要任务，要以生态建设和环境保护为抓手美化村庄，用绿色点亮村庄。加快健全城乡融合的生活垃圾收运处置体系，推进村庄生活垃圾治理、“厕所革命”、治污治乱等工程，推动河道山塘整治；完善村庄建设规划，规范农民建房，强化村容村貌管理和人居环境治理的制度建设；推广农村节能环保技术，开展绿化模范村庄创建活动，推进村庄生产、生活、消费绿色化，做到尊重自然、顺应自然、保护自然，实现人与自然的和谐共生，使村庄成为支撑中国现代化全面推进的美好家园。

三、以乡风文明为保障形成乡村美好风气

乡风文明本质是精神文明，是以文化为核心的乡村精神家园，是思想道德建设的重要内容。在工业化、城镇化进程中，村庄的衰落首先是文化的衰落。村庄文化日益边缘化，农民精神文化生活严重缺失，随着“空心村”现象不断增多，民族传统文化的传承与保护面临困境，一些低俗的不良风气和消极思想乘虚而入，在村庄蔓延，恶化了村风民俗。十九大报告提出，推进社会公德、职业道德、家

[1] 习近平. 决胜全面建成小康社会　夺取新时代中国特色社会主义伟大胜利——在中国共产党第十九次全国代表大会上的报告 [N]. 人民日报，2017-10-28.

庭美德、个人品德建设，激励人们向善向上、孝老爱亲，忠于祖国、忠于人民。[1]村庄社会道德建设必然是乡村振兴的前提，乡村文化振兴是乡村振兴的核心。

在文化振兴的推进中，就要把树正压邪作为乡风文明建设的重要抓手，与社会主义核心价值观的建设结合起来，采取适合村庄特点的各种有效形式，激发乡土传统文化活力，不断丰富村庄文化生活，发动村民积极参与"文明村""文明户"等文明创建活动，以正压邪，弘扬正气，形成风清气正、向善向上的舆论导向。同时，把制度建设作为净化村庄社会风气的治本之策，强化村规民约对不文明行为的有效约束，发动村民积极参与和全程监督，敢于与歪风邪气进行不妥协的斗争，让不良风气失去根基，使村庄好习俗、好习惯、好风尚的文明乡风和良好家风蔚然成风，推动村庄社会自我教化，形成良好的村风民俗。

四、以治理有效为基础建立乡村美好秩序

村庄治理是国家治理体系的基石，基础不牢，地动山摇。中国幅员辽阔，国情复杂，山区和平原、西部和东部、南方和北方、郊区和湖区都不一样，各个区域、各个地方的情况千差万别。同时，随着城镇化的快速推进和社会不断转型，村庄社会从封闭不断走向开放，无疑会发生传统与现代、制度与现实的激烈碰撞，人口与资金、资源的城乡大流动，使单一的治理手段无法应对多元的社会现实。有效的村庄自治，就必然要求尊重各地的客观情况，尊重农民的意愿，以自上而下基础性制度建构与自下而上的差异化多元治理机制建构相结合，建立多元主体参与治理的共治格局，达成村庄社会利益的最大公约数，村庄发展才能具有自主性，广大村民群众才能成为中国乡村振兴的真正主体。

十九大报告提出，健全自治、法治、德治相结合的乡村治理体系。[2]因此，推进村庄治理的制度创新，必须以法治为保障实现村庄治理有序，以德治为引领实现村庄治理有魂，以自治为核心实现村庄治理有力。如何推进？一是通过法治来规范和保障德治、自治，从根本上引领和保障村庄社会公平正义的实现，促进社会诚信，从而确保良好村庄社会秩序的建立和维护；二是通过德治来体现和引导法

[1] 习近平．决胜全面建成小康社会　夺取新时代中国特色社会主义伟大胜利——在中国共产党第十九次全国代表大会上的报告 [N]．人民日报，2017–10–28.

[2] 习近平．决胜全面建成小康社会　夺取新时代中国特色社会主义伟大胜利——在中国共产党第十九次全国代表大会上的报告 [N]．人民日报，2017–10–28.

治、自治，有效破解在村庄治理中法律手段太硬、说服教育太软、行政措施太难等长期存在的难题；三是通过自治来实现和推进德治、法治，在村庄治理中更好地实现村民群众当家做主，更好地体现村民群众利益、维护村民群众权益、增进村民群众福祉，更好地调动和激发社会各个方面的活力。

五、以生活富裕为根本共享乡村美好生活

生活富裕既是实施乡村振兴战略的一个根本目标，又是评判乡村振兴战略实施的一个根本标准。习近平总书记在安徽调研时强调，要构建长效政策机制，通过发展农村经济、组织农民外出务工经商、增加农民财产性收入等多种途径，不断缩小城乡居民收入差距，让广大农民尽快富裕起来。为此，要抓住三大关键。

1.让农民具有全面摆脱贫困的能力

只有摆脱了贫困，才具备实现生活富裕的资格，从而有机会在相对稳定的环境中去追求美好生活。脱贫攻坚到了最后的决胜阶段，战略重点应由解决绝对贫困为主逐步向解决相对贫困为主转变，要加快建立和完善扶助、救助、保障三大体系，推进以人为核心的新型城镇化让农民在工资性收入上增收；推进农村全面深化改革让农民在财产性收入上增收，构建可持续脱贫致富的长效机制。

2.让农民具有创新创业的能力

强化对培养新农民、推广新技术的政策支持，加快建设知识型、技能型、创新型的新农民队伍，为推进农业农村现代化注入新的动能；推动强农、惠农、富农政策和农业农村补助项目等向扶助小农户与现代农业对接倾斜，构建小农户与新型经营主体共同致富的利益联结机制；积极探索发展以农村电子商务为代表的新技术、新产业、新业态、新模式的“四新经济”，推进“互联网+”现代乡村行动，加快农业农村经济发展的质量变革、效率变革、动力变革。

3.让农民具有持续的发展能力

以基础设施和公共服务城乡一体化为依托，加快城乡能源、交通、通信、水利、流通、环保、气象、防灾等基础设施的统一布局和建设，推动城乡基础设施互联互通、共建共享，推进城乡“半小时”“一小时”交通圈、经济圈、服务圈形成，不断推进城乡产业融合发展，让广大农民群众共享现代化的美好生活。

第八章　余论

党的十九大提出的实施乡村振兴战略，从此成为了全党全社会的共同行动。随着乡村振兴战略的加快推进，党中央不断提出了相应的目标和要求，明确乡村振兴是包括产业振兴、人才振兴、文化振兴、生态振兴、组织振兴的全面振兴，实施乡村振兴战略的总目标是农业农村现代化，总方针是坚持农业农村优先发展，总要求是产业兴旺、生态宜居、乡风文明、治理有效、生活富裕，制度保障是建立健全城乡融合发展体制机制和政策体系。[1] 这不仅是对实施乡村振兴战略作了全面系统的阐述，更是在推进中国实现全面现代化的滚石上山、爬坡过坎关键阶段，突出地强调了必须坚持农业农村现代化的战略底线。

[1] 习近平．把乡村振兴战略作为新时代“三农”工作总抓手 [J]．求是，2019（11）.

一、必须坚持农产品保障的战略底线

作为人多地少的全球人口大国，即使中国再富裕强大，有再多的钱也无法在国际市场上买回能够养活十四亿多人口的粮食，“谁来养活中国”始终是悬拃中华民族头上的“达摩克利斯悬剑”。而农业是永续产业，农产品不可能像工业产品那样快速更新换代，粮食产量也不可能每年都增加，更何况总产量已经连续出现下跌，特别是抛荒弃田越来越多。因为中国的农产品市场体系、农业发展体系还没有全面建立起来，组织化程度偏低，一旦市场失灵使价格信号发挥不了作用，风险难以估量。必须要确保一定的产量和数量为基础，全面加强对农产品的市场保护，决不能放任市场对农民的强势地位。[1]

根据国家统计局最新农业普查数据显示，2016—2018年，中国粮食种植面积和粮食产量都出现下降，2018年去库存的进度快于预期，这是非常危险的信号。民以食为天，国以农为本。农业无疑是中国现代化的战略后院，经济形势越复杂就越要稳住三农基本盘，越需要农业作为安天下的产业发挥着压舱石和稳定器的作用。中国只要自己吃饭的问题解决了，其他什么问题都好说。

现有的国家的粮食储备体系主要是主粮的储备，而在新的形势下居民日常消费大多以生鲜农产品为主。农产品滞销事件呈现出逐年增加趋势，由零星分布逐渐演变成区域化滞销，诸多因素中的一个关键原因就是缺乏生鲜农产

[1] 陈文胜．农村全面建成小康社会需要防范的几个风险 [N]．湖南日报，2019-07-27(008).

品的储备能力。近几年来出现的“蒜你狠”“豆你玩”，像大蒜这样的小品种都造成整个农产品市场的震荡。国家粮食储备需要形成新的战略，突出补齐生鲜农产品储备短板，着力于生鲜农产品储备技术重大攻关。[1]

同时，随着生活水平的不断提高，消费结构出现了高、中、低端的消费分化，农业发展需要加快以数量保障上升到品种和质量保障的大转型。农业生产是利用生物的生命活动进行的生产，单纯依靠现代科技生产农产品，与在自然条件下生产的农产品是完全不同的品质和味道。因为农业是一个特殊产业，对气候、水质、土壤等生态环境的要求很高，那些品质优良、独具地域特色的农产品品牌，是特定地域的产物，什么样的地域生态环境决定着生产什么样品质的农产品。一个农产品一旦生产出来，无论加工水平再高，还是营销手段、“互联网 +”再好，也无法改变农产品的品质。因此，全面建立优化区域品种结构的“正面清单”和“负面清单”，让那些传统的区域品牌、品种得到保护和发展，让那些低端的劣质的逐渐淘汰。

医学研究表明，现代很多疾病根源于饮食，其中农药污染对农作物和人类的危害更为严重，某些化学性质稳定的农药，在环境中半衰期长，不易分解消失，其毒性可通过食物链浓缩积累。人类投放到环境中的化学制品，有不少对动物和人类有致癌作用。养殖业中激素的滥用，被社会质疑为导致中国青年低受孕率的直接原因。所以，农产品生产不仅要依靠科技提高产量，更要靠科技提高质量。

二、必须坚持绿色发展的战略底线

尽管快速的工业化是乡村环境恶化的直接原因，但以资源要素扩张为支撑的农业发展所造成的资源破坏、环境污染、水土流失、土地沙漠化等一系列问题，对乡村的生态环境恶化和农产品质量安全带来了前所未有的挑战。有关研究显示，中国化肥年施用量占世界总量的 30%，农药单位面积使用量比发达国家高出一倍，化肥、农药的利用率仅为 30% 和 40%[2]，比发达国家低一半；每年约有 50 万吨农膜残留在土壤中，残膜率达 40%；农业用水的有效利用率也仅为 40% 左右，远低于欧洲发达国家 70%—80% 的水平。特别是“白色污染”已经成为中国乡村环境的

[1] 陈文胜．农村全面建成小康社会需要防范的几个风险 [N]．湖南日报，2019-07-27(008).
[2] 姜长云．进一步做好加快转变农业发展方式的大文章 [J]．中国发展观察，2012(05)：52-54.

一大灾难，在一些乡村的农田、山坡到处都是一次性塑料包装、农膜，可谓一片“白色恐怖”。由于无法降解，很多地方只得就地焚烧，看似分类处理了，可燃烧排放的剧毒进入了农民身体和大气中，成为难以除掉的恶性污染物。[1]

乡村环境治理线广面长，地形复杂，若在乡村治理环境中事倍功半，就如同打狂犬疫苗不打人身上要打狗身上一样，必须跳出乡村在源头上治理环境才能事半功倍。就像关闭一些造纸厂那样，必须大决心对一次性塑料包装、农膜等无法降解环境污染产品的生产进行全面关停，确保城乡环境从源头上得到根治。留得住青山绿水，记得住乡愁，乡村才会成为安居乐业的美好家园。

因此，生态文明建设是乡村振兴的一个重要战略任务，要以生态建设和环境保护为抓手美化乡村，用绿色点亮乡村，使乡村成为满足人们对天蓝、地绿、山清水秀等美好生态产品需要的支撑。[2]

三、必须坚持弘扬传统文化的战略底线

习近平总书记提出孔子这个老祖宗不能丢，强调要增强文化自信，传承中华民族优秀传统文化。孔子认为，礼失而求诸野，意思是在庙堂之上、市井之中很多传统的礼节、道德、文化都被普遍丢失了，反而在乡下还能找到。也就是说，乡村对传统文化道德的保存和守护要强于城市。中华民族传统文化的根在乡村，无疑决定着中国现代化的未来发展方向。[3]

而乡村的民俗习惯是中华民族传统文化的一个主要内容，而生祭婚丧节庆是农民的头等大事，关乎一个家庭甚至一个家族的荣誉、面子，也是数千年的传统文化。为什么在世界文明史上独有中华文明传承五千年而不断？是什么力量将中华民族凝聚在一起？建立在家园、家庭、家人之上的家国情怀，为中华民族的凝聚力、向心力奠定了坚实的基础。没有家，哪有国？有了家就有了家庭的归属感，知道自己生命的源头，感恩亲人的抚育与呵护；有了家庭的归属感就有了家族和家乡的归属感，知道自己来自何处，眷恋成长的故园；有了家族和家乡的归属感就有了宗族和民族、国家的归属感，知道自己身在何处，担当着时代所赋予的历史使命。故情系故土，小而思乡，大而思国。而乡村的民俗习惯在其中发挥着特殊的纽带

[1] 陈文胜．农村全面建成小康社会需要防范的几个风险 [N]．湖南日报，2019-07-27(008).
[2] 陈文胜．坚持以战略思维谋划推进乡村振兴 [J]．群众，2019(07)：23-24.
[3] 陈文胜．农村全面建成小康社会需要防范的几个风险 [N]．湖南日报，2019-07-27(008).

作用：家庭通过乡村的民俗习惯这个精神的归宿将家乡与国家的命运连在一起，家族通过乡村的民俗习惯这个血缘的密码将宗族与民族、国家的命运连在一起；从而将祖源认同与民族认同合为一体，使中华民族有一个共同的心理归属，具有巩固中华共同体的作用。[1]

城乡只有地域与生活方式之别，但绝无高低优劣之分，执意以工业和城市文化为取向，在移风易俗的名义下去改造甚至取代传统的乡村文化，在认识上是愚蠢的，在做法上是灾难性的，在某种意义上是对几千年传统文明的蔑视与傲慢。一些地方在乡风文明建设中搞形式主义，不分对象硬性规定婚丧只能办多少桌酒，桌上只能摆几样菜，菜只能是哪几个品种等，让农民十分反感。因此，一方面，移风易俗要以尊重传统文化为前提，对农民那些世世代代传承的民俗习惯需要有最起码的敬畏之心。另一方面，移风易俗要发挥乡村社会组织如红白喜事理事会等机构的自治劝导作用，乡风文明只能循序渐进，不能一蹴而就。[2]

在中华民族几千年的文化传统常识中，贫穷就是落后，而不守规矩、偷懒耍滑、不劳而获就会令人不齿，只有勤劳致富、遵纪守法才能获得社会的尊重和认同。然而，最可怕的是，有些农民却在争当贫困户，甚至为未能评选为贫困户而与基层干部发生激烈冲突。在一些地方贫穷被变成了一种向政府、向社会要价的资本，而勤劳致富得不到扶持，不劳而获致贫反而得到更多的好处，这不是简单的分配不公，而是一个乡村社会风气的导向问题，应引起深刻的反思。

四、必须坚持遵循经济规律的战略底线

调研发现，现阶段的产业扶贫，具体种什么、养什么缺乏区域品种结构规划和市场同质竞争风险分析，贫困户和扶贫干部盲目地扩大生产，正在造成不少农产品品种的产能过剩。问题是，那些非贫困户的专业户已经奋斗在奔向小康的道路上，无论是资金还是技术，这些成本都是自负盈亏的市场行为。而在产业扶贫的推动下，基层政府不仅为贫困户买苗送种、投资或提供优惠贷款、提供技术，甚至帮助提供市场服务和管理服务。而一旦农产品大面积滞销、价格下跌，自负成本的非贫困户可能首先破产，贫困户也可能最终因产业发展困境而大面积返贫，

[1] 陈文胜．周口平坟运动与更具人性的传统文化 [J]．中国乡村发现，2013(02)：7–10.

[2] 陈文胜．坚持以战略思维谋划推进乡村振兴 [J]．群众，2019(07)：23–24.

这就是典型的市场严重扭曲，给乡村经济发展带来极大的市场风险。[1]

乡村振兴必然需要政府的优先投入，如何投入？十八届三中全会提出要更好地发挥政府作用的同时，要求发挥市场配置资源的决定性作用。无论是落实中央高质量发展的要求，还是按照市场经济的常识，都应该以具有确定性的成熟型产业以及相应的企业和专业大户为金融贷款的申请门槛或资格，支持扩大高质量产业的发展，从而优化品种结构、产业结构、区域结构，形成产业持续发展的长效机制。而在产业扶贫工作中，所体现的却主要是发挥政府的主体作用。特别是将产业扶贫贷款金额纳入扶贫工作考核的重要内容，却只有完成发放贷款的指标，缺乏贷款的门槛或资格的规定，使一些质量效益和竞争力偏低的产业、产品继续生产甚至扩大生产，严重偏离了中央提出的供给侧结构性改革战略目标，无疑将导致金融风险，影响了贫困地区产业发展质量变革、效率变革、动力变革的转型升级进程。

五、必须坚持城乡融合发展的战略底线

由于工业化、城镇化的快速推进引发了农民收入结构的变革，使农民收入在整体上实现了由农业收入为主向非农工资性收入为主的历史性演进。没有近 3 亿的农民工置身于工业化、城镇化进程中，要农民靠一亩三分地就很难如此快速地降低贫困发生率，减贫工作也很难取得今天这样伟大的成就。反之，如果近 3 亿的农民工一旦失业而无家可归，不要说中国全面建成小康社会有可能难以实现，而且对整个中国社会发展将带来灾难性的冲击。[2]

根据有关研究预测，中国在 2020 年、2030 年城镇化率将分别达到 60%、65%，2050 年可能超过 70%。城镇化大趋势难以逆转，人口不断向城镇聚集这个大趋势也就必然难以逆转。党中央、国务院部署，到 2020 年要解决约 1 亿进城常住的农业转移人口落户城镇、约 1 亿人口的城镇棚户区和城中村改造、约 1 亿人口在中西部地区的城镇化问题。因此，就不能离开工业化、城镇化来推进乡村振兴，必须将农业农村现代化与工业化、城镇化作为一个有机的整体，推进城乡融合发展，推动人才、土地、资本等要素在城乡间双向流动和平等交换，激活乡村振兴内生

[1] 陈文胜．农村全面建成小康社会需要防范的几个风险 [N]．湖南日报，2019-07-27(008).
[2] 陈文胜．农村全面建成小康社会需要防范的几个风险 [N]．湖南日报，2019-07-27(008).

活力。

实施乡村振兴战略的首要问题，就是要更好地解决城乡发展不平衡这一最大的发展不平衡、乡村发展不充分这一最大的发展不充分的问题。导致不平衡、不充分的核心是与工业化、城镇化相比，农业农村发展的政策红利、改革红利尚不足以有效激发主体的积极性、创造性，形成可持续发展的内生动能，根本上是体制机制与政策问题。党的十九大提出建立健全城乡融合发展体制机制和政策体系，加快推进农业农村现代化。因此，也就必然要求以质量变革、效率变革、动力变革为路径破解城乡二元结构，清除阻碍要素下乡的各种障碍，推进城乡融合发展的制度演进，实现乡村振兴。

城乡要素交换不平等与公共资源配置不均衡是导致“三农”利益流失，形成城市对乡村资源的“吸附效应”，制约农业农村现代化的最基础、最重要的原因。解决好这两大问题的关键在于处理好政府与市场的关系，既发挥市场经济的长处，又发挥社会主义制度的优越性，实现乡村由被动发展向主动发展转变。为此，必须以处理好政府和市场的关系为关键，清除阻碍要素下乡的各种障碍，推进城乡要素平等交换和公共资源均衡配置，作为实施乡村振兴战略的战略重点。这需要以明确市场与政府的职能边界与相互关系为前提，既要全面发挥市场更加有效地配置要素的作用，促进城乡要素权利保护机制、要素市场体系、收益分配机制的协同，激发市场主体投身乡村发展的活力；又要全面发挥政府更加有效地支持与保护农业、服务农村、协调利益、纠正市场失灵的作用，完善农村公共产品供给的内容、形式、标准、机制、政策等系列内容，这是建立健全城乡融合发展体制机制和政策体系的核心问题。

而土地制度是最基本的社会制度，巩固和完善农村基本经营制度，无疑是建立健全城乡融合发展体制机制和政策体系的基石。尽管中国乡村发展取得了历史性成就，但城乡二元结构没有得到根本改变，最基础性的方面是土地制度与集体产权制度未能有效激发乡村发展的活力，农村的资源资产未得到有效盘活，导致资源要素长期向城市单向聚集。党的十九大报告提出的实施乡村振兴战略，要求深化农村土地制度改革，完善“三权”分置制度；深化农村集体产权制度改革，保障农民财产权益，从产权入手将三农政策提升到国家战略的高度。习近平总书记在参加河南代表团审议时，进一步强调要完善农村集体产权权能，赋予双层经营体制新的内涵。

推进城乡融合发展，就必须以处理好农民和土地的关系为主线，围绕解决乡村各类主体发展不平衡、小农户分享农业现代化成果不充分问题，城乡居民收入不平衡、农民增收渠道拓展不充分问题，城乡资源配置不平衡、农民权益享受不充分问题，从稳定农户的承包权、落实集体成员权、放活经营权三大重点，作为新时代深化农村土地制度与集体产权制度改革的方向，构建符合各地客观实际的农村土地制度与集体产权制度改革的体制机制，以推进新时代中国特色社会主义这一家庭承包责任制后农村改革的重大制度创新。[1]

[1] 陈文胜．坚持以战略思维谋划推进乡村振兴 [J]．群众，2019(07)：23–24.

参考文献

一、著作

[1] 马克思恩格斯文集（第 1 卷）[M]. 北京：人民出版社，2009.
[2] 马克思恩格斯全集（第 2 卷）[M]. 北京：人民出版社，1972.
[3] 马克思恩格斯选集（第 3 卷）[M]. 北京：人民出版社，1995.
[4] 马克思恩格斯选集（第 4 卷）[M]. 北京：人民出版社，1995.
[5] 马克思恩格斯全集（第 18 卷）[M]. 北京：人民出版社，1972.
[6] 马克思恩格斯全集（第 20 卷）[M]. 北京：人民出版社，1971.
[7] 马克思恩格斯全集（第 24 卷）[M]. 北京：人民出版社，1972.
[8] 马克思恩格斯全集（第 42 卷）[M]. 北京：人民出版社，1972.
[9] 马克思恩格斯全集（第 46 卷）[M]. 北京：人民出版社，1979.
[10] 马克思 . 资本论（第 1 卷）[M]. 北京：人民出版社，2004.
[11] 恩格斯 . 家庭、私有制和国家的起源 [M]. 北京：人民出版社，1999.
[12] 列宁选集（第 4 卷）[M]. 北京：人民出版社，1995.
[13] 列宁选集（第 11 卷）[M]. 北京：人民出版社，1959.
[14] 列宁全集（第 26 卷）[M]. 北京：人民出版社，1988.
[15] 列宁选集（第 40 卷）[M]. 北京：人民出版社，1986.
[16] 列宁选集（第 41 卷）[M]. 北京：人民出版社，1986.
[17] 列宁全集（第 42 卷）[M]. 北京：人民出版社，1987.
[18] 毛泽东选集（合订本）[M]. 北京：人民出版社，1964.
[19] 毛泽东选集（第 1—5 卷）[M]. 北京：人民出版社，1991.
[20] 毛泽东文集（第 1—8 卷）[M]. 北京：人民出版社，1999.
[21] 毛泽东年谱 [M]. 北京：中央文献出版社，2002.
[22] 邓小平文选（1—2 卷）[M]. 北京：人民出版社，1994.
[23] 邓小平文选（第 3 卷）[M]. 北京：人民出版社，1993.
[24] 邓小平思想年谱（1975—1997）[M]. 北京：中央文献出版社，1998.
[25] 胡锦涛文选（1—3 卷）[M]. 北京：人民出版社，2016.
[26] 十八大以来重要文献选编（上）[M]. 北京：中央文献出版社，2014.
[27] 十八大以来重要文献选编（中）[M]. 北京：中央文献出版社，2016.

[28] 十八大以来重要文献选编（下）[M]. 北京：中央文献出版社，2018.
[29] 习近平 . 习近平关于全面深化改革论述摘编 [M]. 北京：中央文献出版社，2014.
[30] 习近平 . 习近平谈治国理政 [M]. 北京：外文出版社，2014.
[31] 孟德拉斯 . 农民的终结 [M]. 北京：社会科学文献出版社，2005.
[32] 滕尼斯 . 共同体与社会 [M]. 北京：北京大学出版社，2010.
[33] 亨利·萨姆奈·梅因 . 古代法 [M]. 沈景一，译 . 北京：商务印书馆，1959
[34] 韦伯 . 经济行动与社会团体 [M]. 康乐，简惠美，译 . 桂林：广西师范大学出版社，2011.
[35] 哈耶克 . 通往奴役之路 [M]. 北京：中国社会科学出版社，1997.
[36] 马克斯·韦伯 . 儒教与道教 [M]. 王容芳，译 . 北京：商务印书馆，2003.
[37] 哈贝马斯 . 交往行动理论 [M]. 重庆：重庆出版社，1994.
[38] 齐美尔 . 货币哲学 [M]. 陈戎女，等，译 . 北京：华夏出版社，2002.
[39] 齐尔格特·鲍曼 . 通过社会学去思考 [M]. 高华，等，译 . 北京：社会科学文献出版社，2002.
[40] 本杰明·巴伯 . 强势民主 [M]. 彭斌，吴润州，译 . 长春：吉林人民出版社，2006.
[41] 杜赞奇 . 文化、权力与国家 [M]. 王福明，译 . 南京：江苏人民出版社，2004.
[42] 韦伯：经济与社会（上）[M]. 北京：商务印书馆，2002.
[43] 亨廷顿 . 变化社会中的政治秩序 [M]. 上海：上海三联书店，1989.
[45] 罗伯逊 . 社会学 [M]. 北京：商务印书馆，1981.
[46] 帕克 . 城市社会学 [M]. 北京：华夏出版社，1987.
[47] 赫尔曼·鲍辛格 . 技术世界中的民间文化 [M]. 桂林：广西师范大学出版社，2014.
[48] 贝克 . 风险社会 [M]. 南京：译林出版社，2004.
[49] 蕾切尔·卡逊著 . 寂静的春天 [M]. 吕瑞兰，李长生，译 . 长春：吉林人民出版社，1997.
[50] 梁漱溟 . 中国文化要义 [M]. 上海：上海人民出版社，2011.
[51] 费孝通 . 乡土中国生育制度 [M]. 北京：北京大学出版社，1998.
[52] 王沪宁：当代中国村落家族文化 [M]. 上海：上海人民出版社，1991.
[53] 黄宗智 . 华北的小农经济与社会变迁 [M]. 北京：中华书局，2009.
[54] 郑杭生 . 社会学概论新修 [M]. 北京：中国人民大学出版社，2002.
[55] 李培林 . 中国社会 [M]. 北京：社会科学文献出版社，2011.
[56] 李培林 . 中国社会巨变和治理 [M]. 北京：中国社会科学出版社，2014.
[57] 李培林 . 村落的终结：羊城村的故事 [M]. 北京：商务印书馆，2004.
[58] 陆学艺 . 当代中国社会阶层研究报告 [M]. 北京：社会科学文献出版社，2002.
[59] 张静 . 基层政权——乡村制度诸问题 [M]. 杭州：浙江人民出版社，2000.
[60] 李强 . 中国社会变迁 30 年 [M]. 北京：社会科学文献出版社，2008.
[61] 曹锦清，张乐天，陈中亚 . 当代浙北乡村的社会文化变迁 [M]. 上海：上海远东出版社，2001.
[62] 曹锦清 . 黄河边的中国 [M]. 上海：上海文艺出版社，2003.
[63] 李强 . 中国社会变迁 30 年 [M]. 北京：社会科学文献出版社，2008.

[64] 徐勇 . 非均衡的中国政治：城市与乡村的比较 [M]. 北京：中国广播电视出版社，1992.
[65] 徐勇，徐增阳 . 流动中的乡村治理 [M]. 北京：中国社会科学出版社，2003.
[66] 周晓虹 . 传统与变迁：江浙农民的社会心理及其近代以来的嬗变 [M]. 北京：三联书店，1998.
[67] 孙立平 . 转型与裂变——改革以来中国社会结构的变迁 [M]. 北京：清华大学出版社，2004.
[68] 吴毅 . 村治变迁中的权威与秩序 [M]. 北京：中国社会科学出版社，2002.
[69] 贺雪峰 . 新乡土中国 [M]. 桂林：广西师范大学出版社，2003.
[70] 贺雪峰 . 村治模式：若干案例研究 [M]. 济南：山东人民出版社，2009.
[71] 贺雪峰 . 回乡记——我们所看到的乡土中国 [M]. 北京：东方出版社，2014.
[72] 王铭铭，王斯福 . 乡土社会的秩序、公正与权威 [M]. 北京：中国政法大学出版社，1997.
[73] 李友梅 . 快速城市化过程中的乡土文化转型 [M]. 上海：上海人民出版社，2007.
[74] 于建嵘 . 岳村政治：转型期中国乡村政治结构的变迁 [M]. 北京：商务印书馆，2001.
[75] 郭正林 . 中国农村权力结构 [M]. 北京：中国社会科学出版社，2005.
[76] 杨雪冬 . 市场发育、社会生长和公共权力的构建 [M]. 郑州：河南人民出版社，2002.
[77] 方向新 . 农村变迁论 [M]. 长沙：湖南人民出版社，1998.
[78] 冯仕政 . 再分配体制的再生——杰村的制度变迁 [M]. 北京：国家行政学院出版社，2002.
[79] 黄海 . 灰地——红镇“混混”研究（1981—2007）[M]. 北京：三联书店，2010.
[80] 陈柏锋 . 乡村江湖：两湖平原“混混”研究（1980—2008）[M]. 北京：中国政法大学出版社，2010.
[81] 谭同学 . 桥村有道——转型乡村的道德权力与社会结构 [M]. 北京：三联书店，2010.
[82] 刘燕舞 . 农民自杀研究 [M]. 北京：社会科学文献出版社，2014.
[83] 阎云翔 . 私人生活的变革——一个中国村庄里的爱情家庭与亲密关系 [M]. 上海：上海书店出版社，2009.
[84] 蓝宇蕴 . 都市里的村庄：一个“新村社共同体”的实证研究 [M]. 北京：三联书店，2005.
[85] 林耀华 . 金翼——中国家族制度的社会学研究 [M]. 北京：三联书店，2008.
[86] 蒋旨昂 . 战时的乡村社区政治 [M]. 北京：商务印书馆，1944.
[87] 程树德 . 论语集释 [M]. 北京：中华书局，1990.
[88] 刘少杰 . 国外社会学理论 [M]. 北京：高等教育出版社，2006.
[89] 郭正林 . 中国农村权力结构 [M]. 北京：中国社会科学出版社，2005.
[90] 应星 . 农户、集体与国家——国家与农民关系的六十年变迁 [M]. 北京：中国社会科学出版社，2016.
[91] 宋伟 . 批判与解构：从马克思到后现代的思想谱系 [M]. 北京：人民出版社，2014.
[92] 席宣，金春明 .“文化大革命”简史 [M]. 北京：中共党史出版社，2005.
[93] 钟敬文 . 民俗学概论 [M]. 北京：高等教育出版社，2010.
[94] 胡书芝 . 从农民到市民：乡城移民家庭的城市融入之路 [M]. 北京：社会科学文献出版社，2014.
[95] 陈文胜 . 论大国农业转型 [M]. 北京：社会科学文献出版社，2014.

二、论文

[1] 习近平 . 把乡村振兴战略作为新时代“三农”工作总抓手 [J]. 求是，2019（11）.

[2] 李克强 . 协调推进城镇化是实现现代化的重大战略选择 [J]. 行政管理改革，2012（11）.

[3] 陈锡文：乡村振兴战略的来龙去脉 [J]. 黑龙江粮食，2018（12）.

[4] 陆学艺 . 建设社会现代化：中国未来发展的战略重点 [J]. 西北师大学报（社会科学版），2012（6）.

[5] 林毅夫 . 从新结构经济学角度看人口流动及社会融合 [J]. 河南社会科学，2016（9）.

[6] 张晓山 . 农村基层治理结构：现状、问题与展望 [J]. 求索，2016（7）.

[7] 温铁军 . 农民社会保障与土地制度改革 [J]. 学习月刊，2006（19）.

[8] 徐勇 . 农民理性的扩张："中国奇迹"的创造主体分析 [J]. 中国社会科学，2010（1）.

[9] 徐勇 . 挣脱土地束缚之后的乡村困境及应对 [J]. 华中师范大学学报（人文社会科学版），2000（2）.

[10] 徐勇 . 根与飘：城乡中国的失衡与均衡 [J]. 武汉大学学报（人文科学版），2016（4）.

[11] 徐勇 . 村干部的双重角色：代理人与当家人 [J]. 二十一世纪，1997（8）.

[12] 徐勇 . 村民自治的成长：行政放权与社会发育，，开放导报，2004（6）.

[13] 徐勇 . 中国家户制传统与农村发展道路 [J]. 中国社会科学，2013（8）.

[14] 徐勇 . 政权下乡现代国家对乡土社会的整合 [J]. 贵州社会科学，2007（11）.

[15] 徐勇 . 行政下乡动员、任务与命令——现代国家向乡土社会渗透的行政机制 [J]. 华中师范大学学报，2007（5）.

[16] 张厚安 . 乡政村治——中国特色的农村政治模式 [J]. 政策，1996（8）.

[17] 张厚安，谭同学 . 村民自治背景下的乡村关系 [J]. 中国农村观察，2001（6）.

[18] 俞可平，徐秀丽 . 中国农村治理的历史与现状 [J]. 经济社会体制比较，2004（2）.

[19] 孙立平，王汉生，王思斌，等 . 改革以来中国社会结构的变迁 [J]. 中国社会科学，1994（2）.

[20] 周庆智 . 官民共治：关于乡村治理秩序的一个概括 [J]. 甘肃社会科学，2018（2）.

[21] 项继权 . 中国家族的历史变迁 [J]. 人民论坛，2010（3）.

[22] 项继权 . 中国农村社区及共同体的转型与重建 [J]. 华中师范大学学报，2009（3）.

[23] 项继权 . 中国家族的历史变迁 [J]. 人民论坛，2010（3）.

[24] 贺雪峰，董磊明，陈柏峰 . 乡村治理研究的现状与前瞻 [J]. 学习与实践，2007（8）.

[25] 贺雪峰 . 能人治村与基层治理现代化的方向 [J]. 长白学刊，2018（3）.

[26] 贺雪峰 . 农民价值观的类型及相互关系 [J]. 开放时代，2008（3）.

[27] 贺雪峰 . 乡村治理研究的三大主题 [J]. 社会科学战线，2005（1）.

[28] 贺雪峰 . 半熟人社会 [J]. 开放时代，2002（1）.

[29] 贺雪峰 . 村干部收入与职业化 [J]. 中国党政干部论坛，2015（11）.

[30] 吴重庆 . 从熟人社会到“无主体熟人社会”[J]. 读书，2011（1）.

[31] 秦晖 .“乡村衰败”是什么造成的？[J]. 中州建设，2014（8）.

[32] 吴毅，贺雪峰，罗兴佐，董磊明，吴理财 . 村治研究的路径与主体——兼答应星先生的批评 [J]. 开放时代，2005（4）.

[33] 吴毅 . 农村政治研究：源自何方，前路何在 [J]. 开放时代，2005（3）.
[34] 李友梅 . 中国社会管理新格局下遭遇的问题 [J]. 学术月刊，2012（7）.
[35] 白永秀，王颂吉 . 马克思主义城乡关系理论与中国城乡发展一体化探索 [J]. 当代经济研究，2014（2）.
[36] 唐鸣，祁中山 . 中国乡村治理的历史底色 [J]. 紫光阁，2018（1）.
[37] 唐鸣，赵鲲鹏，刘志鹏 . 中国古代乡村治理的基本模式及其历史变迁 [J]. 江汉论坛，2011（3）.
[38] 唐鸣 . 关于完善村民自治法律体系的两个基本问题 [J]. 法商研究，2006（2）.
[39] 毛丹 . 村落共同体的当代命运：四个观察维度 [J]. 社会学研究，2010（1）.
[40] 陆益龙 . 农村的劳动力流动及其社会影响 [J]. 中国人民大学学报，2015（1）.
[41] 陆益龙 . 后乡土性：理解乡村社会变迁的一个理论框架 [J]. 人文杂志，2016（11）.
[42] 郎友兴，张品，肖可扬 . 新乡贤与农村治理的有效性 [J]. 中共浙江省委党校学报，2017（11）.
[43] 吴业苗 . 转型时期村庄精英权力结构的分化与互动 [J]. 中共浙江省委党校学报，2004（2）.
[44] 姜长云 . 进一步做好加快转变农业发展方式的大文章 [J]. 中国发展观察，2012（5）.
[45] 于建嵘 . 当前农民维权活动的一个解释框架 [J]. 社会学研究，2004（2）.
[46] 邓大才 . 村民自治有效实现的条件研究——从村民自治的社会基础视角来观察 [J]. 政治学研究，2014（6）.
[47] 陈波 . 二十年来中国农村文化变迁：表征、影响与思考 [J]. 中国软科学，2015（8）.
[48] 穆光宗 . 人口素质论 [J]. 人口研究，1989（3）.
[49] 翟学伟 . 人情、面子与权力的再生产：情理社会中的社会交换方式 [J]. 社会学研究，2004（5）.
[50] 狄金华，钟涨宝 . 从主体到规则的转向——中国传统农村的基层治理研究 [J]. 社会学研究，2014（5）.
[51] 刘彦随 . 新型城镇化应治“乡村病”[N]. 人民日报，2013-9-10.
[52] 刘彦随，刘玉，翟荣新 . 中国农村空心化的地理学研究与整治实践 [J]. 地理学报，2009（10）.
[53] 刘涛，王震 . 中国乡村治理中“国家—社会”的研究路径——新时期国家介入乡村治理的必要性分析 [J]. 中国农村观察，2007（5）.
[54] 金太军 . 村庄治理中三重权力互动的政治社会学分析 [J]. 战略与管理，2002（2）.
[55] 刘爱华 . 新型城镇化语境下民俗文化反哺的效能与维度 [J]. 民俗研究，2015（3）.
[56] 房冠辛，张鸿雁 . 新型城镇化的核心价值与民族地区新型城镇化发展路径 [J]. 民族研究，2015（1）.
[57] 耿波 . 近现代中国城乡廊道变迁与民俗传统的嬗变 [J]. 民俗研究，2014（3）.
[58] 李善峰 .20 世纪的中国村落研究 [J]. 民俗研究，2004（3）.
[59] 白晋湘，万义，白蓝 . 乡村振兴战略背景下村落体育非物质文化遗产保护的治理研究 [J]. 北京体育大学学报，2018（10）.
[60] 申端锋 . 从治理性危机到伦理性危机 [J]. 华中科技大学学报（社会科学版），2007（2）.
[61] 申端峰 .“新乡绅治理”模式的政经逻辑 [J]. 人民论坛，2009（2）.
[62] 申端锋 . 从治理性危机到伦理性危机 [J]. 华中科技大学学报（社会科学版），2007（2）.
[63] 杨华 . 乡村混混与村落、市场和国家的互动——深化理解乡村社会性质和乡村治理基础的新视阈 [J]. 青年研究，2009（3）.
[64] 杨华 . 中国农村的“半工半耕”结构 [J]. 农业经济问题，2015（9）.

[65] 李祖佩 . 混混、乡村组织与基层治理内卷化——乡村混混的力量表达及后果 [J]. 青年研究，2011（3）.
[66] 李祖佩 ."新代理人"：项目进村中的村治主体研究 [J]. 社会，2016（3）.
[67] 董海军 . 依势博弈：基层社会维权行为的新解释框架 [J]. 社会，2010（5）.
[68] 吴长青 . 从"策略"到"伦理"：对"依法抗争"的批评性讨论 [J]. 社会，2010（2）.
[69] 何新华 . 当代中国农民的分层研究 [J]. 探索与争鸣，1999（2）.
[70] 桂华 . 城市化与乡土社会变迁研究路径探析 [J]. 学习与实践，2011（11）.
[71] 桂华 . 作为"他者"的乡土中国 [J]. 人文杂志，2010（5）.
[72] 何绍辉，杨蓓 . 混混何以主导乡村 [J]. 中国农业大学学报（社会科学版），2011（4）.
[73] 陈晓华，张小林 . 国外乡村社区变迁研究概述 [J]. 皖西学院学报，2007（5）.
[74] 何绍辉 . 乡村振兴视野下的 " 乡村病 " 及其应对——来自多点田野调查的思考 [J]. 湖湘论坛，2018（5）.
[75] 李德瑞 ."乡村政治研究"何以成为可能 [J]. 甘肃行政学院学报，2011（2）.
[76] 吴春梅，席莹 . 党的群众路线在农村实践的社会基础 [J]. 武汉大学学报（哲学社会科学版），2014（5）.
[77] 高长武 . 农村绝不能成为荒芜的农村、留守的农村、记忆中的故园 [J]. 党的文献，2014（3）.
[78] 王勇 . 村民自治 40 年：基层治理法治化变迁的学理分析 [J]. 社会科学战线，2018（9）.
[79] 张清津 . 转型期村庄的文化变迁——基于专业分工的分析 [J]. 东岳论丛，2013（2）.
[80] 郑莉 . 后现代语境下的社会建设理论研究 [J]. 江苏社会科学，2007(6)
[81] 邱家洪：中国乡村建设的历史变迁与新农村建设的前景展望 [J]. 农业经济，2006（12）.
[82] 王杰文 . 论民俗传统的 " 遗产化 " 过程——以土家族 " 毛古斯 " 为个案 [J]. 北京师范大学学报(社会科学版)，2016（4）.
[83] 韩玉胜 . 中国古代乡约道德教化精神的理性审视及现代性重塑 [J]. 云南社会科学，2014（3）.
[84] 晋东海 . 中国乡村政治文化的变迁和价值观重建 [J]. 学术探索，2016（2）.
[85] 李卫朝 . 农民道德启蒙与乡村治理 [J]. 华东师范大学学报（哲学社会科学版），2016（1）.
[86] 王凤梅 .1949-1978 年中国农村传统文化观念的变迁 [J]. 山东大学学报，2010（5）.
[87] 张铭远 . 从大视野看中国民俗学未来 30 年的挑战与机遇 [J]. 山东社会科学，2011（1）.
[88] 刘菲 . 文化符号与非物质文化遗产传播研究 [J]. 东岳论丛，2014（7）.
[89] 袁祖 . 社会生活契约化与中国特色公民社会整合机制创新 [J]. 天津社会科学，2002（6）.
[90] 仲富兰 . 试论近代江浙农村人口流动与习俗变革 [J]. 上海大学学报（社会科学版），2007（5）.
[91] 沈延生 . 中国乡治的回顾与展望 [J]. 战略与管理，2003（1）.
[92] 姜德波，彭程 . 城市化进程中的乡村衰落现象：成因及治理 [J]. 南京审计大学学报，2018（1）.
[93] 许经勇 .《资本论》视野的农业投资收益递减理论与现实 [J]. 农业经济与管理，2015（6）.
[94] 张莉 . 当代农村婚姻关系的变革与形态特征 [J]. 华南农业大学学报（社会科学版），2018（3）.
[95] 杨建华，赵佳维 . 村规民约：农村社会整合的一种重要机制 [J]. 宁夏社会科学，2005（5）.
[96] 温胜芳，王海侠，蔡秀云 . 村庄基础设施与公共服务的转变及需求 [J]. 经济研究参考，2015（28）.
[97] 方创琳 . 改革开放 30 年来中国的城市化与城镇发展 [J]. 经济地理，2009(1).
[98] 冯广京 . 土地科学学科独立性研究 [J]. 中国土地科学，2015（1）.

[99]. 刘毅 . 论中国人地关系演进的新时代特征——“中国人地关系研究 [J]. 地理研究，2018（8）.

[100] 邓建华 .“三农”视阈下我国城乡一体化新格局的路径选择 [J]. 财经问题研究，2011（6）.

[101] 夏光 . 中国生态环境风险及应对策略 [J]. 中国经济报告，2015（1）.

[102] 于晓滨，裴东慧 . 世界城镇化发展历程及趋势 [J]. 时代金融，2013（36）.

[103] 孙华 . 传统村落的性质与问题——我国乡村文化景观保护与利用刍议之一 [J]. 中国文化遗产，2015（4）.

[104] 朱霞，等 . 中国乡村转型与复兴的策略及路径——基于乡村主体性视角 [J]. 城市发展研究，2015（8）.

[105] 桂涛，何俊萍 . 近现代重要史迹及代表性建筑的价值认定与探析——以云南上蒜人民公社旧址为例 [J]. 华中建筑，2014（1）.

[106] 郭海霞，等 . 中国乡村建设的百年历程及其历史逻辑 [J]. 湖南农业大学学报（社会科学版），2014（2）.

[107] 欧阳兵 . 从社政式治理到社团式治理——乡村公民社会成长的 60 年 [J]. 岭南学刊，2009（5）.

[108] 赵晋泰村民自治中的政治冷漠现象分析 [J]. 理论探索，2007（1）.

[109] 侯万锋 . 新中国成立以来我国乡村治理模式的历史回顾、现实难题与治理机制优化 [J]. 河南师范大学学报（哲学社会科学版），2009（5）.

[110] 胡金龙 . 宗族势力与村民自治——当激情遭遇历史 [J]. 经济管理文摘，2007（11）.

[111] 张红霞，方冠群，张学东 . 城镇化背景下农村个体化趋势及社会治理转型 [J]. 理论导刊，2016（3）.

[112] 杨昉 . 传统孝道在农村家庭养老中的局限性分析 [J]. 当代经济，2018（16）.

[113] 杨萍，朱建芬 . 村庄变社区农村变城镇的有益探索 [J]. 小城镇建设，2004（6）.

[114] 皮晓雯，魏君英 . 农村人口老龄化对乡村振兴战略的影响 [J]. 合作经济与科技，2018（22）.

[115] 陈文胜 . 发挥小农户作为乡村振兴的最大主体作用 [J]. 团结，2019（2）.

[116] 陈文胜 . 农业供给侧结构性改革：中国农业发展的战略转型 [J]. 求是，2017（3）.

[117] 陈文胜 . 实施乡村振兴战略走城乡融合发展之路 [J]. 求是，2018（6）.

[118] 陈文胜，陆福兴，王文强 . 城乡一体化进程中的社会管理创新研究 [J]. 政治学研究，2013（2）.

[119] 陈文胜 . 论中国农业供给侧结构性改革的着力点 [J]. 农村经济，2016（11）.

[120] 陈文胜 . 农民主体地位与乡村治理现代化 [J]. 湖北民族大学学报（哲学社会科学版），2020（1）.

[121] 陈文胜 . 怎样理解“乡村振兴战略”[J]. 农村工作通讯，2017（21）.

[122] 陈文胜 . 坚持以战略思维谋划推进乡村振兴 [J]. 群众，2019（7）.

[123] 陈文胜 . 为什么要提出乡村振兴战略 [N]. 湖南日报，2017-12-5.

[124] 陈文胜 . 论城镇化进程中的村庄发展 [J]. 中国农村观察，2014（3）.

[125] 陈文胜：乡村振兴的资本、土地与制度逻辑 [J]. 华中师范大学学报（人文社会科学版），2019（1）.

[126] 陈文胜 . 城镇化进程中的乡村变局与评判 [J]. 武汉大学学报（人文科学版），2017（1）.

[127] 陈文胜 . 周口平坟运动与更具人性的传统文化 [J]. 中国乡村发现，2013（2）.

[128] 陈文胜 . 城镇化进程中乡村文化观念的变迁 [J]. 湘潭大学学报（哲学社会科学版），2019（4）.

[129] 陈文胜 . 中央一号文件的三农政策变迁与未来趋向 [J]. 农村经济，2017（8）.

[130] 陈文胜 . 世界粮食危机下的中国粮食安全机遇与挑战 [J]. 贵州社会科学，2010（10）.

[131] 陈文胜 . 现代化的不同步演进与乡村振兴的前景 [J]. 中国乡村发现，2018（1）

三、报纸

[1] 冯骥才 . 古村落抢救已到最紧急关头 [N]. 新华日报，2012-6-8.

[2] 姚洋 . 小农生产过时了吗？ [N]. 北京日报，2017-3-6.

[3] 何绍辉 . 诊治“乡村病”推进城乡一体化 [N]. 中国社会科学报，2014-6-6.

[4] 杨建华，李传喜 . 乡规民约与基层社会治理 [N]. 学习时报，2014-12-29.

[5] 陈文胜 . 以“三治”完善乡村治理 [N]. 人民日报，2018-3-2.

[6] 陈文胜 . 合乡并村改革切忌大跃进 [N]. 光明日报，2015-12-27.

[7] 陈文胜: 释放改革红利推进农业现代化 [N]. 经济日报，2019-1-16.

[8] 陈文胜 . 补齐农村人居环境短板 [N]. 人民日报，2019-9-10.

[9] 陈文胜 . 推动乡村产业振兴 [N]. 人民日报，2018-3-12.

[10] 陈文胜 . 实现农民在乡村振兴中的主体地位 [N]. 湖南日报，2018-10-9.

[11] 陈文胜 . 实施乡村振兴战略要避开八个误区 [N]. 湖南日报，2018-5-26.

[12] 陈文胜 . 乡村振兴战略推动城乡关系进入新时代 [N]. 湖南日报，2017-11-9.

[13] 陈文胜 . 农村全面建成小康社会需要防范的几个风险 [N]. 湖南日报，2019-7-27.

后　记

生活在中国的我们这一代，亲历了百年难遇的大变局。改革开放前那曾经的饥饿时代成了难忘的童年记忆，改革开放后那曾经的温饱时代成了青春的底色，当下人到中年处于农业中国向工业中国、乡村中国向城镇中国转型的历史新方位。在工业化、城镇化的快速推进中，我们目睹了正在急剧变化的中国村庄，见证了人类发展进程中这一史无前例的重大社会变迁——人类史上最为壮观的历史性事件。

中国作为全球特大型国家，村庄的演进深受国家人口规模变量、不同区域差异性与不同发展模式多元性等大国小农的中国国情以及历史传承、文化基因的多重影响，不仅是工业化与城镇化不同步、工农不同步、城乡不同步、区域不同步，而且村庄与村庄发展不平衡，富裕村与贫困村并存，富裕农民与贫困农民并存，由此带来城乡发展不平衡和乡村发展不充分就更加突出，是与世界上绝大多数国家相区别而有着自身独特演进规律的大国村庄。

西方发达国家大多是从农耕时代进入工业时代、再进入信息时代的逐渐演进进程，而我们则有幸置身于农耕时代、工业时代、信息时代在同一时空并存这样中国现代化的基本现实。像北、上、广等地区是绝对不落后于西方发达国家的城市已处于信息时代，二线、三线城市和大多数县城进入了工业时代正在推进城镇化进程，很多乡村和偏远地区还是传统农耕社会正处于为摆脱贫困而发展的进程中，这是人类史上绝无仅有的发展史。由此带来传统与现代、工业与农业、城市与乡村等方面的激烈碰撞，不仅给中国的全面现代化造成了极大的挑战，而且形塑着大国村庄的演进方向。

在现代化的大趋势中，从自身的历史传承、文化基因来审视大国村庄，为什么中国几千年来都是费孝通所称之为的“乡土中国”？为什么在世界文明史上独有中华文明传承五千年而不断？是什么力量将中华民族凝聚在一起？在中国这样一个具有几千年文明史的传统农业大国，每一个村庄都因为家族、氏族、宗族而集村聚居，以众多村庄构筑而形成了一种非常独特的乡村社会，再加上皇权不下县的村庄自治制度所形成的自治体系，带来几千年乡村社会的独立性和稳定性，形成共同的文化纽带，使一个个村庄得以成为自主发展和自我循环的社会共同体，从而形成极为稳定的社会结构，这是中华文明传承五千年而不断延续至今的基石。

尽管在中国的几千年历史上曾经不停地改朝换代、政权交替，甚至异族入侵而国灭族散，自秦汉以来，政权几度被外来民族所颠覆，但中国的村庄社会要么是整个家族、整个村庄成员迁到他乡，甚至到人迹罕至的深山老林建立新的村庄，开辟新的家园，使自己的民俗习惯和文化传统得以传承下去；要么以缴税纳粮的方式与朝廷合作，社会和文化体系不仅以原有的方式进行延续和发展，甚至还同化了征服者，因而在中国历史上多次出现征服者被被征服者同化的历史进程。这就是中华民族的一种独特乡村精神——将村庄家园与国家民族的命运连在一起的家国情怀，为中华民族的凝聚力、向心力奠定了坚实的基础，是中华民族能够延续到今天的一个重要基石。

在农业中国向工业中国、乡村中国向城镇中国转型关键的时期，必须充分考虑到中国幅员辽阔，地区间由于地理位置、资源禀赋、历史基础、政策取向等多方面原因导致非常复杂的差异性，呈现区域不平衡发展的现实特征，村庄的演进不可能一个目标、一个模式同步发展，迫切需要有自上而下的国家整体制度安排与自下而上发挥亿万农民的主体作用和基层首创精神相结合，实现战略目标的一致性与实现路径的多元性相统一。因此，怎么转型，应该是一个自然而然的历史进程，而非主观、武断的一个理想模式，是不稳定不规范的转型，向逐渐稳定和规范的转向，是“转”而不是“型”。因为每个村庄都有自己的不同历史，甚至有自己的不同生命，如一个村庄有四季的变化，每个村庄的四季变化绝不相同，那么不同村庄自然有不同的“转”与不同的“型”。

本书对问题的解决不敢有太高的期望，主要是希望能够推动进一步探讨而达成共识，哪怕是通过十年、二十年甚至更长的时间进一步探讨达成共识，通过不同的视角、不同的观点进一步探讨达成共识，这样的共识才真正具有思想的力量。

本书是本人主持的国家社科基金项目“城镇化进程中的村庄社会变迁研究”（项目编号：15BSH076）最终成果，于2016年8月结项。由于本人当时就职于省直科研机构担任办公室主任，整天为事务所累，以致在结项前后虽然一直断断续续地推进而始终未能完稿。2019年7月调入湖南师范大学做专职教师，终于能够有时间完成书稿。

在此，要特别感谢课题组主要成员何绍辉、王文强、陆福兴、胡守勇、张黎等学者为本书的起草所做出的贡献！要特别感谢湖南师范大学出版社给予的特别支持，使本书得以顺利出版！

陈文胜

2020年9月19日